Alles Liebe
und alles
Gute zum

Geburtstag wünschen
Dir

[Signatur]

Gottfried von Purucker

TOD -
was kommt danach?

Titel der Originalausgabe: The Esoteric Tradition
Theosophical University Press
Covina, California
Copyright by G. de Purucker, 1935

1. Auflage 1989

ISBN 3-924849-37-4

Alle Rechte der deutschen Ausgabe vorbehalten.
Nachdruck, auch auszugsweise, nur mit
Genehmigung und Quellenangabe des Verlages.
© 1987 by Esoterische Philosophie,
Studiengesellschaft, Hannover
Umschlaggestaltung: Karin Prinz
Gesamtherstellung:
Weserdruckerei Rolf Oesselmann GmbH, Stolzenau

VERLAG Esoterische Philosophie GmbH, Hannover

TOD -
was kommt danach?

PROF. DR. GOTTFRIED VON PURUCKER

**Autorisierte Übersetzung
der englischen Originalausgabe**

VERLAG
ESOTERISCHE PHILOSOPHIE GMBH
Hannover

PROF. DR. GOTTFRIED VON PURUCKER

VORWORT

Zeitalter beenden ihren Lauf, neue beginnen sich an-
zukündigen. Der Umbruch vom Alten zum Neuen
bringt stets gravierende Änderungen nicht nur der
äußeren Verhältnisse mit sich, auch das Denken des
Menschen erfährt eine Neuorientierung. Aus diesem
Grunde sind Werke wie das vorliegende äußerst notwendig, denn das NEUE ZEITALTER, das sogenannte
"Wassermannzeitalter", beginnt seinen Lauf in einem
unübersehbaren Tempo, und schon befinden wir uns in-
mitten technischer und geistiger Revolutionen, deren
ganzes Ausmaß noch nicht abzusehen ist.

Wir werden in Zukunft immer mehr wissen; ob wir
dabei "weiser" werden, wissen wir nicht ... Woran
liegt das? Einer der größten Fehler unserer heutigen
Zeit und Weltanschauung liegt darin, in einem gewissen "Schubkasten-System" zu denken. Das heißt, in
den einen Schubkasten wurde die Wissenschaft ge-
zwängt, in einen anderen die Religion und in den
nächsten die Philosophie. So lassen diese drei Denkmöglichkeiten des menschlichen Bewußtseins wenig
Kommunikation und Koordination untereinander zu.
Gerade hierin aber liegt die Tragik unserer Zeit, denn
Wissenschaft, Religion und Philosophie sind die drei
Schößlinge des menschlichen Geistes (Kunst und Musik
sind hierin eingeschlossen), und nur vereint befähigen
sie den Menschen, die "gesamte" Natur in bezug auf
Wahrheit, Erkenntnis und letztlich auch in bezug auf
Weisheit zu erfassen. Wir können also immer nur einen "Teil" der Wahrheit, eine "Teil"-Erkenntnis erlan-
gen, nicht aber wirkliche Weisheit gewinnen, solange
wir in diesem Schubkasten-System denken. Die Natur
selbst macht uns dies als Beispiel klar: Nur in dem In-
einander- und Miteinanderwirken aller Gesetzmäßig-

keiten ist dieses grandiose Zusammenspiel aller Naturreiche, kosmisch wie irdisch, möglich ..., und wir als
Menschen sind darin eingebettet.

Blättern wir in den Annalen der Menschheitsgeschichte zurück, finden wir genügend Beweise, die ein
übergeordnetes, grundlegendes Lehrsystem zur Basis
haben. Es könnte als "Religion-Philosophie-Wissen-
schaft" bezeichnet werden. Das Ägyptische Totenbuch,
die alten Schriften der Hindus, die Upanischaden, die
Bhagavad-Gita oder die nordische Edda, um nur einige
Beispiele zu nennen, geben genügend Hinweise auf ein
allumfassendes Lehr- und Gedankengebäude, mit dessen Hilfe der Mensch die "Ursachen" des Seins, die
Verzahnung und Vernetzung aller miteinander und ineinander wirkenden kosmischen Kräfte zu erkennen in
der Lage ist. Dieses allumfassende, alles in sich
schließende Lehrgebäude war zu allen Zeiten bekannt
und existiert auch heute in Form der "Esoterischen
Philosophie", die entsprechend unserer Zeit und Sprache ihren Ausdruck findet. Sie unterscheidet sich in
den inneren Aussagen nicht von den Überlieferungen
vergangener Zeitalter, denn in ihrer Essenz beschreibt
sie die Vorgänge, die Wirkungsweisen der Natur, die in
den sich periodisch verändernden Manifestationen doch
stets nach gleichen Gesetzen verfährt.

Zu welchen erhabenen Erkenntnissen könnte die
heutige Wissenschaft kommen, würde sie sich dieses
überlieferte Wissen, die "Weisheit der Zeitalter", zu-
nutze machen! Die Errungenschaften moderner Wissenschaft sind in vielen Bereichen mit dem reinen Intellekt kaum mehr erfaßbar, ihre Reichweiten haben
die Grenzen des normal Meßbaren längst überschritten. Im Gegensatz zu der Esoterischen Philosophie
forscht die Wissenschaft bis jetzt jedoch im wesentlichen lediglich nach dem Phänomenal-Sichtbaren der
Erscheinungswelt. Die Esoterische Philosophie geht

weit darüber hinaus und fragt nach dem "Warum", dem Noumenon, denn in dem "Nicht"-Materiellen ist Weisheit, ist das wahre Lebenselexier zu finden, in ihm liegen die Erklärungen zum Beispiel für die Gesetze der Physik, der Chemie, ja jeder Naturwissenschaft. Aus welchen Gründen die Wissenschaftler die unsichtbaren und immateriellen Daseinsbereiche auch heute noch offiziell ignorieren, obwohl sie täglich mit ihnen arbeiten und von ihrem Vorhandensein überzeugt sein müssen, bleibt im dunkeln. Wieviel Elend in einer von Angst erfüllten Welt könnte verschwinden, würden die Gesetzmäßigkeiten allen Daseins "ursächlich" erkannt werden! Ethik und Moral, wirkliches Verantwortungsbewußtsein gegenüber Mensch und Natur würde wieder seinen dem Menschen zukommenden Platz einnehmen.

Plato hatte recht: "Ideen regieren die Welt." Und so, wie der Geist des Menschen neue Ideen empfängt und überholte verwirft, schreitet die Menschheit vorwärts. In diesem Sinne ist die Esoterische Philosophie mehr als ein Wegweiser in eine erhabenere Zukunft. Sie setzt da an, wo Religion, Wissenschaft und geisteswissenschaftliche Denkrichtungen stagnieren. Die von ihr ausgehenden, revolutionierenden Impulse werden noch zu wenig erkannt, doch werden sie sich im Laufe der Zeit über alle Dogmen und kurzlebigen Theorien sowie Hypothesen erheben, denn es gibt nur einen Prüfstein für Wahrheit: UNIVERSALITÄT.

Mit dem vorliegenden Werk, das insgesamt sechs Bände umfaßt, beabsichtigte der Verfasser, seinen Beitrag als Meilenstein auf dem Weg in das Neue Zeitalter zu leisten. Jeder zu dem Gesamtwerk gehörende Band kann als für sich abgeschlossen betrachtet werden, jedoch ergibt es in seiner Vollständigkeit ein abgerundetes Bild über die universalen Zusammenhänge, die maßgebende Bereiche menschlichen Den-

kens umfassen. Die weiteren Bände tragen die folgenden Titel: "Sichtbare und unsichtbare Welten", "Der
Mensch in der Unendlichkeit", "Mit der Wissenschaft
hinter die Schleier der Natur", "Geburt und Wiedergeburt", "Esoterische Lehren und Schulen".

Die dem Verfasser zugeschriebene "Einmaligkeit"
beruht auf tiefem und umfassenden Wissen und drückt
sich ebenfalls in seinem fundamentalen Werk "Grundlagen der Esoterischen Philosophie" aus, das in zwei
Bänden erschienen ist und die tieferen Bereiche wahrer Esoterik berührt. Es wird als das Herz- und Kern-
stück der Esoterischen Philosophie angesehen. Auch
sei auf ein weiteres umfangreiches, zweibändiges
Werk desselben Verfassers hingewiesen, die "Studien
zur Esoterischen Philosophie". Die in sich abgeschlos-
senen kürzeren Artikel bieten eine willkommene Er-
gänzung zu den "Grundlagen der Esoterischen Philosophie", aber auch zu dem vorliegenden Gesamtwerk.

Mit diesen nun erstmals auch dem deutschen
Sprachbereich zugänglich gemachten umfangreichen
Werken ist jedem nach tieferem Wissen verlangenden
Leser ein Schlüssel in die Hand gegeben, den er nur
noch umzudrehen braucht. Doch - und das ist Gesetz -
er muß in der "richtigen" Weise umgedreht werden!

Der wahre Wissenschaftler ist aufgerufen, die
Grenzen seiner Denkmöglichkeiten auszudehnen in die
Realität der verursachenden Kräfte. Vorurteile, Dogmen, unbewiesene Hypothesen und Theorien haben keinen Raum mehr in einer Zeit, da sich die Grenzen des
rein Materiellen immer stärker zu den mehr immateriellen Welten, Räumen, Kräften oder Energien hin
öffnen.

Die Lehren der Esoterischen Philosophie sind der
Hoffnungsträger für die Menschheit. Sie lassen den
Sinn des Lebens erkennen, und aufgrund dieses "Erken-
nens" lernen wir, verantwortlich zu handeln und vor

XI

allem verantwortlich zu "denken". Denn Ursache und
Wirkung bedingen einander, wodurch jeder einzelne,
individuell oder kollektiv, an seinem eigenen Schicksal
und dem der Menschheit webt.

Die Welt zu verstehen heißt, sich selbst zu verstehen. Daher lautet die Aufforderung aller großen Wel-
tenlehrer, nach innen zu gehen, den Blick nach innen
zu wenden; denn Wahrheit erkennen heißt sich selbst
erkennen.

"Esoterische Philosophie"
Studiengesellschaft

Hannover, Januar 1989

INHALT

Erdenleben. Erklärung des christlichen Dogmas von
der "Auferstehung des Fleisches". Jedes Vehikel ist eine "Erscheinungsform" von Bewußtsein. Die Zirkulationen der Lebensatome im Kosmos.

KAPITEL I

DAS ASTRALLICHT UND DIE LEBENSATOME - I

Das Universum ist ein gewaltiger Organismus, eine makrokosmische organische Wesenheit. Alles im Universum ist mit allem anderen untereinander verbunden und verwoben; alles ist durch e i n gemeinsames kosmisches Leben vereinigt, das sich in Mannigfaltigkeit und in Myriaden Typen kosmischer Kräfte und Energien zum Ausdruck bringt. Aufgrund dieser beständigen Wechselwirkung und dieses gegenseitigen Ineinanderfließens der Kräfte und Substanzen ist es für jedes Einzelwesen, für jede Wesenheit, das heißt für jedes Bewußtseinszentrum, mit anderen Worten, für jede Monade, unmöglich, immer an ein und derselben Stelle zu verharren. Diese Individuen oder Monaden befinden sich während des gesamten Verlaufs kosmischer Manifestation auf unaufhörlichen Wanderungen oder Pilgerfahrten, woraus ersichtlich ist, daß ein ständiger Aufenthalt oder der Verbleib an einer Stelle, an einem Ort nicht möglich ist. Das Leben selbst schließt unaufhörliche Bewegung in sich, da das kosmische Leben die Quelle aller Energie ist; ebenso sind alle Wesen und Dinge inhärent mit Leben erfüllt, weil sie komponente und untrennbare Teile des universalen Organismus sind. Tod *an sich,* das heißt völliger Stillstand oder Vernichtung evolvierender Wesen, gibt es nicht; wohl aber gibt es jene Phase des Lebens, die eine Auflösung oder Trennung der komponenten Teile oder Vehikel mit sich bringt.

Unbeweglichkeit, als eine Idee, verletzt das intellektuelle Gefühl für kosmische Aktivität und somit auch den Instinkt für zusammenwirkende Harmonie

und Proportion. Noch tiefer aber verletzt sie unsere
Intuition in bezug auf die Universalität des Lebens
und die sich aus ihr ergebende konsequente Wechselwirkung der Tätigkeitsfelder.

Ist all dieses wunderbare untereinander verbundene
Wirken der Natur und ihrer organischen Strukturen lediglich wahllos entstanden und daher nur Zufallswerk?
Gibt es keine tätige Harmonie, keine intelligenten und
logischen Folgen - also keine ursächlichen und sich
auswirkenden Zusammenhänge -, und ist alles lediglich
ein närrisches, unintelligentes und unbeseeltes "Es geschieht eben so"? Wir zögern nicht, eine derartige Idee
als absurd zu bezeichnen, weil sie nicht auf essentiellen Tatsachen in der Natur selbst beruht und gänzlich
im Widerspruch zu den untrennbar aufeinanderfolgenden Wechselwirkungen, den harmonischen Beziehungen,
den Erscheinungen und der Dauer intelligenter Wesen
steht. Nicht der mächtigste Über-Genius, nicht einmal
ein unendlicher Geist könnte erklären, wie äußerste
Nicht-Intelligenz und gänzlicher Mangel an essentiel-
lem Leben Gesetz und Ordnung, Intelligenz und Weisheit und deren unvermeidliche Begleiterscheinungen
hervorbringen könnten. Wesen und Dinge im Universum
sind entweder zusammenhängend, oder sie sind es
nicht. Entweder folgen sie bestimmten, eindeutigen
Schicksalswegen, oder sie werden aufgrund zufälligen
Durcheinanders in unverständlichen Kreisbewegungen
umhergewirbelt. Wer aber kann das letztere glauben,
das nirgendwo existiert und als Begriff nur ein unbe-
gründetes, aus Unwissenheit geborenes Phantom ist?
Ein solches Zufalls-Durcheinander ist nirgends in Tätigkeit zu sehen. Im Gegenteil bemerken wir in allem,
was wir tatsächlich sehen, sämtliche Charaktermerkmale der Phänomene dessen, was 'Leben' genannt wird.

Jedes Wesen, jede Wesenheit des universalen Organismus ist nur ein individueller Faden in einem kosmi-

schen Gewebe von Wesen, die von Punkt zu Punkt den
verschiedenen Gliedern in einer nie endenden Kausal-
kette folgen, in der in regelmäßiger, ununterbrochener
Reihe Wirkungen auf Ursachen folgen, und zwar unausweichlich von Ewigkeit zu Ewigkeit. Hierzu ein besonderes Beispiel: Ein Mensch lebt auf Erden, er vollführt gewisse Handlungen, welche die Folgen seiner
Gedanken sind; er wird von Gefühlen angetrieben,
folgt bestimmten Ideen, begeht sogenannte "Sünden",
oder er vollbringt im Gegesatz dazu ethisch wertvolle
Handlungen. Für alle diese Aktivitäten verbraucht er
Kraft oder Energie. Was wird nun aus dieser Energie?
Was wird aus dem Menschen, der aktiven und erzeu-
genden Ursache von alledem? Das Bündel oder die
Garbe von Kräften, die der Mensch während seines
Lebens gewesen ist, wird nach dem Tode, wenn dieses
Bündel auseinandergebrochen, zerfallen ist, seinen ei-
genen Pfad verfolgen müssen. Es wird von den ange-
häuften wirkenden Energien, die während des vorher-
gehenden Lebens erworben oder aufgespeichert worden
sind, den Pfad entlanggetrieben. Was wäre logischer
als dieser Gedanke? Was ist aussagekräftiger als die
sichtbaren Beweise für das Wirken der Natur? Jede
Kraft oder Energie - oder anders ausgedrückt jedes
Partikel -, die jenes Bündel oder jene Garbe von
Energien als Aggregat mit zusammensetzt, wird von
Ursachen geleitet, die während des gerade durchlebten
Erdenlebens bewirkt oder erzeugt wurden und die die
Wesenheit in eine bestimmte Richtung hineinzwingen,
in die diese hervorgebrachten Ursachen weisen.

Dieses Thema wurde in vorhergehenden Kapiteln
des vorliegenden Werkes mehr oder weniger ausführlich erörtert, so daß es hier nicht weiter ausgearbeitet
zu werden braucht. In einem spirituelleren Zeitalter als
dem unsrigen wäre in der Tat vieles von dem in den
vorausgehenden Kapiteln Geschriebenen völlig unnö-

tig, denn die unverdorbenen Instinkte und ungehemm-
ten Intuitionen der menschlichen Seele würden den
normalen Menschen durch tägliche Eingebung über die
große fundamentale Tatsache belehren, daß jedes
menschliche Wesen, ja jedes Wesen, jede Wesenheit
allüberall, in der universalen oder kosmischen Lebensessenz verwurzelt ist, so daß nie endendes, ununter-
brochenes Leben als eine auf Allgemeinwissen beru-
hende Tatsache erkannt werden würde. Ein derartiges
spirituelles Zeitalter wird in der Zukunft wiederkehren.

Wir aber leben in keinem spirituellen Zeitalter,
sondern in einem jener Zeitabschnitte, von denen der
große Plato als von Epochen "spiritueller Unfruchtbar-
keit" geschrieben hat, und zumindest für den Verfasser
dieses Werkes liegt eine ungeheure Tragik in der fast
unentwirrbaren Ideenkonfusion hinsichtlich spiritueller
Dinge, einschließlich der großen Fragen über Leben
und Tod. Diese Konfusion herrscht heute fast universell auf dem gesamten Erdglobus. Diese Tragik beinhaltet einen Schmerz, der jedes sensible Herz sehr
tief berühren muß, denn in heutiger Zeit werden die
Menschen wirklich nicht mehr von spirituellen Intuitionen geleitet. Sie wissen tatsächlich nicht mehr,
wohin sie sich wenden sollen, um eine Antwort auf
Fragen zu finden, die aus den Tiefen eines jeden
menschlichen Herzens aufsteigen und beharrlich eine
zufriedenstellende Antwort fordern. Meistens aber
werden diese Fragen zurückgedrängt, und weitere Beachtung wird ihnen verweigert, weil das beraubte Gemüt dieses Zeitalters nicht weiß, wohin es sich wenden soll, um eine richtige Antwort oder Erwiderung zu
finden.

Was aber hat diese Ideenverwirrung in bezug auf
Dinge zuwege gebracht, über die Menschenherz und
Menschensinn zeitalterlang nachgedacht haben und auf
die in anderen, begünstigteren Zeiten Antworten ge-

funden wurden, die für die leuchtendsten und spirituellsten Intellekte, die die Welt je gekannt hat, zufriedenstellend waren? Eine Entgegnung auf diese Frage ist der Hinweis auf falsche, entstellte Lehren, die jeglicher Grundlage in der Natur, also in der Wirklichkeit, entbehren: aus der Vergangenheit stammende Lehren, die gedankenlose Annahme fanden - falsche wissenschaftliche Lehren, falsche philosophische und mißverstandene religiöse Lehren. Diese Lehren haben die mentale Verwirrung hervorgerufen, in welcher der moderne Mensch lebt und sein kleines Drama auf der Bühne des Lebens spielt und welche die Unruhe in allen Sphären menschlicher Betätigung herbeigeführt hat.

I

Das hauptsächlichste mentale Interesse des modernen Menschen, das größte Problem, das seinen Geist beunruhigt und quält, ist das gewöhnlichste Ereignis oder Vorkommnis im menschlichen Dasein - der Tod! Die Unwissenheit hierüber ist fast universell, und abgesehen von frommen Hoffnungen, die die abendländische Religion bietet, und der schwachen, zögernden Stimme der modernen Naturwissenschaft sowie dem fast leeren Wortschwall abendländischer Philosophie weiß der Mensch nicht, wohin er sich wenden soll, um zumindest einige Andeutungen von Wissen darüber, was Tod ist, und über die Natur des nachtodlichen Zustandes zu gewinnen. Tatsächlich kann ein Reichtum an Wissen über den Tod erlangt werden. Diese Kenntnisse sind in den großen, oft erhabenen archaischen Weltliteraturen, den Erzeugnissen titanischer spiritueller Intellekte, zu finden. Der moderne Mensch aber glaubt nicht mehr, daß in diesen alten Schriften wahre Werte gefunden werden können, die für ihn bei seinen Wanderungen auf der Suche nach Wahrheit wertvoll wären. Sein Denken ist von den gänzlich falschen Lehren eines vorübergegangenen und jetzt fast toten Materialismus durchsetzt. Er bezweifelt deshalb als eingefleischter Skeptiker nicht nur, daß Wahrheit überhaupt einmal gefunden werden könne, sondern er ist auch durchaus nicht sicher, daß es für ihn noch etwas anderes gibt als lediglich den Körper.

Wie erschütternd ist doch diese Konfusion und wie überaus gefährlich ihre Wirkung auf das menschliche Leben als vorherrschende, weit verbreitete Psychologie unserer Tage! Der moderne Mensch, der glaubt, der Tod sei das Ende von allem, oder der nicht sicher ist, ob der Tod alles beendet, also keine Überzeugungen in dieser Hinsicht hat, ist auf dem stürmischen Meer des Lebens moralisch steuerlos. Er sieht keinen dringenden und zwingenden Grund, warum er recht handeln sollte, wenn das Rechte zu seinem Eigeninteresse im Widerspruch steht. Ebenso scheint er anzunehmen, daß persönlicher Vorteil, Nützlichkeitspolitik und das Zufriedenstellen der physischen Existenz die einzige praktische Regel bilden, die er in seiner Lebensführung zu befolgen hat.

Findet sich denn aber wirklich irgendwo Auslöschung? Nein, wir finden nichts als unaufhörliche Tätigkeit in Bewegung, nichts als ständigen Wechsel, und Wechsel schließt vitale Aktivität in sich. Nichts steht für einen Augenblick still, und Vernichtung von irgend etwas ist gänzlich unbekannt. Selbst das, was wir "Tod" nennen, ruft uns laut die Tatsache von Bewegung und Wechsel zu. Πάντα ῥεῖ (Panta rhei!) sagte Heraklit, der alte griechische Philosoph: Alles, der Mensch daher mit inbegriffen, befindet sich in einem ständigen Zustand des Fließens. Absolute Trägheit ist in der Natur und auch im menschlichen Gemüt unbekannt. Soweit wir dies erkennen können, existiert sie nicht, sie ist vielmehr ein Gebilde der Phantasie, das sich das Gemüt durch einen wunderlichen Einfall konstruiert, etwa in dem Sinne, wie humorvoll von einem "viereckigen Dreieck" oder von einer "flachen Kugel" gesprochen werden kann, wobei wir absichtlich Ausdrükke anwenden, deren Bedeutungslosigkeit offensichtlich ist. Wohin wir auch blicken, sehen wir Bewegung, Wechsel, Wachstum, Verfall, mit anderen Worten: wir sehen L E B E N !

Unsere eigene innere Anlage, das heißt das essentielle Selbst, das wir sind, ist ebenfalls eine Garbe oder ein Bündel von Kräften, das immer in Bewegung ist, sich niemals in Ruhe befindet und daher auch niemals "tot" ist. Mit gleichem Recht kann gesagt werden: Wenn es sich um eine Garbe oder ein Bündel, also um eine zusammengesetzte Wesenheit handelt, dann währt ihre Lebenszeit so lange wie die Vereinigung dieser Faktoren. Die Faktoren selbst aber müssen für immer fortdauern, sonst würde unser Gemüt sogleich das Verlangen haben, zu erkennen, was einst war oder was einst sein wird. Zu sagen, eine Wesenheit sei vernichtet, hieße, als Erklärung nichts zu sagen, es wären bloße Worte, die die schon bekannte Tatsache eines scheinbaren oder tatsächlichen Verschwindens wiederholen.

Auflösung oder das, was normalerweise Tod genannt wird, ist allen Wesen und Dingen gemeinsam, weil sie offensichtlich manifestierte Wesenheiten, also Komposita sind. Sie sind keine absoluten Wesen; sie werden "geboren", wachsen und erreichen mit der Zeit die Reife; sie erfreuen sich für eine gewisse Lebensfrist der vollen Blüte ihrer Kräfte, und schließlich "sterben" sie, "lösen sich auf" oder zerfallen in ihre Bestandteile, soweit es sich um den vehikularen Aspekt handelt.

Falls sich der Leser ein klares Bild von dem essen-

tiellen Unterschied machen möchte, der zwischen der
monadischen Essenz *an sich* und den verkörperten Wesen oder Wesenheiten oder Dingen besteht, sollte er
sich vor allem immer vergegenwärtigen, daß 'Körper'
aller Arten und Formen, Gestalten und Typen existieren, die charakteristische Merkmale und Besonderheiten besitzen, wodurch sich Körper von Körpern unterscheiden. Dies bringt die ungeheure Mannigfaltigkeit,
den ganzen Umfang der Variationen hervor, die überall in den Welten der Manifestation oder Differenzierung wahrnehmbar sind. Der Leser sollte ferner daran
denken, daß die monadischen Essenzen homogene -
sehr reine - Wesen sind. Körper aber, welcher Art sie
auch sein mögen, sind aus niederen, kleineren oder un-
tergeordneten komponenten Teilen aufgebaut oder zusammengesetzt. Diese niederen Körper können ihrerseits wieder in ihre entsprechenden Lebensatome unterteilt werden, auch wenn dabei beachtet werden
sollte, daß diese Lebensatome selbst die astral-vitalen
Vehikel sind, durch welche die essentiellen Monaden
wirken oder operieren. Mit diesem Bild im Gemüt ist
ersichtlich, daß alle Körper oder Vehikel, Hüllen oder
Schalen, Häute oder Gewänder aufgrund ihrer zusammengesetzten Natur unabänderlich vorübergehende
"Ereignisse" sind. Diese zusammengesetzten, aus 'Atomen' geformten Strukturen sind es, die als 'Wesen'
oder Wesenheiten betrachtet werden können, was sie
in Wirklichkeit auch sind. Es handelt sich jedoch lediglich um zeitweilige Wesen oder Wesenheiten, da sie
nur zusammengesetzte Vehikel oder Erscheinungen bilden. So ist es also vollkommen nutzlos und gänzlich
unphilosophisch, in diesen zeitweiligen, flüchtig dahin-
gehenden "Ereignissen" nach beständigen Individuen zu
suchen. Die permanent bestehenden Individuen sollten
nur dort gesucht werden, wo sie gefunden werden können, oder besser gesagt, wo sie sind; es sind die Mo-

11

naden selbst.

Der Verfasser hatte immer den Eindruck, daß diesbezüglich besonders die Spiritisten in hervorragendem Maße ihren Hauptfehler begehen, indem sie beständige Individuen lokalisieren wollen, denn ihre Aufmerksamkeit scheint ganz auf vehikulare Erscheinungen konzentriert zu sein, letzten Endes auf Körper, die sie "Geister" nennen. Die Esoterische Philosophie jedoch, die aufgrund der unermeßlichen Weisheit der Zeitalter jedem Schüler als Führer dient, gibt diesen ihre passenden Namen: 'Spuke', 'Astralkörper', Kâma-rûpas oder ebensogut, doch weniger häufig vorkommend, Elementare. In ähnlicher Weise scheint der fromme, in seinen Ansichten orthodoxe Christ - wenn es diesen heute tatsächlich noch gibt -, der von seinem Glauben an die "Auferstehung des Fleisches" geleitet wird, anzunehmen, daß exkarnierte menschliche Wesen während des nachtodlichen Zustandes als "spirituelle Körper" in den unsichtbaren Welten existieren.

Sooft die Aufmerksamkeit auf die vehikulare Seite des Seins konzentriert ist, werden körperliche Formen oder Gestalten für reale Individuen gehalten. Kein größerer Fehler aber könnte begangen werden, gleich, ob es sich um eine Naturtatsache oder um eine religiöse oder philosophische Lehre handelt. Nicht Körper, Form oder Gestalt oder das, was in der Esoterischen Philosophie Rûpa genannt wird, ist die essentielle Individualität, der Born und die Quelle der Intelligenz, des Intellekts, des Gefühls, der ethischen Intuitionen oder anderer Attribute und Qualitäten des Geistes. Dieser letztere ist die spirituelle Monade oder die immerwährende, ewig fortbestehende Individualität.

Es ist sehr leicht, dem großen Irrtum zu verfallen, Gestalten, Formen oder Körper als reale Dinge zu betrachten anstelle der homogenen Monade, die diese Formen und Gestalten hervorbringt. Dies geschieht deshalb, weil wir von Formen und Gestalten umgeben sind, die dem Anschein nach vitale Charaktermerkmale besitzen, und dadurch wird unser Denkvermögen ständig verführt, das Kleid für den inneren Träger zu halten.

Eine sorgfältige Betrachtung der vorangehenden Ausführungen wird uns den Trugschluß in allen exoterischen Religionen oder anderen Lehren, Doktrinen oder Ideen zeigen, die das Fortbestehen bloßer Formen oder Körper im nachtodlichen Zustand betonen. Wie auf diesen Seiten schon so oft gesagt wurde, sind alle Körper oder Formen, Gestalten oder Rûpas unbeständig zusammengesetzt, daher sind sie vergängliche und flüchtige Ereignisse oder Erscheinungen, die lediglich in größerem oder geringerem Grade die Eigenschaften und Attribute manifestieren oder erkennen lassen, die aus der innewohnenden Individualität hervorströmen. Dieser Punkt ist von großer Wichtigkeit, und daher wird er hier noch einmal hervorgehoben. Wenn der Schüler ihn nicht richtig erfaßt, wird er niemals einen klaren Begriff von der Natur der Lehren der Esoterischen Philosophie oder der Esoterischen Tradition über die Mysterien des 'Todes' oder tatsächlich des 'Lebens' gewinnen.

Der unmittelbar vorausgehende Abschnitt besagt nun keinesfalls, daß in den Astralwelten Formen und Erscheinungen, Rûpas und Körper usw. fehlen; das Gegenteil ist der Fall: die astralen Welten sind ebenso wie die physische Sphäre von ihnen erfüllt. Die Absicht ist hier, nachdrücklichst auf die Tatsache hinzuweisen, daß die auf diesem Plan immateriellen, nicht greifbaren Wesen die Ursachen für die Bildung von Formen und Gestalten sind. Wer richtig verstehen möchte, was nach dem Tode vor sich geht, muß diesen nicht Greifbaren in Gedanken nachgehen und ihre Wanderungen durch die Sphären studieren, die ihre verschiedenen Evolvierungen

13

und Revolvierungen sowie die Annahme von Formen auf
Formen, Gestalten auf Gestalten in sich schließen.

Zweifellos sind die Abenteuer der Atome außerordentlich interessante Episoden; aber auch hier kann der Schüler nicht zu einem richtigen Verstehen dieser Abenteuer gelangen, wenn er eigensinnig auf der Vorstellung besteht, ihrem Lebenslauf nachspüren zu können, indem er sich die Fortdauer der Erscheinungen oder Gestalten, die diese Atome zu irgendeiner Zeit annehmen mögen, in einem unveränderlichen und unveränderbaren Zustand vorstellt. Ein Atom, oder genauer gesagt, ein Lebensatom hat an sich ebenso wenig Gestalt oder Form wie die Monade, zu der es entweder als Synonym betrachtet werden kann, sofern es auf eine Individualität bezogen wird, oder als ihr ätherischstes Gewand, wenn es als eine monadische Hülle auf ihrer ersten Stufe angesehen wird.

II

In Anbetracht der soeben entwickelten Ideen erscheint es fast überflüssig, die Frage zu stellen: Wo sind die "Toten"? Oder auch: Wer sind die "Toten"? Denn es gibt bestimmt keine "toten" Menschen, wobei wir eine Sprache gebrauchen, die mit dem allgemeinen Wissen von gewöhnlichen logischen Prozessen übereinstimmt. Ein 'Mensch' ist doch eines der menschlichen Wesen, mit denen wir alle zweifelsohne vertraut sind - ein Wesen, das auf Erden in einem Körper lebt und sich eines bestimmten Geschickes erfreut oder ein solches erleidet. Der Leser ist ein solcher 'Mensch', und der Schreiber dieser Zeilen ist ebenfalls ein solcher 'Mensch'. Wenn nun ein 'Mensch' beim Tode seines physischen Körpers beraubt wird und somit auch den Modellkörper oder Linga-Sarira mit seiner charakteristi-

schen Lebenskraft verliert, so kann er sicher nicht
mehr "Mensch" genannt werden. Denn das Wesen, das
somit auf unserem Plan dreier essentieller Elemente
beraubt wird, die ihn zum Menschen machten, kann
logischer- und folgerichtigerweise nicht mehr als
"Mensch" bezeichnet werden. Was von dem Menschen,
der einmal war, noch bleibt, ist der edlere und besse-
re, der höher evolvierte Teil seiner Konstitution, und
dieser sollte mit einem anderen Namen bezeichnet
werden. Es ist also ganz offensichtlich ein Trugschluß,
von "toten Menschen" zu sprechen, wenn der Ausdruck
'Mensch' nicht allein auf dessen physischen Kadaver
beschränkt werden soll. Dieses wäre wiederum lediglich eine Ungereimtheit, da kein menschlicher Leichnam spricht, sich bewegt, denkt, liebt oder haßt. Er
hat auch kein Gefühl mehr, er bewegt sich weder in der
Welt, noch macht er durch innewohnende spirituelle,
moralische und intellektuelle Kräfte und Attribute
Eindruck auf seine Umgebung sowie auf andere Menschen. Was beim Tode abgeworfen wurde, ist offensichtlich nur eine Hülle, ein Gewand, das somit 'tot' ist und
sich in seine es zusammensetzenden Lebensatome aufzulösen beginnt.

Es gibt demnach tote Körper - Körper, die in physischer Materie ihre Grenze an Lebenskraft erreicht
haben und daher in ihre "komponenten" Elemente auseinanderbrechen, wenn vorher in Bewegung gesetzte
Ursachen dies veranlassen: Körper im Zustand der
Auflösung, die in Wirklichkeit selbst eine Manifestation von Lebenskraft, von vitaler Energie ist. Kein
zusammengesetztes Wesen oder Ding kann auseinanderbrechen, wenn nicht Bewegung in ihm wäre.
Dieses Zerbrechen, diese Auflösung, ist an sich eine
Veränderung, was nur ein anderes Wort für Aktivität,
für Kraft oder Energie oder in diesem Falle für mole-
kulares und atomares Leben ist. Ein jeder solcher phy-

sischer Körper ist im Grunde genommen aus Kraft und auch aus Stoff zusammengesetzt, aus Wesenheiten, die sich ihrer Natur nach nie im Zustand der Ruhe befinden, die immer in Bewegung und niemals vollkommen bewegungslos sind. Wie könnte eine Kraft oder Energie bewegungslos sein oder sich in vollkommener Ruhe befinden? Dieselbe Beobachtung könnte auch hinsichtlich der Materie gemacht werden, die letzten Endes aus Atomen und Elektronen zusammengesetzt ist, welche sich in Bewegung von äußerster Geschwindigkeit befinden. Jedes Atom unseres Körpers ist, was modernste Naturwissenschaft bestätigt, aus atomaren Kräften oder Energien zusammengesetzt, die sich in unaufhörlicher, fortgesetzter, und wie wir sagen, *vitaler* Bewegung befinden. Was also sind wir? Vom physikalischen Standpunkt aus gesprochen, sind wir ein Aggregat von quasi unendlich vielen Elektronen, die mit enormer Geschwindigkeit herumwirbeln und sich bewegen. Auch hier wieder sehen wir den Grund für die schon mehrfach wiederholte Feststellung, daß alle Körper, Formen oder Gestalten Komposita oder zusammengesetzte Wesenheiten oder Dinge sind.

Lebende Menschen - für einen Moment als Körper betrachtet - sind nach dem Diktat der modernen Naturwissenschaft lediglich Scharen elektrischer Teilchen verschiedener Arten oder Typen, die von der Oberherrschaft der dominierenden menschlichen Seele in kohärenter und individualisierter Form, Gestalt oder Rûpa zusammengehalten werden. Wenn sich nun diese menschliche Seele in dem Moment des "Todes" zurückzieht, folgt für den Körper nicht der Verlust des Lebens, was eine Absurdität ist, sondern der Verlust der individualisierten Kohärenz. Der Körper selbst, und das ist eine Tatsache, ist so lebendig wie ehedem, was auf verschiedene Art und Weise sehr leicht gezeigt werden kann, nicht zuletzt durch das Auseinanderbrechen in seine ihn bildenden Elemente bei dem Vorgang, der allgemein "Auflösung" oder Zersetzung genannt wird. Mit anderen Worten: Das bisher individualisierte Leben des Körpers wird ohne die dominierende Beherrschung durch eine zentralisierte innere Führung zu diffusem Leben, es geht in diffuses Leben über.

Dieses Phänomen kann vielleicht anschaulich gemacht werden durch eine Entdeckung der modernen Chemie im Mineralreich der Natur: die der zerfallenden chemischen Elemente. Diese chemischen Elemente zeigen die sogenannte Radioaktivität und bilden oder bringen durch diesen Prozeß eine Anzahl anderer, von ihnen abstammender Elemente hervor, wodurch, nebenbei bemerkt, der Traum der mittelalterlichen Alchimisten von der Transmutation der Metalle bestätigt wird. Mit anderen Worten und genauer ausgedrückt: Es ist der Übergang eines sogenannten chemischen Elementes in ein anderes und später in noch andere durch den Verlust eines oder mehrerer dieser kleinen oder winzigen Objekte - der Elektronen (u.a.). Die beiden chemischen Elemente, auf die hier besonders Bezug genommen wird, sind Uran und Thorium. Jeder dieser Körper erzeugt seine eigene besondere Zerfallsreihe, aber beide enden in "deriviertem Blei".

Die folgende interessante Tabelle zeigt die Prozesse, durch die Uran schließlich in Blei eigener Art oder eigenen Typs endet.

Die rechte vertikale Säule bezeichnet die Art der ausgesandten Teilchen oder Strahlen, wobei sich in jedem Fall das nächstfolgende derivierte Element ergibt. Die Masse der ausgesandten Teilchen bestimmt die in der zweiten vertikalen Zahlensäule angegebene Abnahme des Atomgewichts. Die erste vertikale Zahlensäule zeigt die Abnahme oder Zunahme der Ordnungszahl an, und zwar entsprechend der positiven oder negativen Ladung der ausgestrahlten Teilchen. Die Tabelle ist wert, genau studiert zu werden.

	Ordnungs-zahl	Atom-gewicht	Radio-aktivität
Uran I	92	238	α, γ
↓			
Uran X$_1$	90	234	β, γ, ν
↓			
Uran X$_2$	91	234	β, γ, ν
↓			
Uran II	92	234	α, γ
↓			
Thorium	90	230	α, γ
↓			
Radium	88	226	α, γ
↓			
Radon	86	222	α, γ
↓			
Radium A	84	218	α, γ
↓			
Radium B	82	214	β, γ, ν
↓			
Radium C	83	214	β, γ, ν
↓			
Radium C'	84	214	α, γ
↓			
Radium D	82	210	β, γ, ν
↓			
Radium E	83	210	β, γ, ν
↓			
Radium F (Polonium)	84	210	α, γ
↓			
Blei	82	206	

Beachtenswert ist, daß das Atomgewicht des Uran-Bleies mit 206 angegeben ist, während das des gewöhnlichen Bleies 207 beträgt. Das Endprodukt oder

Ende der vergleichbaren Thoriumreihe ist ebenfalls
Blei, aber sein Atomgewicht ist nach Soddy 208. Alle
diese drei Arten von Blei besitzen identische chemische Eigenschaften und sind durch gewöhnliche Analy-
se nicht zu unterscheiden; und doch unterscheiden sie
sich deutlich in ihrem Gewicht.

Vielleicht kann uns diese den wunderbaren Studien
moderner chemischer Forscher entnommene Illustration eine Ahnung davon geben, was in dem sogenannten toten menschlichen Körper stattfindet. Er zerfällt; er ist so voller Leben wie je zuvor, in Wirklichkeit mehr von diffusem Leben erfüllt, weil nun, da
die Oberherrschaft der dominierenden Einflüsse zurückgezogen ist, jedes seiner infinitesimalen Teilchen
seine Freiheit als Individuum sucht, und das Resultat
ist körperliche Anarchie oder sogenannter Tod.

Unseren fortgeschrittenen Wissenschaftlern ist noch
nicht bekannt, ob es in vergangenen Zeiten auf Erden
ebenso viele radioaktive Elemente wie heute gegeben
hat, viele von ihnen scheinen es jedoch anzunehmen. Sie
sagen auch oder deuten dies vielleicht nur an, daß die
ganze übrige physische Materie ebenfalls radioaktiv ist
oder Strahlen aussendet, doch in einem geringeren
Grade. Dieser Gedanke hinsichtlich der Universalität
der Radioaktivität entspricht der Lehre der Esoterischen Philosophie, die auf die Bewegungen oder Operationen der Lebensatome, oder mit anderen Worten,
auf die Ausdrucksweisen der individuellen atomaren
Leben Bezug nimmt. Die esoterischen Lehren besagen,
daß unser Planet in seiner Evolution oder fortschreitenden Entwicklung in Zeit und Raum einen zyklischen
Kreislauf vollzieht, der zunächst in den ätherischen Reichen seinen Ursprung nahm und schließlich abwärts
seine für ihn gröbste materielle Stufe erreichte. Wenn
dieser Grund oder tiefste Punkt erreicht ist, beginnt
er den Wiederaufstieg auf dem Evolutionsbogen, um

schließlich seinen früheren ätherhaften Zustand wiederzugewinnen, aber auf einem höheren Plan als der, von dem er ursprünglich ausging. Hierauf wurde bereits in einem vorhergehenden Kapitel in bezug auf das untergeordnete Thema der Radioaktivität hingewiesen. Wir, was gleichbedeutend mit unserem Planeten ist, haben das tiefste oder gröbste Stadium physischer Materie bereits überschritten. Unsere niedrigsten oder gröbsten physischen Elemente sind daher die ersten, welche die Folgen des Aufstiegs zur Ätherhaftigkeit zu fühlen bekommen. Aus diesem Grunde stehen diese schwersten oder gröbsten Elemente gegenwärtig am Beginn des Prozesses inneren Zerfalls, der sich als spontane Radioaktivität äußert. Sie brechen in feinere oder weniger schwere Elemente auseinander und bringen somit Elemente hervor, die leichter sind als sie selbst. Dieser Prozeß der Radioaktivität wird in Zukunft in der physischen Natur wesentlich weiter verbreitet sein als heute, und während die Zeit fortschreitet, werden ihre Manifestationen in ständig wachsendem Maße zunehmen.

Wenn wir also von "toten Menschen" sprechen und dabei diesen Gedankenbahnen folgen, dann gebrauchen wir nur Worte, die keine weitere Bedeutung haben als die eben skizzierte, und wir jagen vergebens nach etwas, das der landläufigen Idee vom "Tode" entspräche. Wir jagen vergebens nach einem Beweis, der positiv glaubhaft macht, daß es "tote Menschen" gebe, das heißt in den Astralreichen existierende Menschen, die "tot" sind und dennoch leben!

Das im obigen Text Gesagte wird hoffentlich nicht dahingehend mißverstanden, als bedeute es, daß das astrale Gegenstück - die von dem sich wiederverkörpernden Ego in der Astralregion zurückgelassene 'Gestalt' - dem Menschen, der auf Erden gelebt hat, nicht ähnlich sehe, denn das Gegenteil ist der Fall. Nachdem der physische Körper abgeworfen wurde und das sich wiederverkörpernde Ego von den Attraktionen der physischen Sphäre befreit ist, verbleibt es eine gewisse Zeit lang in den niederen Plänen oder Bereichen des Astrallichtes, wo schließlich der 'zweite Tod' erfolgt. Das besagt, daß das sich wiederverkörpernde Ego dann und dort den Kâma-rûpa abwirft, das in der Form oder Erscheinung mehr oder weniger genaue Duplikat des Menschen, so wie er war, als er noch auf Erden lebte. Daher sind die niederen Regionen des Astrallichtes buchstäblich mit einer Vielzahl dieser Kâma-rûpas, Formen oder Gestalten angefüllt, und zwar ist jede das mehr oder weniger vollkommene Duplikat des einst lebenden Wesens oder der Wesenheit, wie sie auf Erden war.

Diese Kâma-rûpas oder astralen Reliquien sind die astralen Abbilder der Wesen, die auf Erden gelebt haben. Sie sind die 'Spuke' oder *Eidola,* von denen in der Esoterischen Philosophie gesprochen wird. Sie sind seelenlos, das heißt bloße 'Schalen', denn das sich wiederverkörpernde Ego, das früher seinen astralen Kâma-rûpa als Bindeglied zwischen sich selbst und dem physischen Körper benutzt hat, ist nun von seinem Kâma-rûpa befreit und befindet sich auf seinen Wanderungen zum Devachan.

Wenn diese Kâma-rûpas oder astralen Spuke von außergewöhnlich schlechten Menschen stammen, die auf Erden brutal gelebt haben, dann bilden sie die sogenannten Elementargeister, die noch einen Restbestand an persönlicher Intelligenz enthalten und noch mit den astralen automatischen Instinkten erfüllt sind. Daher sind sie für lebende Menschen, die den Versuch machen, durch Medien oder auf andere Weise mit ihnen in Verbindung zu treten, sehr gefährliche Geschöpfe, weil sie Wesenheiten mit üblen Leidenschaften und Neigungen sind. Weitere Erörterungen dieser Materie sind auf späteren Seiten des vorliegenden Kapitels und besonders in H.P. Blavatskys Büchern und Artikeln zu finden.

III

Bevor die Gedanken der vorhergehenden Abschnitte etwas ausführlicher behandelt werden, ist es vielleicht angebracht, ein mehr oder weniger allgemeines Bild von der mikrokosmischen Szenerie oder von der Lebensstufe zu entwerfen, auf der sich sogenannte 'beseelte' Wesen und Wesenheiten auf diesem unserem Globus Erde befinden. Die sieben (oder zwölf) Globen der Planetenkette - einer zusammengesetzten Wesenheit - bleiben hier außer Betracht; wir wollen uns nur mit unserer Erde befassen, die einer davon ist, und zwar deren niedrigster oder physischster. Jeder dieser Globen, also natürlich auch unsere Erde als einer von ihnen, ist selbst eine Wesenheit, die entweder in sieben, in zehn oder in zwölf Teile unterteilt werden kann, die auch als Prinzipien und Elemente betrachtet werden können - je nach unserer individuellen Ansicht. Unser Erdglobus - und wir benutzen hier zur einfacheren Illustration die siebenfache Einteilung - ist eine siebenfältige Wesenheit, ein Wesen oder 'Animal', wie die alten Lateiner es ausgedrückt hätten. Das heißt, unser Globus Erde ist ein 'lebendes Wesen', das in sich, entweder in Latenz oder in Manifestation, *in potentia* oder in *actu,* jedes Attribut, jede Eigenschaft, Essenz oder Kraft besitzt, die sein Elter, der Makrokosmos, auch enthält. Oder umgekehrt: Da die wiederholten Erzeugnisse der Natur überall nach gleichen Richtlinien verlaufen und von gleichen Kräften und Substanzen gebildet sind, so besitzt der Erdglobus auch alles das, was der Mensch - als Beispiel einer weiteren Wesenheit - selbst besitzt, denn bei beiden handelt es sich offensichtlich um siebenfältige Wesenheiten. Die Prinzipien beider erstrecken sich vom Innersten und Höchsten, vom Göttlichen oder Über-Göttlichen abwärts durch alle Zwischenstufen zunehmender Materialität bis hinab zum physischen Körper, der somit der Kanal, der 'Träger' der übrigen sechs Teile oder Prinzipien des siebenfachen Aggregats ist.

Aus dem bisher Gesagten sollte leicht zu ersehen sein, daß ebenso, wie der Mensch einen physischen Körper besitzt, der Rinde, Schale oder Schleier der inneren, unsichtbaren Teile seiner Konstitution ist, auch der grobe physische Globus, unsere Erde, in parallelen strukturellen Linien Rinde, Schale oder Schleier für die übrigen sechs Prinzipien oder Elemente ist, die er in sich einschließt, enthält und damit auch manifestiert. Dabei wird vom Höchsten, Über-Göttlichen oder Göttlichen aus abwärts gezählt durch alle Zwischenstufen allmählich zunehmender Materialität, bis in der Skala der felsige Globus selbst erreicht ist.

Ebenso, wie im Menschen auf der aufsteigenden Skala seiner Konstitution das dem Körper übergeordnete, nächsthöhere Prinzip oder Element der sogenannte Linga-śarîra oder Modellkörper ist, so hat auch in ähnlicher, ja tatsächlich in gleicher Weise der Erdglobus seinen Modellkörper oder Linga-śarîra, dem im allgemeinen der technische Name 'Astrallicht' gegeben wird. In beiden Fällen ist der grobe physische Körper der astrale Niederschlag der gröbsten Elemente des inneren vitalen Teiles, des Modellkörpers.

Zwischen dem Linga-śarîra der Erde wie auch dem des Menschen und dem physischen Körper eines jeden dieser beiden besteht ein unaufhörlicher, außerordentlich aktiver Austausch von Kräften und Substanzen. Dieser Austausch vitaler Kräfte oder Energien einerseits und ätherischer Stoffe andererseits findet in Form von unvorstellbar zahlreichen Heeren, Scharen oder Massen wandernder Atome verschiedener Art statt, die hier durch die allgemeine Bezeichnung 'Lebensatome' spezifiziert werden können. Die Lehre hinsichtlich dieses Austausches vitaler Wesenheiten und Elemente gehört den tieferen Bereichen esoterischen Denkens an; sie kann daher nur umrissen oder skizziert werden. Jede klare Vorstellung von der Natur der nachtodlichen Zustände des Menschen wird jedoch auf dieser Lehre beruhen, wie ebenso auch die der Abenteuer der Lebensatome im physischen Körper und außerhalb desselben, solange dieser auf Erden lebt. Was nun in bezug auf den Menschen bei dem Vorgang 'Tod' stattfindet, stimmt mit dem überein, was beim 'Tode' der 'Lebensatome' des menschlichen physischen Körpers vorgeht. Wird also in einem der beiden Fälle die Wahrheit erkannt, ist es nicht schwer, auch die andere Seite zu erkennen, sofern die Größenverhältnisse berücksichtigt werden.

Zum Beispiel befinden sich die Lebensatome im menschlichen Körper, die fast, aber nicht mit vollem Recht auch den "Atomen" im menschlichen physischen Körper gleichgesetzt werden können, in beständigem, unaufhörlichem Zustand des Fließens. Damit sind, genauer ausgeführt, ihre Wanderungen gemeint, das heißt ihr Einfließen in den Körper wie auch ihr Ausfließen aus dem Körper. Die Lebenszeit oder Periode physischer Manifestation eines jeden Lebensatoms oder Atoms während der zyklischen Wanderschaft in und aus dem physischen Körper des Menschen ist natürlich von außerordentlich kurzer Dauer. Sie beträgt möglicherweise nur eine, zwei oder drei Sekunden menschlicher Zeitrechnung. Die vergleichbaren Wanderungen der 'menschlichen Lebensatome' in die physische Sphäre der Erde hinein und aus ihr heraus dauert dagegen in menschlicher Zeitrechnung entsprechend länger, doch das Gesetz und die Tatsachen sind in beiden Fällen die gleichen. Wenn ein Lebensatom im physischen Körper des Menschen stirbt, das heißt, wenn seine sehr kurze Lebenszeit beendet ist, dann fließt es aus dem physischen Körper des Menschen heraus und geht in dessen 'Astralkörper' oder Linga-śarira über. Dort macht es mit gleicher Geschwindigkeit gewisse Transformationen durch, bevor die Monade oder die höheren Prinzipien eines solchen Lebensatomes durch die höheren Prinzipien der menschlichen Konstitution empor-

steigen. Nach einer längeren oder kürzeren Zeit erholsamer Ruhe steigt das Lebensatom von dort wieder
hinab durch die Prinzipien der unsichtbaren Konstitution des Menschen, 'abwärts' und hinein in den Linga
śarîra des Menschen, um von dort wiederum in den
physischen Körper überzugehen, wo es für seine kurze
Lebenszeit von neuem mithilft, das menschliche physische Vehikel aufzubauen.

Auf streng analogen Bahnen und entsprechend demselben allgemeinen Muster des wandernden Ausstroms,
der erholsamen Ruhe im Devachan und des nachfolgenden wandernden Einstroms in das Astrallicht und
die Erdsphäre, verfolgen die menschlichen Monaden ihre eigenen Wege. Was demnach das Lebensatom für
den menschlichen physischen Körper ist, ist in einer
Hinsicht und auf streng analogen Bahnen das menschliche spirituelle Lebensatom oder die menschliche Monade für den Erdglobus. Diese Betrachtungsweise läßt
sich auf alle Wesenheiten anwenden.

In diesem Prozeß nun ruht das ganze Geheimnis des
'Todes' wie auch des 'Lebens'. Obwohl ausführlichere
erklärende Erläuterungen hier fehlen, die zu geben der
Verfasser des vorliegenden Werkes weder für angemessen noch für weise hält, werden scharfsinnige
Schüler und selbst intelligente Durchschnittsleser dieser Zeilen imstande sein, zumindest eine gewisse Vorstellung von der Natur aller Formen der alten Einweihungen und den Lehren in den alten Mysterien zu gewinnen. Denn beide gründeten sich auf die zentralen
Gedanken über den Tod und die nachtodliche Reise,
die Pilgerfahrt oder Wanderung der menschlichen 'Seele', oder genauer gesagt, der menschlichen Monade.

Das soll nun jedoch nicht heißen, daß in den alten
Einweihungsriten und Mysterienlehren nur Themen
enthalten waren, die vom Tode handelten, denn es
waren viele Nebenthemen ebenfalls mit einbezogen.

Dieses Wissen gewann der Initiant oder Neophyt sowohl durch Belehrung als auch durch individuelle Erfahrung. Ohne von strikter Genauigkeit abzugehen
oder die Grenzen der Wahrheit zu überschreiten, kann
behauptet werden, daß nicht nur der Zweck, sondern
auch die wirkungsvollen Folgen der alten Mysterienlehren, verbunden mit ihren zugehörigen Einweihungen,
darin bestanden, den Menschen von aller Furcht vor
dem Tode zu befreien und ihm gleichzeitig zu zeigen,
wie untrennbar er mit allen Prozessen der Natur ver-
netzt und verwoben ist. Er lernte, sein Einssein außer
mit Sonne und Sternen, Mond und Planeten ebenfalls
mit den näher verwandten Erscheinungen zu fühlen, die
einen so großen Teil der Forschungsgebiete moderner
Wissenschaft ausmachen, wie zum Beispiel die Natur
der Erde, deren Lebensprozesse und die Stelle, die
Elektrizität und Magnetismus - einschließlich elektrischer Stürme und anderer meteorologischer Phänomene, Licht und Finsternis, Erdbeben und Flutwellen und
aller übrigen - in diesen vitalen Prozessen einnehmen.
  Zuallererst lernte der Mensch, sein völliges Einssein
mit der *Anima Mundi* (Weltseele) zu erkennen, deren
niedrigste Ebene oder Welt das Astrallicht oder der
Linga-śarîra der Erde ist, wobei die Erde selbst noch
etwas niedriger als das Astrallicht eingestuft werden
kann, weil sie deren Hefe oder Bodensatz ist. Der
Mensch lernte somit, sowohl die Erde als auch das gesamte Sonnensystem, ja das gesamte Universum als
etwas durch und durch Lebendiges zu betrachten, das
für immer und ewig in unzähligen Arten vitaler Aktivität unaufhörlich schwingt, und er lernte, sich selbst
als innerer, untrennbarer Teil von ihm zu erkennen.
  Der Mensch erkannte, daß sein höherer oder göttlich-spiritueller Teil ebenso der erhabenen Essenz der
Anima Mundi angehört, wie sein physischer Körper
völlig von den Elementen des Erdglobus abstammt, auf

dem er als vollständiger siebenfacher Mensch die zeitweilige Phase seiner kosmischen Wanderung, das sogenannte Erdenleben, durchläuft. Zuerst erkannte er,
schließlich wußte und fühlte er, daß ebenso wie die
Atome seines physischen Körpers, die durch Aus- und
Einstrom in seinen Körper hinein- und aus ihm hinaus-
wandern, auch er selbst als menschliches 'Lebensatom'
oder als menschliche Monade durch unaufhörliches
Ein- und Ausströmen in die regelmäßige Reihe seiner
Erdenleben hinein- und wieder hinauswandert, die einander während seines Aufenthalts in einer Planeten-
runde auf unserem Globus Erde der Planetenkette ununterbrochen folgen. Das alles lernte er und noch viel,
ja sehr viel mehr. Mit der Zeit gelangte er dann dahin,
zu erkennen, daß ein Mensch nur insofern als "tot" bezeichnet werden kann, als sein physischer Körper das
Ende seiner vitalen Aktivität erreicht hat und abgeworfen oder verlassen worden ist, um sich daraufhin
in seine komponenten Elemente aufzulösen. Er erkannte, daß die anderen Teile seiner siebenfältigen Konstitution zur gleichen Zeit, als einheitliches Kompositum, langsam in unsichtbare, 'höhere' Welten aufsteigen. Während des Prozesses dieses 'Aufstiegs' wird ein
innerer Körper nach dem anderen abgeworfen, wodurch sich die Monade allmählich von ihren Körpern
befreit und auf diese Weise immer fähiger wird, sich
auf ihrem Wege emporzuschwingen.

Die alten Völker aller Zeiten und Länder, zumindest ihre gebildeteren Schichten und natürlich die Eingeweihten unter ihnen, die sich als die Erben der früher weitverbreiteten, mehr oder weniger geheimen
Lehren der Esoterischen Tradition fühlten, wußten
sehr viel über die Natur der menschlichen Konstitution
sowie über die Natur des menschlichen physischen Körpers, über die Astralwelt sowie über die Attribute und
Kräfte der Anima Mundi. Daher hinterließen sie, sorg-

sam verwahrt in den verschiedenen Literaturen, welche die Zeitalter hervorgebracht haben, sehr viele erleuchtende Hinweise hinsichtlich der oben genannten Dinge, wenn diese auch immer mehr oder weniger unter dichten oder dünnen Schleiern der Allegorie und in doppelsinnigen Aussagen ihren Ausdruck fanden. Die Allegorie war für die Masse; die Eingeweihten und Adepten kannten die Wahrheit.

Neben anderen europäischen Völkern besaßen auch die Römer mancherlei Kenntnisse von diesen Dingen, obwohl bereitwillig zugegeben wird, daß dieses Wissen in den degenerierten Zeiten, in denen das Römische Reich blühte, diffus und zerstreut war. Wahrscheinlich war es in zusammenhängender und genauer Form nur denjenigen bekannt, die ordnungsgemäß und angemessen in die Alten Mysterien eingeweiht waren. Die römischen Schriftsteller verschiedener Zeitalter machten mannigfaltige Anspielungen auf das sogenannte Problem des Todes, die Wanderungen der Monaden und Lebensatome und auf die Astralregionen. Sie nannten diese Unterwelt oder *Orkus,* oder sie benutzten den griechischen Ausdruck Hades, wobei sie den Monaden und Lebensatomen natürlich andere Namen gaben. Ein sorgfältiges Studium dieser alten Schriftsteller macht es ferner möglich, einen relativ genauen Umriß ihres Wissens in bezug auf die menschliche Konstitution zu erhalten, der sich mit passenden Abänderungen ebenfalls auf die Konstitution unseres Globus Erde anwenden läßt. Sie kann daher in schematischer Form folgendermaßen dargestellt werden:

Den lateinischen Namen in der ersten Spalte des Textes gegenüber sind die Prinzipien oder Elemente aufgeführt, wie sie in der Esoterischen Philosophie, der Weisheit der Zeitalter benutzt werden. In der folgenden Aufzählung der griechischen Bezeichnungen sind wiederum die Sanskritausdrücke gegenübergestellt, die dieser Spalte am besten entsprechen. Dem

Schüler ist hier Gelegenheit gegeben, einen sehr wichtigen
Punkt zu beachten und zu studieren, wenn er die Abweichungen
in den Ausdrücken, die unter den verschiedenen Völkern bestanden haben, genau erfassen möchte. Das Karman der Geschichte läßt sich voll und ganz auf jede Ausgabe der Lehren
der Esoterischen Philosophie an Volk, Rasse oder Zeitalter anwenden, an die eine jede derartige Verkündigung ergangen ist.
Das Resultat ist, daß dank psychologischer, wenn nicht spiritueller Ursachen die Konstitution des Universums, des Erdglobus oder des Menschen selbst stets in fundamentaler Identität
angeordnet wurde, abgesehen von kleinen variierenden Unterschieden, die jedoch keineswegs unwichtig sind.

Das Obige ist ein Versuch, exakte Entsprechungen aufzustel-
len, was soweit auch ganz richtig ist. Es könnte jedoch ein
ganzer Band allein über dieses eine Thema geschrieben werden -
über die mystischen und philosophischen Übereinstimmungen verschiedener Darbietungen der Wahrheit. In einem späteren Kapitel ist eine gründlichere Studie der menschlichen Konstitution
als Muster oder Schlüssel gegeben, anhand dessen die Konstitution höherer Wesenheiten verstanden werden kann. Der Leser
wird gebeten, sich dorthin zu wenden.

1. Spiritus . . . . Atman

2. Mens . . . . Buddhi-manas
3.
4. Animus . . . . Kâma-manas

5. Anima . . . . Prâna-manas

6. Simulacrum oder Imago . . Linga-śarîra

7. Corpus . . . . Sthûla-śarîra

In ähnlicher Weise können auch Bruchstücke der Information, die griechischen Schriftstellern entnommen
sind, schematisch angeordnet werden. Sie nehmen Bezug auf das Wissen von der menschlichen Konstitution

und deren Merkmalen, wie es unter den Gebildeten und in den philosophischen Schulen in Hellas allgemein anerkannt war.

1. Pneuma . . . . Atman

2. Nous . . . . Buddhi-manas

3. Phren . . . . Höheres Manas

4. Thumos . . . . Kâma-manas

5. Bios . . . . Prâna

6. Phantasma oder Phasma . . Linga-śarîra

7. Soma . . . . Sthûla-śarîra

Was die analoge Anwendung der obigen hierarchischen oder abgestuften Aufzählung in bezug auf den Erdglobus betrifft, so braucht der Leser oder Schüler fast nichts anderes zu tun, als den Ausdruck Paramâtman oder das oberste Atman als erstes oder 1. Punkt der Reihe einzusetzen; Alaya-Swabhavat oder kosmisches Mahâ-buddhi als 2.; Mahat als 3.; die mânasaputrischen Hierarchien als 4.; ebenso Prâna durch den verallgemeinernden Sanskritausdruck Jîva oder kosmischer Jîva zu ersetzen; Linga-śarîra in Astralwelt zu verwandeln und schließlich die Erde als siebenten oder letzten Punkt einzusetzen:

1. Paramâtman

2. Alaya-Swabhavat oder kosmisches Mahâ-buddhi

3. Mahat

4. Mânasaputrische Hierarchien

5. Kosmischer Jîva

6. Astralwelt

7. Erde

Der in philosophischen und mystischen lateinischen Schriften so häufig angewandte Ausdruck *Anima Mundi* sollte als ein erklärender Ausdruck für den spirituell-intelligenten Hintergrund oder die Essenz der Natur richtig verstanden werden. Sie durchläuft die sieben Punkte der Reihe als die inspirierende kosmische Intelligenz, als Leben und auch als Substanz. Außerdem ist zu beachten, daß die Ausdrücke *Animus* und *Anima* aus der obigen lateinischen Reihe so zu verstehen sind, wie der lateinische Grammatiker Nonius Marcellus es mit folgenden Worten erklärt: *Animus est, quo sapimus, anima qua vivimus* (Nonius Marcellus: "De compendiosa doctrina", S. 426 f.). Das bedeutet: "*Animus* ist die Fähigkeit, durch die wir wissen; *anima* die, durch die wir leben." Also ist *animus* gleichbedeutend mit "Verstand" oder dem niederen Manas, wohingegen *anima* gleichbedeutend ist mit vitaler Kraft oder Prâna.

Die Unterwelt wurde von den alten Griechen und Römern auf verschiedene Art und Weise bezeichnet: als Hades, Orkus, das 'Schattenreich' oder kurz und sehr gebräuchlich als 'Unterwelt'. Sie wurde hinsichtlich ihrer Natur und ihrer charakteristischen Merkmale sorgfältig und wahrheitsgetreu beschrieben als zum großen Teil unter der Erde befindlich, wo sich die niederen Teile oder Regionen des Kâma-loka tatsächlich befinden, obwohl sich Kâma-loka ebenfalls bis zu einem gewissen Ausmaß aufwärts in die Erdatmosphäre erstreckt und in seinen höchsten Teilen bis zum Mond reicht. Die Unterwelt wurde zu verschiedenen Zeiten auch als ein öder, einsamer Ort ohne die Wohltat des herrlichen Sonnenlichtes geschildert, als still, düster und "sumpfig". Sie habe nur ihre eigene schwache Leuchtkraft oder Leuchtessenz, in der die Schatten oder *umbrae* oder die 'Toten' unentschlossen und scheinbar absichtslos umherhuschen, schweben oder dahingleiten. Diese Schatten oder *umbrae* sind die Kâma-rûpas oder abgeworfenen Schalen, aus denen die sie ehemals inspirierenden Monaden entflohen sind. Sie wurden auch als bleiche, blasse Wesen oder Wesenheiten beschrieben, als unentschlossen und scheinbar absichtslos plärrend und vor Begierde zitternd. Das alles kennzeichnet bis zu einem gewissen Grade sehr genau und deutlich, was diese kâma-rûpischen Phantome, Spuke oder Schatten wirklich sind.

Dabei ist zu bedenken, daß die Unterwelt in allen ihren verschiedenen Graden oder Phasen eine 'Welt der Wirkungen' ist, wie sie in der Esoterischen Philosophie oder Tradition genannt wird, geradeso wie sich unser Erdenleben in einer 'Welt der Ursachen' abspielt. Mit anderen Worten wiederholt: Die Unterwelt ist eine Übergangsklasse von Materien und Zuständen, die in der Mitte steht zwischen dem Erdenleben und, soweit es den Menschen betrifft, dem Devachan, das an sich auch ein Zustand und eine reale 'Welt der Wirkungen' ist, wenn auch von ganz anderer Art.

Die römischen Schriftsteller, und vor ihnen auch die großen Griechen, bezeichneten die die Auflösung des physischen Körpers überlebenden Teile der menschlichen Konstitution allgemein mit dem Ausdruck *lemures* - die griechischen Schriftsteller benutzten natürlich ihre eigenen griechischen Ausdrücke. Sie unterteilten die Lemuren in zwei Klassen oder Arten: in *larvae*, die in moderner Sprache Spuke genannt werden, und die damals auch als *umbrae* bezeichnet wurden - es sind die Kâma-rûpas der Esoterischen Philosophie. Den höheren Teil der menschlichen Konstitution (nachdem sich dieser von der *larva* getrennt hat), bezeichneten sie mit *lar* (Plural *lares*) oder *manis* (Plural *manes*).

Die Aussage über die beiden Klassen kâma-lokischer Wesenheiten, die *manes* und die *larvae,* stützt sich auf die Autorität von Ovid, Martianus Capella und Servius, des Kommentators von Virgils "Äneis". Die Bezugnahme in der römischen Literatur auf die Natur und die Merkmale der Manen, der Larven, der Schatten, der Lemuren, der Simulakra usw. ist sehr zahlreich und verdient Beachtung.

Dabei ist noch zu bedenken, daß die Zeit des Römischen Reiches bereits ein spirituell degeneriertes Zeitalter gewesen ist und folglich exaktes Wissen hinsichtlich der nachtodlichen Zustände nicht leicht zu finden war. Daher kommt es, daß Meinungsverschiedenheiten und Unterschiede in den Aussagen über Natur und Charakteristik der verschiedenen gespenstischen Wesenheiten mit erdgebundenem Charakter fast ebenso zahlreich waren wie die Schriftsteller selbst, die diese Themen behandelten. Dennoch blieb unter gewissen wenigen eine mehr oder minder exakte und genaue Kenntnis der Lehren der Esoterischen Tradition erhalten. Doch jene, die dieses Wissen besaßen, wurden bei dem, was sie schrieben, entsprechend beaufsichtigt, gleich, ob sie über die Natur der nachtodlichen Zustände exkarnierter Wesenheiten schrieben oder über die Natur der inneren Welten, entweder die des Sonnensystems oder die unseres eigenen Globus Erde.

Es gibt einen interessanten lateinischen Reim, der von H. P. Blavatsky in "Isis Entschleiert"*) angeführt

---

*) Bd. I, S. 37. Diese Zuschreibung der Autorschaft mag richtig sein, doch erscheinen die Zeilen in keinem der allgemein bekannten Verse Ovids.

wird und den sie Ovid zuschreibt. Möglicherweise war
dieser Reim aber auch eine der Grabinschriften, die
selbst in unseren Tagen noch allgemein zu finden sind,
denn es war eine Lieblingsgewohnheit der Römer, sie
in die Grabsteine ihrer Verstorbenen einzumeißeln.
Dieser Reim lautet folgendermaßen:

"Terra tegit carnem, tumulum circumvolat umbra,
Orcus habet manes, spiritus astra petit."

Die deutsche Übersetzung ist folgende:

"Die Erde bedeckt das Fleisch; der Schatten (oder
Spuk) umschwebt das Grab; der Orkus (die Unterwelt) hält die Manen; der Geist strebt zu den Sternen."

Jeder Satz dieses Reimes ist, wenn genau verstanden, sehr richtig; es könnte jedoch hinzugefügt werden, daß die durchaus passenden Worte hier für das
Anwendung finden, was zeitalterlang als geeignet er-
schien, die vier wichtigen Teile der menschlichen siebenfachen Konstitution zu benennen: der Körper (obgleich strenggenommen kein Prinzip, sondern bloßer
Träger); der 'Schatten' oder Kâma-rûpa in der Astralwelt, der um das Grab herumschwebt und es - zumindest zuerst - heimsucht, wobei der Ausdruck *umbra*
in gleicher Weise auch auf den Linga-śarîra und seine
Handlungen kurz nach der Auflösung des physischen Körpers anwendbar ist; die Manen, die hier strenggenommen für das menschliche Ego angewandt werden, dessen
Schicksal es ist, durch den Orkus oder die Unterwelt
zu wandern, bevor es seine devachanische Ruhe im
Schoße der Monade oder des 'Geistes' aufsucht; und
schließlich die spirituelle Monade, die in diesem Relm
spiritus (Geist) genannt wird, sie entflieht zu den
'Sternen', das heißt zu den Himmelskörpern. Dieser
letzte Satz nimmt direkt Bezug auf die nachtodlichen

Wanderungen der evolvierenden und revolvierenden
Monade, die sich auf ihre lange nachtodliche Pilgerfahrt durch die Sphären begibt.

KAPITEL II

DAS ASTRALLICHT UND DIE LEBENSATOME - II

Es wäre in der Tat zu wünschen, die Vorgänge nach dem Tode ließen sich so einfach beschreiben, wie dies die Christen taten oder wie sich diese der echte Materialist fälschlicherweise vorstellt. Aber wehe dem unglücklichen Schreiber, der den Versuch macht, in einem exoterischen Buch all das zu veröffentlichen, was mit der menschlichen Konstitution nach dem Tode vor sich geht! Nur jene, die tatsächlich etwas von den so mannigfaltigen nachtodlichen Bedingungen und Zuständen und von dem Durchgang der Monade durch diese wissen, können sich vorstellen, wie schwierig es ist, die wahren Tatsachen auch nur annähernd kurz und bündig darzustellen. Die große Schwierigkeit, exakt das zu beschreiben, was nach dem Tode stattfindet, ist eine der Ursachen dafür, warum selbst die Schriften der alten Eingeweihten oftmals dunkel, gelegentlich kompliziert und allgemein in Metaphern eingehüllt sind.

I

Was verursacht nun den 'Tod', das heißt die Auflösung oder das Auseinanderbrechen einer zusammengesetzten Wesenheit? Diese Frage kann für nachdenkliche Gemüter vielleicht dadurch beantwortet werden, daß der modernen wissenschaftlichen Lehre von dem elektronischen Aufbau der chemischen Atome eine sehr geeignete Illustration entnommen wird. Wissenschaftler sagen heute, ein Atom sei neutral oder stabil, wenn es sozusagen seine Reife oder Vollendung erreicht hat; es befindet sich dann also nicht in einem Zustand elektrischer Unausgeglichenheit. Die positive Ladung im Zentrum, im Proton oder Aggregat von Protonen mit den in ihnen eingeschlossenen elektronischen Ladungen, die jedoch erst teilweise neutralisiert sind, wird durch eine äquivalente negative elektrische Ladung ausgeglichen, die, so wird angenommen, aus 'freien', um den protonischen Kern kreisenden Elektronen gebildet wird. Somit verursacht die Ausgewogenheit der Kräfte zwischen Kern und kreisenden Elektronen ein zeitweiliges Gleichgewicht oder atomare Stabilität. Doch bevor das Atom die Stufe des 'Gesättigtseins' oder des Gleichgewichts erreicht hatte, befand es sich im Wachstumsstadium - um bei unserem Bild zu bleiben - oder im Zustand des elektrischen Nicht-Gesättigtseins. Das wurde durch den Mangel an einem Elektron oder an Elektronen verursacht, die fähig wären, die ungesättigte positive Ladung im Kern zu neutralisieren. Wenn ein Atom aus den es umgebenden atomaren Räumen ein Elektron oder Elektronen eingefangen hat, die zahlenmäßig ausreichen, um die ungesättigte positive Kernladung zu neutralisieren, dann wird es neutral oder stabil.

Nun wollen wir dieses Bild eines vervollständigten chemischen Atoms, das stabil geworden ist, in bezug auf einen ausgewachsenen menschlichen Körper anwenden, der sicher mit gutem Recht als menschliches Wesen im relativ 'stabilen' Gleichgewicht betrachtet werden kann, das heißt als ein Mensch, der völlig erwachsen ist und für eine gewisse Zeit zumindest weder Zunahme an Größe noch Zeichen des Alterns zeigt.

Das Alter und der diesem schließlich folgende Tod des Menschen oder jeder anderen Wesenheit, wo immer sie sich auch befinden mag, werden durch das Be-

enden oder Abbrechen des atomaren und molekularen
Äquilibriums oder Gleichgewichts hervorgerufen, das
von dem Erwachsenen erreicht worden war. Das sogenannte Säuglingsalter, das Kleinkindalter, die Kindheit, das Knabenalter und die Jugend sind regelrechte
Stadien oder Phasen, die auf einen ungefestigten Zustand der inneren Prinzipien des Menschen und der
Atome sowie Moleküle seines physischen Körpers zu-
rückzuführen sind. Weder seine inneren Prinzipien
noch sein physischer Körper sind "gesättigt", "ausba-
lanciert", "neutralisiert". Schließlich wird Stabilität
oder Gleichgewicht erreicht, sofern das Kind ein rei-
fes Menschenalter erlangt. Dieses Gleichgewicht kann
offensichtlich nur für kurze Zeit anhalten, dann ver-
wandelt es sich mit Notwendigkeit in Ungesättigtsein,
und der Verfall setzt ein.

Hiermit soll nicht gesagt werden, daß der Abschnitt in einem Menschenleben, der durch das Adjektiv "erwachsen" charakterisiert wird, eine Zeitperiode darstellt, die durch keinerlei
Wechsel gekennzeichnet ist, ob durch Wachstum oder Verfall,
denn das wäre natürlich nicht richtig. Es ist wahrscheinlich,
daß nach Erreichen des höchsten Punktes des Wachstums nicht
für einen einzigen Augenblick eine Zeit ununterbrochener Stabilität vorhanden ist. Wir sind vielmehr zu dem Schluß gedrängt,
daß von dem Augenblick an, da der Gipfel erreicht ist, sofort
der Abstieg zum Alter hin einsetzt, wie schwach die Zeichen
des herannahenden Alters in seinen ersten Stadien auch sein
mögen. Hier wird lediglich der Versuch gemacht, in knappen
und kurzen Worten ein Bild zu entwerfen oder zu umreißen.

Alles hat seine Lebenszeit. Die Tatsache des unaufhörlichen Wechsels, daß nichts für zwei aufeinander-
folgende Sekunden dasselbe bleibt - nicht einmal das
soeben besprochene Gleichgewicht -, ist eine der fundamentalen Charakteristiken der Natur. Nichts, was
zusammengesetzt ist, besteht für immer. Jede Wesen-

heit, jedes Wesen oder Ding, das in der Natur existiert, ist aber zusammengesetzt; somit ist es unmöglich, daß eines von ihnen unverändert fortbestehen
könnte, ja nicht einmal für einen Augenblick. Denn
wie könnte, abgesehen von irgendwelchen anderen
Gründen, eine solche Wesenheit, ein solches Wesen
oder Ding so, ohne sich zu verändern, fortdauern,
wenn doch seine eigentliche Existenz von einer Anhäufung anderer niederer Wesenheiten abhängig ist,
deren jede ihre eigene Lebenszeit und ihren eigenen
Lebenslauf hat und ihre eigenen, obwohl zusammen-
wirkenden, Schicksalsbahnen verfolgt?

In einem gereiften Menschen ist überdies mehr Leben vorhanden als in einem Kinde. Wesenheiten sterben an einem Übermaß an Leben, nicht an einem
Mangel daran. Der Grund hierfür ist die gewaltige Aktivität der vitalen Essenz, die unaufhörlich an der Arbeit ist, und zwar entweder aufbauend oder zerstörend, denn ihre wahre Natur ist Kraft und ständige
Bewegung. Das Kind saugt das Leben aus dem es umgebenden Welt*milieu;* es lebt davon und baut sich daraus auf, indem es die Scharen wandernder Lebensatome in seinen Körper einbaut, die, wie schon erklärt
wurde, unaufhörlich in es hinein- und aus ihm heraus-
fließen. Der Körper des Kindes tut das, weil er sich in
einem Zustand der Labilität befindet, mit anderen
Worten, weil er ständig hungrig oder ungesättigt ist.
Daher fügt er fortgesetzt Lebensatome hinzu, indem
er sie in sich einsaugt, obwohl er ebenfalls mit gleich-
bleibender, unaufhörlicher Aktivität erschöpfte Lebensatome, wie sie genannt werden könnten, zurück-
weist oder hinauswirft. Wachstum ist Veränderung,
und Veränderung ist der Gegenpol von Gleichgewicht
oder Stabilität. In Wirklichkeit hat das Kind Lebens-
hunger, es ist sozusagen lebensnegativ, und daher
saugt es Leben auf wie ein Schwamm das Wasser. Wie

bereits gesagt wurde, ist im Alter mehr Leben als in
der Jugend. 'Leben' - um den volkstümlichen Ausdruck
zu gebrauchen - ist es auch, das mit der Zeit tatsächlich den physischen Körper tötet. Es zerstört
den Körper, denn jedes kleinste Teilchen des Menschen befindet sich in ununterbrochener Tätigkeit, in
ständiger Bewegung. Gerade hierin liegt das Geheimnis, warum der Mensch stirbt. Die Abnutzung der
Teilchen, die seinen Körper zusammensetzen, geht
ohne Unterbrechung vor sich, bis schließlich mit der
Zeit die Aktivität ein solches Ausmaß annimmt, daß
die *komponenten* Elemente der Scharen von Molekülen
und Atomen sich nicht mehr in der Balance oder im
Gleichgewicht halten können. Daraus ergibt sich fort-
schreitender Verfall, der das Altern und schließlich
den Tod bedeutet.

Nun besteht der Körper aus Trillionen physischer
Zellen, von denen jede aus Molekülen zusammengesetzt
ist, die ihrerseits im einzelnen aus Atomen aufgebaut
sind. Auch die Atome sind - was die Esoterische Philosophie schon immer gelehrt hat und was die moderne Naturwissenschaft nun auch bekanntgibt - ebenfalls zusammengesetzte Wesenheiten, das heißt, sie
sind aus elektronischen Teilchen zusammengesetzt,
denen die Wissenschaftler aufgrund ihrer Mannigfaltigkeit verschiedene Namen gegeben haben. Können wir
uns ein Bild davon machen, wie ungeheuer, wie un-
denkbar groß die Zahl dieser infinitesimalen Wesenheiten ist?

G. B. Bazzoni, Professor für Experimentalphysik an
der Universität von Pennsylvania, hat sich in einem
von ihm verfaßten Buch folgendermaßen geäußert:

"Um eine klare Vorstellung von der ungeheuren
Anzahl von Molekülen in einem Kubikzoll (1 Zoll =
2,54 cm) Gas (er spricht hier von gewöhnlicher Luft)

zu bekommen, mag es vielleicht helfen, wenn wir annehmen, wir hätten sie alle zum Umfang eines Baseballs vergrößert und würden sie von 6000 Leuten zählen lassen, die einen nach dem anderen herausnähmen, und jeder Zähler benötigte für einen Baseball eine Sekunde. Wenn wir ferner annehmen, die Leute gehörten keiner Organisation an und brauchten nicht zu essen und nicht zu schlafen, so daß sie 24 Stunden am Tag und 365 Tage im Jahr zählen könnten, dann würden wir feststellen, daß fast 300 Millionen Jahre vorübergehen, bevor die Arbeit des Zählens der Moleküle in einem einzigen Kubikzoll Luft beendet werden könnte."

"Kernels of the Universe" (Die Kerne des Universums), S. 29 f.

Gemäß der obigen Schätzung beträgt die Anzahl der Moleküle in einem einzigen Kubikzoll Gas annähernd 6×10^{19}, das heißt 60 000 000 000 000 000 000 = 60 Trillionen Moleküle! Soweit die Anzahl der Moleküle in einem Kubikzoll Luft. Die Moleküle sind aber im Verhältnis zu den Atomen, die alle Körper physischer Materie aufbauen, relativ große Körper. Man stelle sich nun die unzähligen Scharen infinitesimaler elektronischer Teilchen verschiedener Art vor, die ein einziger menschlicher Körper enthält! Das forschende Gemüt entwickelt diesen Gedanken weiter und überlegt: Der menschliche Körper ist im Vergleich mit der Masse der Erde tatsächlich sehr klein, die Erde wiederum ist im Verhältnis zum Sonnensystem ebenfalls sehr klein, und das letztere ist seinerseits winzig, verglichen mit den noch größeren Einheiten des Raumes wie beispielsweise der Milchstraße, zu der es gehört. Der Verstand verwickelt und überstürzt sich auf seinem Flug der Imagination bei jedem Versuch - auch wenn dieser nur von mathematischer Art ist -, eine so

unvorstellbar unermeßliche Zahl elektronischer Leben
abzuschätzen, aus denen diese größeren Organismen
zusammengesetzt sind. Und ein jedes dieser Infinitesimalen oder dieser elektronischen Einheiten umschließt
die Kräfte und Attribute eines todlosen Bewußtseinszentrums, einer Monade, die von diesen nur erst
schwach zum Ausdruck gebracht wird.

Was wird nun aus den Lebensatomen, wenn beim
Tode der physische Körper zerfällt, wenn er das Ende
seiner sogenannten Lebenszeit erreicht hat und in die
Grundelemente, die ihn zusammensetzten, auseinan-
derbricht, wobei diese Scharen von 'Lebensatomen'
frei werden? Sie können nicht vollständig stillstehen,
sozusagen in absoluter Trägheit einfrieren und kristal-
lisieren, denn Zustände dieser Art sind lediglich in
relativen Graden bekannt. Nebenbei bemerkt sind
Kristalle so voll von Leben wie die Elektrizität selbst,
weil sie letzten Endes auch nur im Gleichgewicht be-
findliche elektrische Ladungen sind. Nein, diese Lebensatome sind wachsende Wesenheiten, lernende Wesenheiten; jede Klasse ist von eigener Art und eige-
nem evolutionären Grad, und jede einzelne Wesenheit
aus diesen Klassen hat ihren eigenen Evolutionsstand.
Die Natur erlaubt nirgendwo und für nichts absoluten
Stillstand. Alle Wesen, Wesenheiten und Dinge sind
voller Leben, voller Kraft oder Energie, voller Bewegung, denn alle sind aus Kraft und Stoff, aus Geist
und Substanz zusammengesetzt - und Geist und Substanz oder Kraft und Stoff sind fundamental eins:
zwei Phasen der zugrundeliegenden R e a l i t ä t,
von der wir nur die höheren und niederen illusorischen
Formen sehen, also Mâyâ. Diese illusorischen Erscheinungen haben die Philosophen des Hindû-Vedânta mit
dem zusammengesetzten Sanskritwort नामरूप (nâma-rû-
pa), 'Namensform', benannt, einem technischen, zusammengesetzten Wort, das phänomenale Erscheinun-

gen bedeutet, die verborgene Noumena in sich schließen. *Rûpa* bedeutet 'Form' und *nâma* 'Name', was besagt, daß die menschliche Mentalität auf die illusorischen Erscheinungen oder Rûpas reagiert und ihnen
Namen gibt.

Diese Lebensatome werden also beim Tode, oder
genauer gesagt, wenn der Körper verfällt und sie sowohl während des Lebens als auch beim Tode frei-
gibt, in die Richtungen gezwungen, genötigt oder
durch Affinität hingezogen, in die zu gehen ihnen der
Mensch als inkarnierte Wesenheit zu seiner Lebenszeit
durch die Oberhoheit seines Denkens, Wollens und
Fühlens die Tendenz verliehen hat. Mit anderen Worten: Die Neigungen, Wünsche und Impulse des Menschen, der jenen Körper benutzt hat, geben diesen
Lebensatomen die Merkmale der psycho-magnetischen
Anziehung oder Abstoßung, die sie verkörpern. Mehr
noch als dies: Die große Mehrheit dieser Lebensatome
ist ursprünglich von diesem Menschen ausgegangen; sie
wurden als seine Abkömmlinge aus seiner Substanz,
seiner Kraft oder Energie, das heißt aus seiner Vitalität, geboren. Sie sind daher tatsächlich die Nachkommen seines eigenen Selbstes - seine wahren Kinder.
Daher haben sie als lernende, evolvierende oder wachsende Wesenheiten die Bestimmung, sich in der Zukunft durch Evolution zu entfalten und auch so zu
werden, wie der Mensch jetzt ist; in vergangenen
Äonen befand er sich auf der gleichen Stufe, die ihre
gegenwärtige oder ihr jetziger Zustand ist: ein win-
ziges lernendes Ding, ein Embryo-Gott. Was aber ist
aus jener Oberhoheit des Denkens und des Bewußtseins
geworden, die aus der dominierenden Wesenheit, die
wir Mensch nennen, hervorgeströmt ist? Mit anderen
Worten, was ist beim Tode aus *ihm* geworden? Offensichtlich ist er nicht sein Körper, da er diesen ja in
allen Zeiten leitet und gebraucht und ihn zum großen

Teil auch beherrscht. Kein toter Körper hat je geschrieben, gesprochen, gedacht oder Dinge geleitet, edle Impulse gehegt oder im Gegensatz dazu seinen Willen geübt, um Böses zu begehen.

Wenn nun der Moment des Todes eintritt, dann zerspringt in diesem Augenblick kritischer Veränderung das ätherische Lebensband, das die innere Konstitution mit dem physischen Körper verbindet, der goldene Faden des Denkens und Fühlens, das heißt dessen, was allgemein 'Leben' genannt wird. Augenblicklich wird das spirituell Beste des Menschen, der eben noch existierte, mit Blitzesschnelle in des Menschen Monade oder sein essentielles Selbst zurückgezogen, in dem es seinen Ursprung hat und wohin es nun notwendigerweise zurückkehrt. Diese blitzesschnelle Heimkehr des spirituell Besten des Menschen, der eben noch existierte, findet im Augenblick des tatsächlichen Todes statt; dies ist in Wirklichkeit nicht der Augenblick des letzten Atemzuges oder des letzten Herzschlages, denn für eine gewisse, in den Einzelfällen unterschiedliche Zeit danach ist das physische Gehirn tatsächlich noch lebendig. Es ist von dem wunderbaren, schnell wechselnden Panorama mentaler Visionen erfüllt, die vor dem geistigen Auge vorüberziehen und alles enthalten, was der Mensch während seines nun endenden Lebens durchgemacht hat, bis zur letzten, unvollkommensten Einzelheit. Alles zieht wie eine wunderbare Verkettung von Bildern, von mentalen Visionen durch das physische Gehirn. Dieser Vorgang beginnt mit den ersten schwachen Wahrnehmungen der Kindheit und setzt sich in ununterbrochener, regelmäßiger Reihenfolge durch alle durchlebten Jahre fort bis zu dem Augenblick, da der letzte Atemzug getan wurde und der letzte Herzschlag erfolgte. Wenn das Ende dieses Panoramas erreicht ist, kehrt das 'Beste' mit Blitzesschnelle in den Schoß der Monade zurück. Dort verbleibt es, bis es sich mit den mehr menschlichen, das heißt geringeren Attributen und Eigenschaften wiedervereinigt, die sich nunmehr im Kâma-loka während der nächsten Monate oder Jahre von dem Kâma-rûpa trennen oder befreien müssen, der dann, somit seines höheren Teiles beraubt, zu dem schon besprochenen 'Spuk' oder zur 'Schale' wird.

Die Frage liegt wohl nahe, ob das, was auf diese Weise nach innen gezogen wird, Stoff oder Kraft ist. In Wirklichkeit ist es beides, doch ist die Substanz ätherhafter und die Energie ätherischer als die der physischen Sphäre oder die der uns umgebenden astralen Sphären. Ein elektrischer Funke leuchtet sozusagen auf, und das Beste des Menschen ist fort, ist heimgekehrt 'zu seinem Vater im Himmel'. Wie Jesus gesagt haben soll: "Ich und mein Vater sind eins" (Joh. 10, 30).

Der Verfasser hält es für richtig, hier offen zu sagen, daß sich der Hinweis auf das, was er unbestimmt als das 'Beste' des Menschen bezeichnet, auf einen Teil der Lehre bezieht, den weiter auszuarbeiten er kein Recht und auch nicht den Wunsch hat. Was dargelegt wurde, ist richtig, obwohl zugegebenermaßen nicht vollständig, weil nicht alles gesagt ist. Diese kurze Bemerkung scheint notwendig zu sein, um selbst die Möglichkeit zu vermeiden, andere durch Aussagen irrezuführen, die in Form und Inhalt richtig, doch unvollständig sind und daher nicht die ganze Wahrheit enthalten. Jeder Schriftsteller der Esoterischen Philosophie, der die ungeheure Verantwortung fühlt, die jedem zufällt, dessen Schriften das Denken anderer leiten und infolgedessen vielleicht deren Leben verändern, wird den Wunsch des Verfassers verstehen, keine Behauptung aufstellen zu wollen, die als endgültig ausgelegt werden könnte, wenn sich dies vermeiden läßt.

In dem ganzen Vorgang ist kein Schmerz vorhanden; Leiden irgendwelcher Art gibt es nicht. Das nach innen gezogene 'Beste' des gewesenen Menschen, sein spirituelles Selbst oder sein Höheres Ego, wird binnen kurzem nichts anderes als unsagbare Seligkeit und Ruhe erfahren, weil es in Bedingungen oder Zustände 'eingegangen' ist, die seiner eigenen Natur durchaus verwandt sind. Der einzige Unterschied im Dasein ist der, daß das Ego gradweise in seine devachanische Periode übergeht, für welche die naheliegendste Analogie der Schlaf ist.

Somit ziehen sich die höheren Teile der Konstitution beim Tode von dem Körper zurück und überlassen ihn dem Verfall. Sie werfen ihn ab wie ein abgetragenes Gewand. Was aber die Lebensatome betrifft, so folgen sie ihren eigenen besonderen Pfaden, denn sie sind von vielerlei verschiedener Art, entsprechend den vielen verschiedenen Arten menschlicher Gedanken, Impulse und Gefühle, und sie stammen aus verschiedenen Teilen der Konstitution des Menschen. Was wird nun aber aus ihnen?

Die Lebensatome des physischen Körpers gehen in den Erdboden oder in Pflanzen, andere gehen nach Verlassen des Körpers in verschiedene Tiere über, mit denen sie sich beim Tode des Menschen aufgrund magnetischer, genauer gesagt, psycho-magnetischer Affinität verbunden fühlen. Von denen, die diesen Pfad einschlagen, gehen nur einige in den Körper der Tiere über, andere dagegen bilden den inneren oder mittleren psychischen Apparat der Tiere, in die sie übergehen. Wieder andere Lebensatome, die demselben Prinzip der Anziehung folgen, treten in menschliche Körper ein, was auf verschiedene Art und Weise geschieht: durch Essen und Trinken zum Beispiel, durch Osmose oder auch durch die Luft, die wir aus- und einatmen.

Die Lebensatome der astralen oder ätherischen Teile der Konstitution des gewesenen Menschen folgen ebenfalls derselben Regel, aber auf ihren astralen oder ätherischen Plänen. Sie helfen somit, die astralen oder ätherischen Körper der drei niederen Reiche wie auch die Körper anderer Mitglieder des Menschenreiches aufzubauen oder zu ernähren. Und ferner: Die Lebensatome der menschlichen Seele oder die des Egos folgen ebenfalls derselben Regel; sie werden psycho-magnetisch in den psycho-mentalen Apparat anderer Menschen hineingezogen und helfen dadurch, diese betreffenden psycho-mentalen Apparate aufzubauen und zu ernähren.

Wie wir bereits gesehen haben, ist der Mensch eine zusammengesetzte Wesenheit. Seine Konstitution besteht aus mehreren Prinzipien und Elementen, die auf verschiedene Art und Weise als sieben oder zehn und zum leichteren Verständnis wie folgt aufgezählt werden können:

1. Ein göttliches monadisches Element oder Prinzip, bedingungslos unsterblich, mit gewaltigen Kräften und von kosmischem (oder universalem) Aktionsradius oder Betätigungsfeld des Bewußtseins.

2. Eine spirituelle Monade, ein Strahl, Kind oder Abkömmling der göttlichen Monade, von rein spiritueller Natur und Funktion, doch geringer als sein göttliches monadisches Elter.

3. Eine spirituell-intellektuelle Monade oder das Höhere Ego, das genaugenommen das fortdauernde reinkarnierende Ego ist, das wiederum ein Strahl des vorhergehenden monadischen Prinzips oder Elementes ist.

4. Eine menschliche Natur oder das persönliche Ego, das seinerseits ein Strahl des vorigen ist.

5. Ein Astral- oder Modellkörper, der Linga-śarîra,

ein ätherhafter Körper.

6. Ein physischer Körper, um den herum der ätherische, astrale oder Modellkörper errichtet ist, von dem er teilweise aufgebaut wird.

7. Die vitale Essenz oder das 'Leben', das heißt Kraft und Energie; denn das ist es, was im Grunde essentielles Leben ist. Es durchströmt diese Prinzipien oder Elemente und vereinigt sie alle miteinander.

Dieses Leben selbst, das fortschreitend weniger ätherhaft wird, während es 'hinabsteigt' oder durch die niederen Teile der Konstitution strömt, ist seinerseits wie die anderen Prinzipien oder Elemente aus atomaren, oder genauer gesagt, aus monadischen Einheiten zusammengesetzt, sozusagen aus vitalen Teilchen, Wesenheiten von infinitesimaler Größe, die in der Esoterischen Philosophie verallgemeinernd 'Lebensatome' genannt werden. Geradeso wie ein Strom fließenden Wassers aus Molekülen besteht, die ihrerseits aus Atomen bestehen, die wiederum aus Protonen und Elektronen verschiedener Art gebildet sind, so ist auch der Fluß vitaler Essenz, der Lebensstrom, der durch die gesamte Konstitution des Menschen hindurchläuft, seiner Natur nach selbst molekular und korpuskular, atomar und elektronisch.

Wie aus der obigen Aufzählung deutlich ersichtlich ist, gibt es tatsächlich viele Arten von Substanz oder Materie und auch viele Arten von Kraft oder Energie: spirituelle, intellektuelle, psychische oder mentale, emotionale und leidenschaftliche, ferner das, was wir 'astrale' Energie nennen, und schließlich die physische. Letzten Endes ist der Mensch in seiner Konstitution eine Garbe oder ein Bündel von alledem, und zwar wirkt jede Kraft oder Energie in ihrem zuständigen

Teil der Konstitution, in ihrer entsprechenden Sphäre
und auf ihrem eigenen Plan und nimmt ihrer Fähigkeit entsprechend an dem kosmischen Werk teil. Daher sind alle Energien Teil jener untrennbaren Kette
des Bewußtseins und der daraus resultierenden Verur-
sachung, die bei der Eröffnung des kosmischen Manvantaras ihren Anfang nahm und am Ende desselben
ihr Ende haben wird, um zu Beginn der nächsten Wiederverkörperung des ewig fortwährenden Dramas kosmischer Existenz wieder von neuem in Erscheinung zu
treten.

II

Während des Erdenlebens wirft jeder Teil der
menschlichen Konstitution Scharen von Lebensatomen
ab, gießt sie wie ein Brunnen das Wasser aus sich heraus in seine eigene Sphäre oder Ebene, von der spirituellen durch alle Zwischengrade bis hinunter zum
physischen Körper. Das aber ist nicht alles. Es findet
ein ständiger Austausch oder eine Wanderung dieser
verschiedenen Lebensatome der menschlichen Konstitution durch die gesamte Sphäre oder den ganzen Bereich seines konstitutionellen Wesens statt. Wie wunderbar ist dies doch! So gehört zum Beispiel ein Lebensatom, das aus dem buddhischen Prinzip eines Menschen, aus dem Buddhi in ihm, hervorfließt, dem Bud-
dhi-Plan, dem buddhischen Plan, an. Dieses Lebensatom hat jedoch, weil es eine evolvierende und sich
entfaltende Wesenheit ist, sein eigenes Schicksal. Es
ist ebensogut ein Teil der Natur wie wir - oder ein
Gott. Und wenn es einmal aus uns hervorgeflossen ist,
unsere Konstitution es auf irgendeinem Plan - in unserem Beispiel dem buddhischen - zur Welt gebracht hat,
beginnt es eine Reihe von Wanderungen von Plan zu

Plan in unsere Konstitution hinein und wieder heraus und vollführt damit das gleiche, was wir als Einzelwesen tun, wenn wir inkarnieren oder exkarnieren. In dem beschriebenen Fall kommt das Lebensatom von dem buddhischen Plan, geht auf den mânasischen und von dort auf den kâmischen über, von hier aus geht es hinunter in den astralen und schließlich in den physischen Körper. Nach seinem "Herumwirbeln" oder Revolvieren, das in einem früheren Kapitel erklärt ist, kehrt es zu seiner Elter-Konstitution zurück und steigt durch diese wieder aufwärts, um sich mit seinem buddhischen Elter zu vereinigen und dort seine atomische 'äonische' Periode nirvânischer Glückseligkeit zu verbringen, bevor es eine neue Pilgerfahrt beginnt, die der gerade beendeten ähnlich, doch nicht identisch mit ihr ist.

Die Lebensatome *aller* Teile der menschlichen Konstitution befinden sich für immer auf Wanderschaft. Was ist zum Beispiel ein Gedanke? Er ist ein mânasisches Elemental, das auf eine Pilgerfahrt ausgesandt wurde. Dieses Elemental ist in seiner Essenz ebensogut ein lebendes Etwas wie wir Menschen. Gedanken sind Dinge, weil sie Substanz oder Materie sind. Sie sind substantiell. Sie haben ihren Ursprung auf dem mânasischen Plan, von wo aus sie ihre Wanderungen beginnen. Sie kommen als Monaden von anderen Plänen und von anderen Wesen zu uns und gehen durch unser Gehirn auf den physischen Plan über. Hier werden sie somit aufs neue geboren. Wie egoistisch ist es doch, sich auch nur einen Augenblick lang einzubilden, die Gedanken, die durch unser Gehirn fließen, seien unsere eigenen, das heißt die energie-geladenen Nachkommen der physischen Substanz der Gehirnzellen!

Jeder Mensch, jeder Gott im Raum, jedes spirituelle Wesen, wo auch immer es sei, jeder Deva, jedes 'Lebensatom' war einst der Gedanke einer denkenden

Wesenheit. Wie aber jeder Gott in früheren Manvantaras ein Mensch war und jeder Mensch in früheren Äonen ein Lebensatom gewesen ist, mit anderen Worten,
ein verkörpertes Elemental - denn das ist ein Lebensatom -, so sind jetzt unsere Gedanken Elementale. Sie
gehen durch jene besondere Phase ihrer evolutionären
Entwicklung als 'Gedanken' und laufen durch das Gehirn eines denkenden Wesens. Anschließend verkörpern
sie sich zu ihrer Zeit auf diesem Plan in einer passenden Hülle, einem Vehikel ihres Bewußtseins. Früher
oder später wird diese Hülle dann ein Lebensatom,
wie es technisch genannt wird.

Die verschiedenen Klassen der Lebensatome gehören unseren verschiedenen inneren Hüllen des Bewußtseins an. Sie existieren auf ihrem eigenen Plan oder in
ihrer eigenen Welt und sind integrale Teile unseres
Stromes karmischer Existenz, pranische Kinder des
Brahman, des inneren Gottes eines jeden. Nach dem Tode verfolgen sie dann einen gleichen Tätigkeitsablauf
auf ihren eigenen Plänen. Dieser vollzieht sich nach den
gleichen allgemeinen natürlichen Ursachen, die die
nachtodlichen Wanderungen der Lebensatome des physischen Körpers regieren, die durch Anziehung und Abstoßung zuwege gebracht werden.

Es ist wichtig, hier daran zu denken, daß die verschiedenen Klassen der Lebensatome auf den verschiedenen Plänen der menschlichen Konstitution existieren. Die ätherischen oder astralen Lebensatome sind
während des Lebens in dem Astral- oder Modellkörper
eingebaut gewesen, das heißt in dem astralen Gewand
oder Vehikel, das während des Lebens die spirituellen
Kräfte der Monade sozusagen heruntertransformiert
hat, so daß diese Kräfte auf ein Gehirn aus physischer
Materie einwirken konnten. Denn jene spirituellen
Energien oder Kräfte sind zu subtil, zu ätherhaft, zu
fein, um ohne Vermittler unsere stoffliche Welt di-

rekt berühren zu können. Dieses astrale Vehikel oder der Linga-śarîra zersetzt sich nicht sogleich im Augenblick des Todes des physischen Körpers, er schwebt eine Zeitlang in der Astralwelt um den physischen Leichnam. Die Astralwelt befindet sich über der Schwelle physischer Existenz, und sie ist daher die Welt direkt jenseits der physischen, die ätherische Welt, wie sie auch genannt werden kann.

Aus Gedankenlosigkeit und Unwissenheit ist es vielfach üblich geworden, die Astralwelt oder Astralregion als von der physischen Welt durch eine "Scheidewand" oder ein ähnliches teilendes Element abgetrennt zu betrachten, das angeblich gemäß dieser gänzlich irrigen Vorstellung eine Schranke darstellt und damit den freien und leichten Austausch oder Verkehr zwischen der astralen und der physischen Welt verhindert. Nichts könnte weiter von der Wahrheit entfernt sein als diese gänzlich falsche Auffassung. Man möchte fast ausrufen: "Ich wünschte, es wäre so!"

Es gibt absolut keine derartige Scheidewand, Schranke oder Mauer zwischen dem Physischen und dem Astralen, denn sie gehen tatsächlich ineinander über, vermischen sich miteinander durch nicht wahrnehmbare Abstufungen der Materie, die von dem ätherischsten Physischen in das materiellste Astrale übergehen. Aufgrund dessen findet zwischen der physischen und der astralen Welt ein ständiger, ununterbrochener und unaufhörlicher Austausch statt. Die einzige "Scheidewand" oder Schranke, die tatsächlich existiert, besteht in jenen wenigen Graden ineinander übergehender Substanzen, die weit davon entfernt sind, Hindernisse oder Hemmungen für den Verkehr zu sein; diese Substanzen sind in Wirklichkeit die Verbindungsmittel in dem Sinne, wie etwa der elektrische Draht das Medium ist, das den elektrischen Strom von Punkt zu Punkt weiterleitet.

Es gibt in der Menschheitsgeschichte Zeiten, die mit zyklischer oder periodischer Regelmäßigkeit auftreten, da diese wenigen vermittelnden "Grade" zwischen dem Physischen und dem Astralen dünn zu werden scheinen. Zu solchen Zeiten findet in der physischen Welt und in der menschlichen Gesellschaft ein unvermeidlicher, unausweichbarer Ausbruch psycho-astraler Ereignisse statt, der dem "Dünnsein" der eben erwähnten "Grade" zuzuschreiben ist. Wir befinden uns gegenwärtig in einem solchen Stadium astral-physischer Auswüchse. Derartige Zeitperioden sind immer von großen Gefahren für die menschliche Mentalität und die Stabilität des Gefühlslebens begleitet, obwohl sie das eine wiedergutmachende Merkmal haben - wenn es überhaupt so genannt werden kann -, das Interesse der Menschen für andere als physische Dinge zu wecken und ihrem Denken eine Ahnung von der tatsächlichen Existenz der Sphären oder Welten zu geben, die ätherhafter sind als die physische Welt.

Die Lektion, die es dabei zu lernen gilt, ist jedoch die, daß die ätherischeren Welten keinesfalls notwendigerweise *spiritueller* sind als die physische, denn die physische Sphäre ist ein außerordentlich sicherer und gesunder Ort, verglichen mit den niederen Regionen des Astrallichtes. Gerade diese niederen Regionen der Astralwelt aber sind es, mit denen ein Austausch von dem physischen Plan aus sehr leicht unternommen werden kann.

Der Linga-śarîra selbst verbleibt nach dem Zerfall des physischen Leichnams nur für kurze Zeit in seiner bleichen, blassen Existenz in der Astralregion, denn er ist demselben Prozeß molekularen und atomaren Zerfalls unterworfen, den der physische Körper durchmacht. Die Dauer seiner Existenz ist also, relativ gesprochen, sehr kurz, sie dauert nur etwas länger als die des physischen Körpers, wenn er der "Verwesung" überlassen ist. Der Linga-śarîra bleibt, wie gesagt werden kann, etwa acht oder zehn Jahre bestehen, bevor auch er sich in seine "komponenten" astralen Lebensatome auflöst.

Oberflächliche Leser oder gleichgültige Schüler der Esoterischen Philosophie verwechseln ganz allgemein den bloßen astralen Modellkörper oder Linga-śarîra mit dem Kâma-rûpa. Doch diese Verwechslung ist gänzlich unnötig und brauchte nie vorzukommen, wenn der Schüler der Bedeutung der Lehren der Esoterischen Philosophie nur geringe Aufmerksamkeit schenken wollte. Der Kâma-rûpa ist der Sitz der menschlichen Seele oder des gewöhnlichen Menschen während des Lebens, er ist selbst aus Lebensatomen zusammengefügt oder zusammengesetzt. Diese sind aber viel ätherhafter als die Lebensatome des wesentlich gröberen Modellkörpers, des Linga-śarîra. Während letzterer den physischen Leichnam für relativ kurze Zeit überlebt, überdauert der Kâma-rûpa auf seinen Plänen oder Graden der Astralwelt den physischen Körper und den Linga-śarîra vielleicht um eine lange Zeit, und gewöhnlich ist das der Fall. In extremen Fällen können es viele Jahre sein. Alles hängt davon ab, wer und was der Mensch während seines Erdenlebens gewesen ist. Wenn er von grober, schwer materieller Art und häufig den Impulsen seiner niederen Leidenschaften unterworfen war, ja mehr oder weniger unter ihrer Gewalt stand, wenn er relativ wenige spirituelle oder noetische Inspirationen des Bewußtseins besaß, dann ist der Kâma-rûpa natürlich eine schwere, fest zusammengefügte, grobe astrale Wesenheit. Die Zeit seiner Existenz in der Astralwelt, bevor auch er Zerfall oder Auflösung durchmacht, ist dann entsprechend lang.

Wenn aber andererseits der Mensch während seines Erdenlebens von hoch spiritueller und intellektueller Art war, das heißt, wenn er Meister seiner niederen Impulse und seiner leidenschaftlichen Triebe war und kaum je, wenn überhaupt, unter deren Gewalt geriet, dann ist in einem solchen Fall sein Kâma-rûpa entsprechend ätherhaft, relativ glänzend oder leuchtend und nur wenig dicht oder kompakt. Folglich wird die Zeit seiner Existenz als kâma-rûpische Wesenheit in der Astralwelt entsprechend kurz sein, weil der Zerfall ziemlich schnell vor sich geht.

Dies sind zwei menschliche Extreme, und alle anderen Grade oder Klassen von Menschen liegen zwischen diesen beiden.

Es sind Fälle bekannt geworden, in denen der Kâ-

ma-rûpa eines außerordentlich schlechten Menschen
jahrhundertelang fortbestand, eine so lange Zeit, daß
er als kâma-rûpische Wesenheit noch zusammenhielt,
nachdem die Monade des besagten Menschen zur Reinkarnation auf die Erde zurückgekehrt war. Der besagte unglückliche 'neue' Mensch wird dann von ihm
heimgesucht. Er heftet sich an den sich neu entwickelnden Kâma-rûpa des neuen Menschen, vereinigt
sich in den meisten Fällen mit ihm und betätigt sich
auf diese Weise als unaufhörliche Quelle böser Einflüsterungen, Impulse, Lüste usw. Ein Solcher Kâma-rûpa
wird technisch 'Hüter der Schwelle' genannt, worauf
Bulwer-Lytton in seinem berühmten Roman 'Zanoni'
unbestimmt anspielt.

Diese 'Bewohner der Schwelle' können nicht nur im
Falle des Menschen existieren, das gleiche ereignet
sich tatsächlich auch im Himmelsraum, das heißt auf
bestimmten Planeten. Unsere Erde ist einer dieser unglücklichen Planeten, und der gegenwärtige Mond ist
der kâma-rûpische Bewohner der Schwelle. Es gibt in
den stellaren Tiefen sogar Fälle, in denen auch Sonnen
ihren kâma-rûpischen, heimsuchenden Bewohner haben;
aber das ist eine andere Geschichte.

Der Kâma-rûpa des Menschen ist also nur der
astrale 'Schatten' oder das 'Phantom' des gewesenen
Menschen. Die Alten nannten diese menschlichen
astralen oder erdgebundenen Wesenheiten 'Schatten',
heute werden sie "Spuke" und "Geister" genannt. Jeder
dieser 'Schatten' ist lediglich ein *Eidolon* - ein grie-
chisches Wort, das "Abbild" bedeutet -, das astrale
Abbild des gewesenen Menschen.

In einigen Schriften wird verschiedentlich behauptet, der Kâma-rûpa bilde sich nur nach dem Tode des
physischen Körpers; diese Behauptung ist jedoch, wenn
auch in einem Sinne vollkommen richtig, ohne weitere
Einschränkungen sowohl irreführend als auch ungenau.

Tatsächlich wird der Kâma-rûpa Schritt für Schritt, Atom für Atom oder Molekül für Molekül während des Erdenlebens des Wesens aufgebaut, von dessen Konstitution er ein "komponenter" Teil ist. Er ist offensichtlich aus den astralen, emotionalen, psychischen und niederen mentalen Lebensatomen des Menschen zusammengesetzt, nimmt aber eine endgültige Gestalt oder Form erst nach dem Tode des Menschen an, das heißt, er wird erst dann eine abgesonderte astrale Wesenheit. Das ist die Bedeutung, die in einigen Büchern der Esoterischen Philosophie gefunden werden kann.

Es gibt gewisse, leider nicht sehr seltene Fälle, in denen die Kâma-rûpas außerordentlich schlechter Menschen nicht nur viele Jahre nach dem Tode des physischen Körpers bestehen bleiben, sondern sozusagen die niedrigste mentale Vitalität des Menschen zurückbehalten oder einkerkern, geradeso wie jene tiefstehende mentale Vitalität im Leben des Verstorbenen geprägt wurde. Das sind die Kâma-rûpas, die zu 'Elementaren' werden, wie sie technisch genannt werden. Sie sind keine bloßen 'Schalen', wie es normalerweise der Fall ist, nachdem die Monade den Kâma-rûpa abgeworfen hat, der somit auf normale Weise zerfallen oder sich auflösen sollte. Die 'Elementare' aber halten gewisse Teile der groben und aktiven mentalen Lebensatome, Energien oder Kräfte, die der Mensch im Leben gebraucht hat, sozusagen gefangen. Sie sind daher außerordentlich gefährliche astrale Bewohner, weil sie unter den automatischen Impulsen ihrer eingekerkerten niedrigen Gedanken und Begierden handeln. Sie suchen ständig nach Befriedigung dieser Gedanken und Begierden und werden so zu den Menschen hingezogen oder treiben denen zu, mit denen sie sich verwandt fühlen.

In gleicher Weise eilen die Elementare an Orte und zu Dingen oder werden zu diesen hingezogen, zu denen

ihre niederen Begierden und Gedanken sie ziehen oder
sie zu gehen zwingen. Als konkrete Beispiele seien
folgende erwähnt: Lasterhöhlen, Schlachthäuser, ver-
gossenes menschliches oder tierisches Blut jeder Art,
ja tatsächlich alle tierischen oder menschlichen Aus-
würfe sowie Ausdünstungen, einschließlich eines der
harmlosesten Nahrungsmittel des Menschen, nämlich
warme Milch, die gerade dem Euter entnommen ist.
Der Grund hierfür sind die tierischen Ausdünstungen,
die von diesen Stätten und Dingen ausstrahlen.

Da zu jedem der zusammengesetzten Prinzipien
und Elemente der menschlichen Konstitution Lebensatome gehören, so ist der Mensch auch in seiner
Zwischennatur oder seinem Zwischenvehikel ein Kompositum oder eine zusammengesetzte Wesenheit. Diese
Zwischennatur, die allgemein die 'menschliche Seele'
genannt wird, zerfällt ihrerseits eine gewisse Zeitspanne nach dem Tode in ihre "komponenten" Lebensatome und legt dadurch ihren zentralen Kern frei, das
menschliche Ego, oder anders ausgedrückt, die menschliche Monade. Wenn dann diese mittleren Lebensatome
ihrerseits zurückgelassen sind, wird der monadische
Strahl, welcher der wahre Mensch ist, höher und noch
tiefer in seine Elter-Monade hineingezogen oder wieder in das innere Selbst seines Vaters zurückgezogen.
Infolge dieses Vorgangs sind jene Lebensatome der
Zwischennatur des Menschen, das heißt seiner vehikularen 'Seele', von der Oberhoheit des monadischen Strahles befreit und bilden eine Schar, eine Gruppe oder ein
Heer auf den inneren Plänen. Diese Vielheiten verschiedener Arten oder Klassen von Lebensatomen werden zu anderen Menschen hingezogen oder suchen
sozusagen Zuflucht bei denen, die entweder gerade
das Erdenleben beginnen oder bereits ein stark persön-
lich geprägtes Leben auf Erden führen, ebenso wie die
Lebensatome des physischen Körpers aufgrund psycho-

57

magnetischer Affinität in die entsprechenden Zufluchts-
stätten oder Sphären hineingezogen werden, zu denen
sie von Natur aus gehören.

Begierden und Leidenschaften steigen in der Tat
aus den heimischen Hüllen des menschlichen Egos auf
und werden infolgedessen nach dem Tode im Laufe
der Zeit von der Monade abgeworfen, wodurch diese
von deren Anklammerung an die Astralwelt frei wird.
Milton schreibt hierzu über die nachtodlichen Überreste des Menschen, nachdem der Prozeß 'Tod' sein
Werk an dem niederen Teil der psychologischen Natur
des Menschen vollbracht hat, und er zeigt sein Verständnis für die Tatsache, daß der erwachsene Mensch
innerlich von mehreren Graden oder Arten ätherischer
Materie und von verschiedenen Stufen der Materialität
aufgebaut ist. Natürlich entnahm der große englische
Dichter seine Ideen, zumindest die Grundideen, antiken griechischen und römischen Schriftstellern, die
ihrerseits in ihrem Zeitalter lediglich die Esoterische
Tradition in dieser Hinsicht wiederholten. In seinem
"Comus" schreibt Milton:

"Doch wenn die Lust durch unkeusche Blicke,
liederliche Gebärden und schmutzige Reden,
meist aber durch begangene gemeine und hem-
mungslose Sünden, die inneren Teile entweiht,
dann wird die Seele durch Ansteckung grob,
verkörpert sich und vertiert,
bis sie das göttliche Eigentum ihres ersten Seins
ganz und gar verliert.
Solcher Art sind jene dumpfen, düsteren Schatten,
die man häufig in Leichenhallen und Grabstätten
herumschleichen oder an frisch aufgeworfenen Gräbern sitzen sieht,
die - unwillig, den Körper, den sie liebten, zu verlassen - durch fleischliche Sinnlichkeit
einem degenerierten, erniedrigenden Zustande

verhaftet sind."

Das Englisch zu Miltons Zeit war wesentlich derber
und weniger fein, als es dem heutigen, anspruchsvolle-
ren Geschmack zusagt. Doch alles, was Milton in den
obigen Zeilen schreibt, ist ziemlich richtig und genau,
obwohl er den Unterschied zwischen dem Linga-śarîra
und dem Kâma-rûpa nicht hinreichend klar gemacht
hat. Gewiß sucht der Linga-śarîra die "Leichenhallen
und Grabstätten" heim, was ebenso auch der Kâma-
rûpa macht, und dies geschieht nicht selten; doch der
Unterschied zwischen ihnen ist sehr deutlich und von
der Art, die in vorhergehenden Abschnitten zu erklären versucht worden ist.

Wie jedem, der die alten Literaturen aller Teile der
Welt studiert hat, hinreichend klar sein wird - denn in
dieser Hinsicht lehren alle dieselben Tatsachen -, bezieht sich der große englische Dichter auf die astralen
Reste der menschlichen psychologischen Wesenheit,
die der Mensch hinter sich zurückläßt, wenn ihn der
"schöne" Tod aus dem Gefängnis dieses seines irdischen Lebens befreit. Die Seele kehrt dann für eine
Weile in die Wohnungen ihres Vaters zurück - zu Ruhe
und Glück, die mit nichts hier auf Erden zu vergle-
chen sind -, bevor sie wiederkommt, um auf unserem
Globus eine andere Wohnung von Fleisch zu beziehen
und die irdische Schulzeit wiederaufzunehmen, die nur
von den "großen Ferien" unterbrochen war, die wir
Menschen Tod nennen.

III

Der englische Dichter spielt hier auf die Teile der
menschlichen psychologischen Wesenheit an, die von
unten auf unsere Zwischennatur einwirken, ebenso wie

das Aggregat von Attributen, Eigenschaften und Kräften, die zusammengefaßt als 'Stimme der Seele' bezeichnet werden, von oben her auf die psychologische Wesenheit einwirkt. Diese beiden sind die Streiter oder Gegner in den Kämpfen um Selbstbeherrschung und Selbstüberwindung, die wir alle während des Erdenlebens erfahren. Während sich Milton in den oben zitierten Zeilen hauptsächlich auf einen Aspekt des irdischen Lebens bezieht, nämlich auf die materiell leidenschaftliche Neigung der niederen Natur, ist es in diesem Zusammenhang notwendig, darauf hinzuweisen, daß es weit schlimmere Dinge gibt als bloße menschliche Leidenschaften. Es sind die subtileren und daher gefährlicheren, weil etwas aggressiveren Regungen der niederen Seele wie Wut und Zorn, dauernder Haß, bittere Eifersucht, blinder Neid, unsozialer persönlicher Ehrgeiz, Todesangst und ähnliches. Sie alle herrschen machtvoll über die Zwischennatur oder psychologische Natur der menschlichen Konstitution und üben auf sie einen starken herabziehenden Einfluß aus. Die erhabenen Tugenden dagegen, die unpersönlich und daher gleichwohl schön sind, wie Hoffnung, Güte - Güte, die nicht nur zu einer angenehmen Pflicht wird, sondern zu einer Ehre und etwas Schönem -, Freundlichkeit, unpersönliche Liebe, Selbstlosigkeit, der Instinkt für das Gute, Schöne und Wahre: alle diese sind Eingebungen und Intuitionen, die uns aus dem höheren Teil unserer Konstitution zufließen und die in jeder Hinsicht und bei allen Gelegenheiten ausnahmslos anspornend und reinigend, erfrischend und erhebend wirken, und zwar in all ihren Reichweiten über jene Teile der menschlichen Seele, die für ihren verfeinernden Zufluß geöffnet sind.

Unter gedankenlosen Menschen wird allgemein angenommen, die Wahl zwischen dem letzteren und dem ersteren sei schwer; doch diese Meinung ist schlicht-

weg falsch. Die Wahl ist im Gegenteil tatsächlich sehr
leicht, und sie wird immer leichter, je mehr die Natur
jener verfeinernden Kräfte und ihr Einfluß auf das
Gewebe sowie die Operationen des psychologischen
Teiles der menschlichen Konstitution verstanden wird.
Besonders hierfür ist die Lehre hinsichtlich der nachtodlichen Bedingungen, des Charakters und Schicksals
der psychologischen oder Zwischennatur wunderbar anregend und hilfreich, weil sie ein so glänzendes Licht
auf die Tatsachen wirft.

Die abgeworfenen Hüllen des Zwischenteiles der
menschlichen Konstitution bestehen, wie schon gesagt
wurde, aus Lebensatomen, und wir haben ihnen während des gesamten Verlaufs unseres Erdenlebens eine
gewisse Hauptrichtung, einen führenden Impuls oder
eine Reihe von Impulsen gegeben. Aufgrund dieser
Einwirkung von Wille und Intelligenz des Menschen auf
diese Lebensatome, sowohl gemeinsam als auch einzeln betrachtet, wird der Mensch für sie in ihren verschiedenen Klassen karmisch verantwortlich, und zwar
ist diese Verantwortung dem auf sie ausgeübten Eindruck gemäß genau abgestuft. Bis zu einem gewissen
Grade sind wir ebenfalls verantwortlich für die psychischen, astralen und physischen Wirkungen, die diese
Lebensatome auf andere Menschen haben oder ausüben
können, zu denen sie sich begeben. Denn unter allen
Menschen besteht fortwährend, ohne einen Augenblick
des Stillstandes, ein ständiger, ununterbrochener Austausch von Lebensatomen. Auf diese Weise erhalten
die Lebensatome das Gepräge unzähliger Eindrücke,
die sie aufgrund unvorstellbar vieler Impulse oder Einwirkungen erfahren haben. In dem Maße, in dem wir
ihnen unser individuelles oder persönliches Siegel auf-
gedrückt haben, ihnen das Gepräge unserer besonderen
Impulse gegeben haben, sind wir streng verantwortlich. Eines Tages werden diese Lebensatome zu uns

zurückkommen; sie können nicht anders. Die psycho-
magnetische Anziehung, die wir durch unsere Gedanken und Gefühle bei ihnen ins Dasein riefen, zieht sie
unfehlbar zu uns zurück. So viel wie sie individuell
enthalten können, tragen sie unsere Vitalität in sich,
und diese vitale Affinität zu uns ist Ursache für ihre
Rückkehr zu uns. Dann werden wir die Auswirkungen
der Impulse von neuem zu spüren bekommen, die wir
ihnen früher einmal aufgeprägt haben. So kommt es,
daß wir durch die Lebensatome auf allen Plänen unseres Wesens dank der nie irrenden Gerechtigkeit Kar-
mans - das ist Aktion und Reaktion - die gerechte und
fällige Vergeltung erleiden, und zwar dadurch, daß wir
sozusagen infinitesimalen Teilchen unseres früheren
Selbstes oder unserer früheren Selbste begegnen; und
nicht einmal von tausend Millionen Malen werden wir
unsere früheren Selbste mögen oder ihre Rückkehr zu
uns willkommen heißen.

Natürlich sind diese individuellen Einwirkungen oder
Impulse auf ein einzelnes Lebensatom unendlich gering.
Da es sich aber um unzählige Lebensatome handelt,
kann ihr geballter Einfluß nicht nur anregend, sondern
zuzeiten auch zwingend werden. Es erfordert nur eine
kleine Anstrengung der Imagination und eine ebenso geringe des Verstehens, um gerade durch diese Tatsache
zu erkennen, daß mit den Lebensatomen auch unsere
Vergangenheit zu uns zurückkehrt. Allein in dieser
Tatsache ruht eine wesentliche Grundlage der Moral, des reinen Lebens und hohen Denkens sowie die
Pflicht, die Atome unserer gesamten Konstitution mit
Impulsen zu beeindrucken, die aus unseren höheren
und höchsten Teilen entspringen und hervorströmen.
Handeln wir in diesem Sinne, kehren die Lebensatome
zu uns wie Engel zurück, ein jedes verkörpert dann ei-
nen Impuls zum Guten und trägt sogar zu physischer
Gesundheit bei.

Ein äußerst wichtiger Aspekt der allgemeinen Lehre über die Natur und die Wanderungen der verschiedenen Klassen von Lebensatomen ist der, daß die Monade, wenn sie 'sich erhebt' oder Stufe um Stufe durch die Sphären 'emporsteigt', auf ihrer wunderbaren nachtodlichen Wanderung auf jeder Stufe, bei jedem Schritt, die Lebensatome abstreift oder abwirft, die zu dem Teil der Konstitution gehören, der auf dieser Stufe "heimisch" ist. Mit jedem Schritt oder mit jeder Stufe aufwärts läßt die Monade die Gruppen von Lebensatomen hinter sich zurück, die zu materiell sind, um sie in die ätherischeren Reiche zu begleiten, bis die Monade, wenn sie das Ziel ihrer wunderbaren nachtodlichen Reise erreicht hat, in "einen spirituellen Körper" gekleidet ist, wie der christliche Paulus sagte, einen Körper, der geeignet und passend ist für ihre spirituellen Attribute, Eigenschaften und Kräfte (1. Kor. 15, 44).

Solcher Art ist tatsächlich die letzte Bestimmung der befreiten Monade, die somit zu einem Jîvanmukta wird, oder was auf das gleiche hinausläuft, zu einer völlig selbstbewußten, für den Rest der gegenwärtigen Periode des Weltenlebens oder des kosmischen Manvantaras vervollkommneten Göttlichkeit. Was aber die begrenztere Periode zwischen den einzelnen Leben des sich wiederverkörpernden Egos betrifft, so ist dabei zu beachten, daß dieses Ego auf der Höhenwanderung der Monade nach dem Tode allmählich in seinen devachanischen Zustand schlüpft oder in ihn hineingleitet. Beim Durchschnittsmenschen ruht das sich wiederverkörpernde Ego im Devachan im Schoße der Monade und verbringt dort vielleicht viele Jahrhunderte devachanischer Glückseligkeit, bevor es seine Rückreise zu einer neuen irdischen Verkörperung antritt. Eine solche Zeit devachanischer Ruhe und Erholung hängt in jedem Fall von den im vergangenen Leben hervorgebrachten Energien ab, die dann und dort jede Gelegenheit zum Selbstausdruck oder zur Manifestation suchen und ihr geeignetes Betätigungsfeld in dem spirituell-intellektuellen "Traumland" des Devachan finden.

Wenn die Jahrhunderte der dahinrollenden Zeit das Ende des devachanischen Traumes herbeiführen, beginnen die Anziehungskräfte in Aktion zu treten und das Ego zu irdischer Inkarnation zurückzuziehen. Nach und nach und Grad für Grad werden die Stadien oder Stufen der Rückkehr betreten, und zwar in umgekehrter Reihenfolge der Stufen oder Grade, auf denen die Monade 'emporstieg'. Das sich wiederverkörpernde Ego steigt also in umgekehrter Reihenfolge durch die Sphären hinab, ohne eine einzige der 'Sprossen' dieser mystischen Lebensleiter zu überspringen. Auf jeder einzelnen Etappe oder Stufe des 'Abstiegs' nimmt es durch die psycho-magnetische Anziehungskraft so viele der Lebensatome wieder auf und körpert sie wieder in sich ein, wie es von den Scharen der Lebensatome anziehen kann, die beim Aufstieg auf den betreffenden Stufen oder Plänen abgeworfen oder zurückgelassen wurden. So baut es diese wieder in seine neuen Körper oder Vehikel ein, in die unsichtbaren wie in die sichtbaren, die inneren wie die äußeren.

IV

Viele Menschen mit den unterschiedlichsten Ansichten haben während der christlichen Ära über das christliche Dogma der "Auferstehung des Fleisches" nachgedacht und sich den Kopf darüber zerbrochen. Zuweilen wurde dieses Dogma sehr grob und ungenau als die "Auferstehung der Toten" bezeichnet: "wenn klappernde Knochen aus allen vier Himmelsrichtungen zusammenfliegen". Dies war ganz offensichtlich ein frommer Glaube, ein Glaube, der zu seiner Zeit, während der Epochen europäischer intellektueller Verdunklung, augenscheinlich großen Eindruck auf die Herzen frommer Christen gemacht hat. Viele Ansichten hinsichtlich der tatsächlichen Bedeutung dieser theologischen und kirchlichen Lehre wurden zu verschiedenen Zeiten geäußert, besonders seit der Wiedergeburt der Kräfte des menschlichen Intellekts, als die Menschen begannen, Fragen zu stellen und beim Fragen wirklich zu denken. Eigentümlicherweise hat, wie es scheint, niemand diese christliche Lehre richtig verstanden, die in ihrer allgemeinen Form zwar irrig ist wie die meisten, wenn nicht alle christlichen Dogmen, die aber dennoch auf einer Tatsache basiert oder in dieser ihr Fundament hat.

Obwohl es für viele ein unwillkommener Gedanke sein mag, ist doch wohl tatsächlich 'Nemesis' oder die Ursache zu dem Ruin des christlichen theologischen Denkens die egoistische Annahme gewesen, daß das Christentum allein in der Welt fleckenlose Wahrheit enthalte, daß es etwas Neues sei und in keiner Weise oder in keinem wichtigen Punkt auf der alten philosophischen und religiösen Lehre der Mittelmeervölker basiere, die seinem eigenen Emporkommen zu Volkstümlichkeit und Macht vorausgegangen war. Hätte diese egoistische Annahme nicht bestanden, so könnte das Christentum - das wäre wohl nicht zuviel gesagt - heute ein wahrer Lichtträger in der Welt, ein lebendiges Vehikel der Wahrheit sein, und es hätte niemals nötig gehabt, durch die verschiedenen Phasen des Aufgebens gehegter Glaubenssätze hindurchzugehen. Es hätte nicht nötig gehabt, den sich daraus ergebenden Verlust instinktiven Glaubens zu erleben und den Abfall oder Niedergang von seiner einst hohen Stellung als spiritueller Führer der Menschheit. In alledem liegt eine wahre Tragik, weil zu erkennen ist, daß das Christentum ebensogut wie jedes andere große System religiösen Denkens auch seine Elemente tiefer Wahrheit besitzt. Ferner läßt sich erkennen, daß das Christentum zumindest in seinen Anfängen - als sowohl die Stimme seines großen Meisters als auch die spirituellen Impulse dessen edlen Herzens noch nicht vergessen waren - nur eine neue Enthüllung der unvergänglichen, ewigen Weisheit der archaischen Weisheitsreligion der Menschheit war - der Esoterischen Tradition. Daher war das Christentum gleich allen anderen Religionen in keiner Weise etwas Einzigartiges und ist es auch heute nicht, sondern es ist ein Mitglied der Schwesternschaft religiöser Systeme. Es ist tatsächlich tragisch, daß innerhalb des christlichen Systems diese Tatsache aus den Augen verloren wurde, und zwar anscheinend schon fünfzig Jahre nach dem Hinscheiden seines großen Lehrers und Meisters.

Aus welchen Gründen sollten sich also nicht diejenigen, die Licht und Belehrung über diesen Gegenstand suchen, anderen Weltgedanken philosophischer und religiöser Art zuwenden, da diese doch das gemeinsame Erbe der Menschheit sind? Denn vielleicht hat das eine oder andere System des Weltdenkens noch diese besondere Erklärung oder diesen Schlüssel für einen besonderen Glaubenssatz aufbewahrt und ihn nicht, wie das christliche System, verloren. Das Forschen sollte jedoch nicht in den exoterischen Symbolismen, Ritualen oder kirchlichen Organisationen vorgenommen werden, sondern in den Mysterienlehren, die mehr oder weniger in jedem einzelnen dieser großen Systeme enthalten sind, wobei in dem einen die Darlegungen weiter ausgeführt sein mögen als in dem anderen.

Ohne den Wunsch, die eigenen Glaubenssätze oder Lehren hervorkehren zu wollen, ist es richtig, offen zu sagen, daß die Esoterische Philosophie diese scheinbar seltsame und fast lächerliche Lehre von der Auferstehung des Fleisches zu erklären weiß. Denn die Esoterische Philosophie oder Tradition ist, wie schon häufig dargelegt wurde, die Mutter der Religionen und Philosophien - eine heute gänzlich unbekannte Tatsache -, so daß sie logischerweise imstande ist, das mentale philosophische und religiöse Produkt, das von ihr abstammt, zu erläutern.

Kein vernünftiger Mensch kann heute noch glauben, daß der physische Körper, das heißt seine physischen Elemente - oder anders ausgedrückt, wenn seine Elemente zu gegebener Zeit zur Erde zurückgekehrt sind -, zu einem zukünftigen Zeitpunkt, den die Christen den jüngsten Tag nennen, wieder zu einem "komponenten", vollkommenen Ganzen versammelt wird. Wenn entsprechend der seltsamen Vorstellung früherer Zeiten die "letzte Posaune" geblasen wird, werden sich dicke und dünne, große und kleine Menschen, jung und alt, Frauen und Kinder aller Arten und Klassen beim Tone der himmlischen Posaune aus ihren Gräbern erheben, und alle Auserwählten werden ihren Platz zur Rechten Gottes in der Höhe einnehmen und bis in alle Ewigkeit Lobgesänge singen: Welch eine groteske Ideenverbindung! Doch der Hintergrund der Idee der "Auferstehung des Fleisches" beinhaltet eine äußerst schöne Wahrheit, eine Naturtatsache. Diese Wahrheit kann auf zweierlei Art und Weise formuliert werden; die Mathematiker würden sagen, sie kann sowohl allgemein als auch in bezug auf einen speziellen Fall dargestellt werden.

Dieser spezielle Fall schließt ein Geheimnis, eine Lehre der alten Mysterien, in sich; andeutungsweise könnte sie folgendermaßen wiedergegeben werden: Wenn ein Mensch seinen letzten Einweihungsgrad empfangen hat, wird er, wie gesagt wird, in demselben physischen Körper zur Meisterschaft 'erhoben'. Doch dieser Punkt braucht hier nicht weiter ausgeführt zu werden.

Der generelle Fall läßt sich durch das Wiederversammeln der Lebensatome in der in vorhergehenden Abschnitten beschriebenen Art und Weise erklären. Die Lebensatome sind die eigenen Sprößlinge des Menschen, zumindest die meisten von denen, die seine Konstitution aufbauen. Sie werden während des physischen Lebens auf Erden in seinen Körper eingebaut, obwohl sie nicht von außen stammen, sondern aus ihm selbst hervorgegangen sind. Aus diesem Grunde werden sie auf der Rückwanderung des sich wiederverkörpernden Egos ins neue Erdenleben psycho-magnetisch zu ihm zurückgezogen. Das sich wiederverkörpernde Ego kann ebensowenig verhindern, diese Lebensatome wieder in sich aufzunehmen, oder ihnen entfliehen, wie es verhindern kann, es selbst zu sein, oder sich selbst entfliehen kann. Die Lebensatome werden wieder zu ihm hingezogen, weil sie früher einmal von ihm ausgegangen sind. Auch sie selbst hatten während der Zeit der Ruhe und des Friedens des sich wiederverkörpernden Egos im Devachan ihre eigenen wunderbaren Abenteuer - Abenteuer in den verschiedenen Sphären und auf den verschiedenen Plänen der sieben Globen der Planetenkette. Hat also das 'hinabsteigende' Individuum oder das sich wiederverkörpernde Ego die Grade unseres physischen Planes erreicht und wird der Körper des Kindes schließlich geboren, ist sein anschließendes Wachstum aufgrund der vorher erwähnten magnetischen Anziehungen und Abstoßungen und durch diese und ebenfalls auch dadurch gesichert, daß der Körper seine früheren Lebensatome in sich aufnimmt oder von sich abwirft. Die letzteren werden fortlaufend zu dem physischen Körper hingezogen und in ihn eingebaut, während dieser aus dem Säuglingsalter zu Kindheit und Jugend und von der Jugendzeit zum Erwachsenenalter übergeht. Es sind zum Teil dieselben Lebensatome, die während des letzten Erdenlebens den physischen Körper des sich wiederverkörpernden Egos auf Erden aufgebaut hatten. So kommt es, daß der Körper des früheren Erdenlebens auferstanden ist oder sich erhoben hat.

Um einem Mißverständnis vorzubeugen, erscheint es zweckmäßig, hier einen Vorbehalt einzuräumen. Nicht alle Lebensatome, die den physischen Körper eines Menschen zusammensetzen oder aufbauen, sind seine eigenen Sprößlinge oder Kinder, das heißt Emanationen aus seiner Lebensessenz; doch die meisten von ihnen sind es. Aufgrund der unaufhörlichen Pilgerfahrten oder Wanderungen der Lebensatome zwischen Mensch und Mensch, die sich rückwärts und vorwärts bewegen, gibt es in jedem menschlichen physischen Körper in jedem Augenblick eine gewisse Anzahl von Lebensatomen - insgesamt tatsächlich eine unermeßliche Anzahl -, die in diesem physischen Vehikel oder Körper sozusagen "Gäste" sind. Aufgrund von Affinität wurden sie zu ihm hingezogen, und sie verlassen ihn auch wieder aufgrund einer vorherrschenden stärkeren Affinität, die sie zu einem anderen Körper psycho-magnetisch hinzieht. Über das Thema der Pilgerfahrten und Abenteuer der Lebensatome könnte im weitläufigen Sinne ein ganzer Band geschrieben werden.
Der Leser wird gebeten, bei den diesem Gegenstand gewidmeten Abschnitten ständig im Sinn zu behalten, daß es viele Klassen und Arten von Lebensatomen gibt, die auf jedem Plan oder Grad der menschlichen Konstitution existieren, vom spirituellen abwärts bis zum physischen Körper und auf allen Zwischengraden und durch diese hindurch, so daß es spirituelle, intellektuelle, psychische, astrale wie auch physische Lebensatome gibt. Doch die Prinzipien der Tätigkeiten, die in den Wanderungen der zum physischen Körper gehörenden Lebensatome zum Ausdruck kommen, sind dieselben, die in und auf allen anderen Plänen der zusammengesetzten Konstitution des Menschen wirksam sind.

Bricht die Zeit für die Wiedergeburt des Menschen zu physischem Leben erneut an, steigt das sich wiederverkörpernde Ego aus der monadischen Zurückgezogenheit hinab, in der es eine Zeit der Ruhe und des unvorstellbaren Friedens gehabt hat. Es 'steigt hinab' durch die gleichen Zwischenpläne oder Welten, durch die es einst, am Ende des vorhergegangenen Erdenlebens, emporgestiegen ist, und nimmt nun so viele jener Lebensatome wie nur möglich wieder auf, die während des früheren Aufstiegs zurückgelassen wurden und nun wieder aufgrund von Affinität zu dem hinabsteigenden, sich wiederverkörpernden Ego angezogen werden. Diese gradweise Verdichtung oder Materialisierung der inneren Vehikel oder Elemente ist es, die von der monadischen oder spirituellen Welt abwärts bis zur physischen Welt die sieben Teile der Konstitution des neuen Menschen formt, während er auf Erden heranwächst. Daher also ist der neue physische Körper des Menschen hier auf diesem unserem physischen, irdischen Plan aus denselben oder fast gleichen Lebensatomen zusammengesetzt, in denen das Ego in seiner letzten Inkarnation lebte und durch die es wirkte.

Was vielleicht am meisten Eindruck auf uns macht, wenn wir über diese wunderbare Naturtatsache nachdenken, ist die in ihr enthaltene vollkommene, nie irrende Gerechtigkeit. In dem Vorgang der Inkarnation gibt es kein Werk des Zufalls, keine zufällige Zusammenballung von Atomen, weil der Mensch bei jedem Schritt in diesem wunderbaren Naturgeschehen dem begegnet, was er früher getan hat, und notgedrungen, ob er will oder nicht, die entsprechenden Lebensatome wieder in sich aufnehmen muß.

Obwohl er in seinem neuen Erdenkörper im wesentlichen physisch derselbe Mensch ist, der er am Ende seines letzten Lebens war - da er ja aus den gleichen Lebensatomen besteht, die er, während er von der Kindheit in die Jugend, von der Jugend ins Erwachsenenalter hineinwuchs, immer vollständiger in sich ein-

sammelte -, sollte dessenungeachtet nicht vergessen
werden, daß es dennoch weder exakt noch philosophisch
richtig ist, zu sagen, der Mensch sei mit dem 'alten
Menschen' des letzten Erdenlebens "identisch". Denn
während der 'neue Mensch' eine Reproduktion des
'alten' ist, so ist er dennoch als persönliche Wesenheit unverkennbar ein 'neuer Mensch' aufgrund der
'neuen' Zunahme an inneren Fähigkeiten und Kräften,
Qualitäten und Eigenschaften, die er als Frucht der
gesamten Erfahrungen des letzten Erdenlebens gewonnen hatte und während der devachanischen Zwi-
schenzeit assimiliert und in seinen Charakter eingebaut hat. Er kann also als "derselbe" Mensch bezeichnet werden, weil er in seinen Vehikeln oder Körpern
aus denselben Elementen gebildet ist. Aufgrund des
Wachstums oder der Entfaltung durch die evolutionäre
Entwicklung, die seit dem letzten Erdenleben stattgefunden hat, ist er aber ein 'neuer Mensch'.

Die Tatsache, daß der physische Körper nach dem
Tode gegebenenfalls durch Feuer oder Einäscherung
zerstört wird, hat auf die Lebensatome keine Einwirkung. Das Feuer beeinflußt die Lebensatome nicht,
selbst nicht einmal die chemischen Atome, wie bekannt ist. Feuer setzt die chemischen Atome in Freiheit. Feuer zerstört die Moleküle, die aus Atomen bestehen; doch die Atome selbst bleiben von dem Feuer
unberührt. Feuer ist ein elektrisches Phänomen. Sein
Einfluß ist normalerweise zerstörend; es ist aber auch
der große schöpferische Baumeister des Universums.
Aus diesem Grunde ließen die alten Völker dem Feuer
göttliche Verehrung zuteil werden. Auf den niederen
Plänen ist es tatsächlich eine Manifestation pränischer
Elektrizität, oder allgemeiner gesagt, vitaler Elektrizität.

V

Zu beachten ist, daß in den vorhergehenden Abschnitten nicht hauptsächlich von chemischen Atomen gesprochen wurde, sondern von Lebensatomen, die sozusagen die Seelen der chemischen Atome sind. Das Wort 'Atom' wird in der Esoterischen Philosophie häufig in seinem griechischen etymologischen Sinn mit der Bedeutung 'unteilbar' angewandt, so, wie es von den großen Weisen der Zeitalter und Denkern der Antike immer verstanden wurde, denn genau das ist es, was das griechische Wort besagt. Die ursprüngliche Bedeutung von 'Atom' in dem Sinne eines Unteilbaren ist 'Monade' oder Individuum, das strenggenommen eine Einheit ist und nicht geteilt werden kann. In dieser Weise wurde das Wort von den ursprünglichen Gründern der griechischen Atomisten-Schule gebraucht. Ihre Deutung entsprach exakt der der Pythagoreischen Schule, in der von der Monade gesprochen wurde - einem Zentrum des Bewußtseins. Die Monade könnte als das tatsächliche spirituelle Atom, als ein unteilbares Letztes bezeichnet werden, aber nur in dem Sinne, daß, wenn eine der psychologischen Hüllen fortgenommen wird, die jedes monadische Bewußtseinszentrum umgibt, eine vollkommenere und schönere Hülle freigelegt wird, die jenem Zentrum vertrauter und daher dessen Bewußtsein näher verwandt ist. Doch könnte ebenfalls wahrheitsgemäß gesagt werden, daß dieser Prozeß des Enthüllens bis ins Unendliche fortgesetzt werden könnte, ohne daß der letzte oder 'absolute' Anfang je erreicht wird, denn wo wäre ein vorstellbares Ende oder ein derartiger Anfang eines Bewußtseinszentrums zu finden?

Hierbei ist von äußerster Wichtigkeit, daß diese Hüllen in Wirklichkeit Phasen oder "Spielarten" des Bewußtseins sind und daß daher, ganz gleich wie zahlreich die "Enthüllungen" dieser Spielarten auch sein mögen, Bewußtsein *an sich* immer vorhanden ist.

Die alten Hindus gaben dem Lebensatom den Namen परमाणु *(paramânu)*, ein zusammengesetztes Wort mit der Bedeutung "letztes" oder "ursprüngliches" *anu;* ein *anu* bedeutet ein Infinitesimales (unendlich Kleines). Wird es in bezug auf Substanz verwandt, bedeutet es also ein Lebensatom; in bezug auf Geist könnte es eine Monade genannt werden. Der beste Ausdruck für Monade ist jedoch जीव *(jîva);* und für das Bewußtseinszentrum selbst im Herzen der Monade wäre der passende, anschauliche und sinnreiche Ausdruck जीवात्मन् *(jîvâtman)* oder monadisches Selbst. In gewissen Upanishaden aus Hindustan wird Brahman als im Herzen des 'Atoms' sitzend erwähnt - jenes Brahman, das kleiner als das Kleinste, doch größer als das Größte ist, das in seiner ungeheuren Reichweite in der Tat das Universum umfaßt. Letzteres wird treffend durch den soeben erwähnten Ausdruck *jîvâtman* beschrieben, denn im Herzen, oder besser gesagt, im Kern aller Wesen, Wesenheiten und essentiellen Dinge befindet sich ein göttlicher Funke, ihr innerer Gott. Dieser ist umgeben, verschleiert oder eingehüllt von Gewändern oder Hüllen abnehmender Grade der Feinheit oder zunehmender Grade der Opazität; es sind die erwähnten verschiedenen 'Hüllen' des Bewußtseins. Einige dieser Gewänder oder Schleier, die höchsten, sind durchscheinend oder transparent für den Durchgang des spirituellen Lichtes, das aus dieser inneren, spirituellen Monade oder Sonne hervorflutet. Die äußeren oder dichteren sind wesentlich gröber, materieller und weniger ätherisch, und zwar in zunehmendem Grade bis hin zu dem physischen Körper, welcher der gröbste ist. Durch diese groben Hüllen hindurchzukommen wird für das strahlende Licht im Innern zunehmend schwieriger.

In bezug auf das Wort परमाणु *(paramânu)* und seine Bedeutung
ist es angebracht, darauf hinzuweisen, daß diese Zusammensetzung aus zwei Elementen gebildet ist, aus परम *(parama),* was
"Haupt", "ursprünglich" oder "Höchstes" bedeutet, und अणु *(anu),*
welches das "Infinitesimale" oder als Eigenschaftswort 'atomar'
bedeutet. Folglich bedeutet das zusammengesetzte Wort das
"ursprüngliche", "höchste" oder "prinzipielle (infinitesimale)
Atom". In der Betrachtungsweise der Hindu-Philosophie bilden
die *paramânus* zusammen die unsichtbaren, unfühlbaren Elementale oder infinitesimalen Teilchen aller Aggregate oder zusammengesetzten Körper. Daher entspricht *paramânu* in seiner
höheren philosophischen und ursprünglichen Bedeutung exakt
der Monade der Esoterischen Philosophie.

Zu bedenken ist jedoch, daß diese uranfänglichen Infinitesimalen nicht etwa bloße Punkte "toter Materie" sind, denn diese
irrige Auffassung verfehlt gänzlich die Hauptidee. Diese Infinitesimalen sind Zentren oder Punkte reinen unverfälschten Bewußtseins, "Bewußtseinsatome", um eine populäre Formulierung
anzuwenden.

Aus den oben genannten Gründen wird in der Hindu-Philosophie häufig auf das kosmische Brahman Bezug genommen, auf
anîyas anîyasâm, das "Winzigste vom Winzigen", das "Atomare
des Atomaren", die essentielle Substanz oder der essentielle
Punkt des Bewußtseins, das gerade deshalb, weil es essentielles
Bewußtsein ist, alldurchdringend und nicht nur das Herz von allem und jedem Atom im Universum ist, sondern auch jenes
Universum selbst erfüllt.

Durch das Ausstreuen dieser Ideen wurden in der Welt
derart große Veränderungen im menschlichen Bewußtsein zuwege gebracht - wenn auch von den meisten unerkannt -, daß
viele der überwiegend esoterischen Gedanken der Esoterischen
Philosophie tatsächlich in der Luft liegen und in zunehmendem
Maße von aufnahmebereiten und sensiblen Denkern aufgefangen
werden; und dies geschieht manchmal an völlig unerwarteten
Orten. Zumindest einige der bekanntesten modernen Wissenschaftler wie auch andere Menschen sind für diese "in der Luft
befindlichen Ideen" empfänglich. Ein Beispiel hierfür ist der be-
rühmte englische Astronom und Mathematiker Sir James Jeans,
der in seinem Buch "Das geheimnisvolle Universum" (1934) auf
S. 58 folgendes schreibt (hier mit Erlaubnis des Herausgebers
Macmillan Co. zitiert):

"Denn ganz gleich, wie weit man sich von einem mit
Elektrizität geladenen Teilchen zurückzieht, aus dem
Bereich seiner Anziehung und Abstoßung kann man nicht
herauskommen. Dies zeigt, daß ein Elektron, zumindest in einem gewissen Sinne, den gesamten Raum in Anspruch nehmen muß."

Diese Feststellung des großen englischen Wissenschaftlers ist
durchaus bemerkenswert, denn er schreibt dem sehr verblüf-
fend flüchtigen und dem Anschein nach nahezu unverantwortli-
chen Elektron zumindest einige der Attribute und Eigenschaften zu, die der Monade der Esoterischen Philosophie zugespro-
chen werden, und zwar der Monade in ihrer physischen Manifestation als Lebensatom. Aus dem obigen Zitat geht recht
deutlich hervor, daß Jeans, zweifellos sich selbst unbewußt, ein
modernes wissenschaftliches Elektron mit einigen charakteristischen Attributen des typischen *anu* der Esoterischen Weisheit
ausstattet. Was die Monade für das Lebensatom ist, ist das
paramânu für das *anu*.

So kann dieser 'innere Gott' auch als 'spirituelles
Atom' bezeichnet werden, als *paramânu,* als Monade,
als pythagoreische Monade, als ein tatsächlich Unteilbares, das für immer besteht, das heißt für die Dauer
des kosmischen Manvantaras oder der gegenwärtigen
Weltperiode. Der innere Gott ist allerdings nicht ständig von seinen ihn einhüllenden Schleiern umschlossen,
er lebt vielmehr in jenem geheimnisvollen, unaussprechlichen Mysterium seines essentiellen Selbstes und
aufgrund desselben. Diese Tatsache ist mit den hin-
kenden Worten des allgemeinen Sprachgebrauchs fast
nicht auszudrücken; dennoch kann die höhere menschliche Seele sehr leicht eine klare Vorstellung von ihr
gewinnen. Folglich ist es das unteilbare Bewußtseinszentrum, durch das und von dem aus Leben und Licht
hervorstömen, Inspiration und Intuition, die Impulse
und zwingenden Kräfte unpersönlicher Liebe, alle moralischen Instinkte sowie das Moralgefühl, kurz, alle
Fähigkeiten, Attribute und Kräfte, die es aus sich

hervoremaniert oder aussendet und in seine es umhüllenden Gewänder oder Schleier einbaut. Diese Gewänder oder Schleier sind seine eigene spirituell-intellektuelle Ausströmung oder Atmosphäre mit ständig abnehmendem und geringer werdendem Bewußtsein. Ein solcher Schleier ist auch die menschliche Seele, die selbst das umhüllende Gewand des menschlichen Egos ist, des sich wiederverkörpernden Egos, von dem in früheren Kapiteln dieses Werkes so oft die Rede war.

Der höchste Teil von uns ist der innere Gott, dieses spirituelle Atom, ein Atom oder eine Monade, die ihrem herrlichen Ursprung und ihrer späteren evolutionären Entwicklung nach den Bereichen des Geistes angehört, den spirituellen Sphären oder Welten. Wenn die menschliche Seele durch den Prozeß des Entfaltens ihrer monadischen Möglichkeiten aus sich selbst heraus ihren gegenwärtigen menschlichen Typ mit dessen geistigen Anlagen gewinnt sowie die Kraft, die innere Erleuchtung mehr oder weniger zu manifestieren - was vom einzelnen Menschen abhängt -, dann kann diese menschliche Seele 'das menschliche Atom', die menschliche Monade oder auch das menschliche Ego genannt werden. Es ist das ich-bewußte Zentrum des Durchschnittsmenschen, das in seinen allgemeinen Selbst-Ausdrücken oder Manifestationen während des Erdenlebens die menschliche Seele genannt werden kann, um einen volkstümlichen Ausdruck zu gebrauchen.

Dennoch kann der Mensch, der essentielle Mensch, im Grunde genommen als eine ich-bewußte Kraft oder Strömung der Bewußtseinsenergie angesehen werden. In ihrer höchsten oder monadischen Form ist diese Bewußtseinsenergie homogen, daher also eine Einheit, ein Individuum. Letzten Endes ist es diese Monade, die von individualisiertem Leben zu individualisiertem Leben fortschreitet, von Sphäre zu Sphäre, von Welt zu Welt, dabei ständig evolvierend und revolvierend und ihre eingeborenen Attribute und Fähigkeiten fortwährend entfaltend. Auf diese Weise folgt sie dem Pfade ununterbrochener kosmischer Evolution. Wie könnte eine denkende, bewußte Wesenheit alle Erfahrungen sammeln, die die ungeheuren Pläne des Kosmos vor ihr ausbreiten, wenn sie nur ein einziges kurzes physisches Leben auf unserer Erde hätte, auf diesem einen winzigen Flecken in den weiten Bereichen der Sonnenhierarchie? Das Sammeln von Erfahrungen in einem einzigen Leben ist nur ein unbedeutender Bruchteil dessen, was der Kosmos für eine Wesenheit bereithält in Form von Lektionen, die sie zu lernen hat, von Geheimnissen, die sie zu lösen hat, und in Form des Wachstums, das sie vollenden muß!

Selbst moderne Physiker erkennen, daß sich in der physischen Welt ein ständiges, nie endendes Drama des Ein- und Ausstroms abspielt, ein Drama des Wechsels und Austausches, des ständigen Wanderns physischer Teilchen über einen weiten Bereich im Kosmos. Sie berichten von den Wanderungen der Atome und ihrer elektronischen Bestandteile, die von der Sonne und zweifellos auch von anderen Planeten zu uns kommen, und ferner, daß auch diese unsere Erde fortgesetzt und unaufhörlich derartige Teilchen aus sich heraus in den sie umgebenden Raum emaniert - eine Schlußfolgerung, die sehr deutlich die Lehre von den Zirkulationen im Kosmos illustriert, wie sie in der Esoterischen Philosophie gelehrt wird.

Dies ist jedoch nur ein unendlich kleiner Teil der wunderbaren Geheimnisse in bezug auf die Zirkulationen im Kosmos, die in den archaischen Lehren der Esoterischen Philosophie enthalten sind. Es findet in der Tat ein ständiges Zirkulieren der Lebensatome längs der Stromwege im Universum statt, der Lebensatome oder Atome individualisierten Lebens, die sich

in chemische Atome, wie sie genannt werden, einkör-
pern oder die diese um sich herum aufbauen. Dies sind
zeitweilige Vehikel oder Hüllen, die angenommen und
abgeworfen werden, angenommen und abgeworfen in
einer unaufhörlich sich wiederholenden, regelmäßigen
Reihe von Verkörperungen, während die Lebensatome
hierhin und dorthin zirkulieren. Auf diese Weise nehmen sie teil an einer ständigen Hin- und Herbewegung
vom Schoße der Vatersonne aus durch sein atomares
Reich, wobei sie die Wege oder Pfade bilden, die alle
Wesen und Wesenheiten der höheren Evolutionsgrade
verfolgen und benutzen. Ja, alles dies und noch viel
mehr. Hierbei spielt absolut kein Zufall mit; auch ist
das Tätigkeitsverfahren in keiner Weise unbestimmt,
zufällig oder nicht geregelt. Es ist der 'Zyklus der
Notwendigkeit' der alten griechischen Philosophen,
denn kein Mensch, kein Wesen, keine Wesenheit, kein
Gott kann für sich selbst allein leben: alles lebt für
alles andere; alles arbeitet durch und für alles andere.
Wir alle sind Mitglieder *einer* Körperschaft, deren Di-
mension in aller Wahrheit der grenzenlose Raum ist
und deren einzelne Mitglieder ewig-dauernde, wan-
dernde Monaden sind. Längs der wunderbaren Stromwege des Universums, der Bahnen des mystischen
Raumes, schreiten alle individualisierten Wesen oder
Wesenheiten, die das Universum enthält, vorwärts und
zurück durch wunderbare Abenteuer oder eine Reihe
von Abenteuern, welche die mächtigste übermenschli-
che Vorstellungskraft sich nicht ausmalen kann.

KAPITEL III

TOD - UND DANACH:
EINE STUDIE DES MENSCHLICHEN BEWUSSTSEINS - I

Im folgenden sei eine detailliertere Betrachtung in bezug auf das Schicksal angestellt, welches das sich
wiederverkörpernde Ego erwartet, wenn es seine physische Hülle fallengelassen hat und seine nachtodlichen Wanderungen durch die Sphären beginnt. Hierin
ist natürlich auch der einleitende Teil enthalten: die
Wanderungen durch das Astrallicht, der in den beiden
vorhergehenden Kapiteln skizziert wurde.

Wenn wir den Menschen in seinem Innersten als
einen unsterblichen Strahl vom Herzen oder von der
Essenz des Weltalls betrachten, der während des Verlaufs des kosmischen Manvantaras immer aktiv und
damit ebenso ewig ist wie das Weltall selbst, so ist in
dem, was wir Tod nennen, der Auftakt zu dem größten "Abenteuer" des Lebens leicht zu erkennen.

Bei den Studien über die Natur des Todes - oder
über die des Lebens, denn die beiden sind eins - ist
die Aufmerksamkeit der Studierenden zu oft auf die
Körper konzentriert, die zweifellos von kosmischem
Leben durchdrungen sind, anstatt auf die inneren Essenzen, oder was auf dasselbe hinausläuft, auf das Bewußtsein selbst und seine Methoden und Prozesse der
Manifestation. Das ist nur natürlich und verständlich,
denn es sind Körper, die sterben, und die Menschen
neigen während ihrer Lebenszeit fast ausnahmslos dazu, sich mit dem physischen Vehikel, in dem sie leben
und durch das sie sich zum Ausdruck bringen, zu iden-
tifizieren. Es ist diese offenkundige Tatsache, die die
Menschen dazu führt, sich zu fragen, ob sie nach dem

Tode des physischen Körpers in einen anderen Körper
eintreten oder einen anderen erhalten, einen "geistigen
Körper", wie der Paulus der Christen es ausdrückte.
Die Bedeutung des Todes oder des Zustandes nach
dem Tode des Körpers wird aber niemals erfaßt werden können, wenn unsere Sinne ihre Aufmerksamkeit
lediglich auf die zum Vehikel gehörenden Aspekte, also auf das Körperliche, konzentrieren.

Im Abendland wird zu viel Nachdruck auf die verschiedenen Körper in der Konstitution des Menschen
gelegt; doch diese sind letzten Endes nur zeitliche Vehikel, die sich der innere Mensch schafft und in die er
sich hüllt. Dieser innere Mensch ist eine Monade, ein
flammender Strahl aus der Sonnengottheit, der durch
alle Welten, Ebenen und Sphären des kosmischen Lebens hinabsteigt: durch die spirituellen, psychischen
und astralen, bis er unseren physischen Globus erreicht, auf dem sich dieser Strahl essentiellen Bewußtseins durch die Substanz des Herzens und des Ge-
hirns verkörperter Menschen manifestiert - wenn auch
in den meisten Fällen nur sehr, sehr schwach. Der
Prozeß des Todes wird sehr gut veranschaulicht durch
eine Umkehr der soeben erläuterten Vorgänge, das
heißt durch das Beiseitelegen einer Bewußtseinshülle
nach der anderen, eines ätherhaften Körpers nach dem
anderen. Dabei werden diese Hüllen oder Körper, in
denen der Bewußtseinsstrahl oder -strom verkörpert
ist, der Reihe nach in aufsteigender Ordnung abgelegt.

Es ist in der Tat nicht übertrieben zu behaupten, es
gebe keinen "Tod", wenn wir unter Tod die gänzliche
und vollkommene Auslöschung oder Vernichtung alles
dessen verstehen, was einen empfindenden, sich seiner
selbst bewußten, denkenden Menschen ausmacht. Den
Tod und seine sogenannten Geheimnisse wird niemand
völlig verstehen, solange er die Aufmerksamkeit auf
die bloßen, zeitweiligen Körper oder Hüllen konzen-

triert, in die sich dieser Bewußtseinsstrahl, diese Be-
wußtseinsflamme, periodisch und wiederholt einhüllt.
Wer sein nachtodliches Schicksal kennenlernen möchte, mit anderen Worten, wer mit sich selbst bekannt
werden und sein bewußtes Selbst so vollständig wie
möglich erkennen möchte, muß die Wanderungen des
Bewußtseins *an sich* verfolgen, so daß er diesem
Strahl oder dieser Flamme des Bewußtseins in Gedanken nach innen folgen kann, immer mehr nach innen,
oder anders ausgedrückt, nach oben. Wenn ein Mensch
das fertigbringt, wird er den Tod nicht mehr fürchten,
denn er wird sein Nichtvorhandensein erkennen und
ihn lediglich als eine Lebensphase betrachten, die die
Wanderungen durch die inneren Welten und Sphären
eröffnet, bis das Devachan erreicht ist. Nun wird er
den Tod als das erkennen, was er ist, als den sanfte-
sten und erhabensten Helfer und Freund, den ein
Mensch besitzt.

Komm, lieblicher, besänftigender Tod!
Walle um die Welt, und tritt immer wieder ruhig-heiter ein,
bei Tag oder bei Nacht, bei allen und jedem,
früher oder später, sanfter Tod!

Gepriesen sei das unergründliche Weltall
um des Lebens und der Freude, der Dinge und des
seltsamen Wissens willen
und um der Liebe willen, der süßen! - Doch Lob und Preis
sei den sicher umschlingenden Armen des kühl
einhüllenden Todes!

Dunkle Mutter, die du auf leisen Sohlen uns immer um-
wallest,
hat keiner dir noch ein Lied gesungen - ein Lied frohen
Willkommens?
Dann singe ich es dir und verherrliche dich über alles,
ein Lied singe ich dir, auf daß du nicht zögernd erscheinest,
wenn einmal wirklich du kommst.

Komm herbei, starke Erlöserin!
Und wenn es geschehen, wenn du sie zu dir genommen,

dann singe ich freudig den Toten,
die entschwunden in dein liebendes, flutendes Meer
und nun baden in den Wellen deines Glücks, o Tod!

Walt Whitman, "Leaves of Grass",
"Memories of President Lincoln"

Sterben bedeutet das Aufgeben von Unvollkommenheit zugunsten einer verhältnismäßigen Vollkommenheit, von beschränktem Bewußtsein zugunsten einer erweiterten Bewußtseinssphäre. Ein Mensch, der den Tod und dessen Natur erforscht, indem er sein wahres Selbst, das heißt sein Bewußtsein, studiert, muß diesem Strom des Bewußtseins ständig folgen. Wenn ihm das gelingt, wird er zum Herzen oder zur Essenz seines Wesens vordringen, zur Quelle des Bewußtseinsstromes oder -strahles, der er selbst ist; diese Quelle ist die Gottheit in seinem Herzen. Hier ist in Kürze der geheime Schlüssel zum Verständnis des Todes und seiner wirklichen - nicht erdachten - Mysterien zu finden, wie sie in den alten esoterischen Schulen aller Menschenrassen gelehrt wurden.

I

In jedem normal denkenden und fühlenden Menschen ist etwas - dem Wesen nach sowohl Intuition und innere Schau als auch instinktives Gefühl -, das ihm sagt, daß das Bewußtsein *an sich,* ganz abgesehen von irgendwelchen Eigenschaften oder flüchtigen Beschaffenheiten des Egos, weiterhin oder für immer fortbesteht. Dieses Bewußtsein in seinem reinen, essentiellen Zustand stammt keineswegs von irgendeinem Vehikel, durch das es vielleicht gerade hindurchgeht. Vielmehr sollte erkannt werden: Während reines, essentielles Bewußtsein, das die Essenz des Weltalls ist, selbst we-

der Anfang noch Ende hat, bringt es sich nichtsdestoweniger keineswegs immer in derselben Form zum
Ausdruck, denn Wechsel und Verfall der übermitteln-
den Vehikel oder Körper ist das Universalgesetz der
Natur in allen kosmischen Weltperioden. Doch gerade
hierin liegt die Schlinge, der Fallstrick für den Fuß
des Unbedachten, die Fallgrube, und in allen Zeiten
verstehen und begreifen so viele Millionen Menschen
diesen Zusammenhang nicht und werden in die Irre geführt. Da sie vergessen haben, somit tatsächlich nicht
wissen oder erkennen, daß Geist oder Bewußtsein, Verstand oder das Denkprinzip *an sich* das Fundamen-
talste im und vom Weltall ist und daher auch die eigentliche essentielle Substanz des innersten Wesens
der Menschen, so erwarten diese Millionen in ihrer
Mitleid erregenden Blindheit den Fortbestand der zer-
brechlichen, sich immer verändernden Vehikel des Bewußtseins, die die Menschen Leben auf Leben und Tag
um Tag bewohnen. Dabei nehmen sie im Gehirnverstand nur eine Reflexion des reinen, essentiellen Bewußtseins wahr, das diese Vehikel begleitet und mehr
oder weniger erleuchtet. Aufgrund ihrer Unvollkommenheit sind die letzteren ständig beherrscht oder
besessen von all ihren nichtigen Hoffnungen, Vorlieben
und Befürchtungen, Bestrebungen, Sehnsüchten und
ähnlichem. Die Menschen verstehen diese Wirklichkei-
ten, die uns infolge der vielfältigen Unvollkommenheiten der Vehikel vielfach Leiden, Sorgen und Schmer-
zen bereiten, völlig falsch und *wünschen* im Grunde geradezu, daran festzuhalten. Es ist paradox! Wir klam-
mern uns mit Eifer an das Vergängliche und Unbestän-
dige und verwirren und quälen uns unaufhörlich mit
Hoffnungen und Wünschen, die nie erfüllt werden können, und dabei wenden wir uns mit gleicher blinder
Hartnäckigkeit von dem einzigen immer bleibenden Teil
unseres Wesens ab, von unserer essentiellen Selbstheit,

dem innersten Bewußtsein. Dies wirft ein bezeichnendes Licht auf das vorherrschende menschliche Gefühl für Werte!

Jede Intuition und jeder Instinkt des menschlichen Wesens und seines ungefesselten Intellekts sagt ihm, daß Bewußtsein *an sich,* abseits von seinen Körpern, in ununterbrochen fortdauerndem Strom für immer fortbesteht. Jede geringste Erfahrung, die das wahrnehmende Bewußtsein des Menschen hat und die dieser auch versteht, sagt ihm gleichfalls, daß das *manifestierte* oder *egoische* Bewußtsein sich ununterbrochen und unaufhörlich verändert, zunimmt oder abnimmt - in der Regel wohl zunimmt -, so daß der Mensch weder von Jahr zu Jahr noch von Monat zu Monat, weder von Tag zu Tag noch von Stunde zu Stunde oder auch nur von Sekunde zu Sekunde das gleiche Ego bleibt, denn jede Sekunde, so wie sie der vor ihr verlaufenden auf dem Fuße folgt, muß unvermeidlich die Färbung, Eigenschaft oder Beschaffenheit des wahrnehmenden oder manifestierten Bewußtseins verändern, das ein Strahl aus dem zuvor erwähnten essentiellen oder fundamentalen todlosen Bewußtsein ist.

Letzten Endes ist der Mensch ein Bewußtseinsstrom oder -fluß, der beim Aufbau seiner Konstitution vom Höchsten bis zum Niedrigsten seiner selbst in Abständen verweilt, um Knoten oder Brennpunkte zu formen. Diese bilden dann die verschiedenen Bewußtseinszentren seiner Konstitution. Wenn wir diesen Strom oder Fluß essentiellen Bewußtseins mit peinlicher Sorgfalt erforschen, so erkennen wir zumindest drei innewohnende Eigenschaften oder Attribute - oder Fähigkeiten -, in die er aufgeteilt werden kann oder die er offensichtlich enthält: Denken, Wollen und Fühlen. Gedanken, oder insgesamt das Denken, wechseln ständig. Dafür sollten wir den unsterblichen Göttern dankbar sein, denn es wäre wirklich schrecklich und würde das

Leben mit furchtbarer Eintönigkeit erfüllen, wenn das
menschliche Bewußtsein nur eine einzige Denkweise
umfassen könnte, ohne die Möglichkeit zu haben, diese
zu variieren, zu wechseln oder abzuändern. Auch der
Wille unterliegt beständigem Wechsel, indem er ununterbrochen seine Richtung und seine Ziele ändert und
Wandlungen vielfacher Art erfährt. Dasselbe kann von
den Gefühlen oder - in der Gesamtheit - vom Gefühl
gesagt werden. Gibt es etwas Veränderlicheres in der
menschlichen Konstitution als unsere Gefühle? Denken
wir als gereifte Menschen, also als Erwachsene, noch
so, wie wir als kleine Kinder dachten? Fühlen wir
jetzt noch, wie kleine Kinder fühlen, und wollen wir
noch das, was kleine Kinder wollen? Offensichtlich
tun wir das nicht. Wir haben Erweiterung und Ausdehnung erfahren, und das nicht nur in bezug auf diese drei Attribute oder Fähigkeiten selbst, sondern
auch hinsichtlich der unzähligen Richtungen, in denen
sie sich auswirken. Der Grund dafür ist, daß wir gewachsen sind, genauer gesagt, uns verändert haben.
Der Strom des essentiellen, unverfälschten, fundamentalen Bewußtseins in uns - der sich so sehr vom manifestierten oder Ego-Bewußtsein unterscheidet - hat jedoch bis zum heutigen Tag unseres Erwachsenseins
ununterbrochen fortbestanden, auch wenn seine geoffen-
barten Formen, weil sie durch die zuvor erwähnten
"Knoten" wirksam sind, sich immer verändert haben
und sich noch weiterhin verändern.

Wie wir alle intuitiv wissen, kann jeder von sich sagen:
"Ich bin ich" - "ego sum"; und wenn wir noch weiter
in die Tiefen unseres essentiellen Bewußtseins ein-
tauchen, so weiß jeder ebenfalls, daß er von sich sagen kann: "Ich bin." Dasselbe "Ich bin" trat in die bewußte Wahrnehmung des niederen, erkennenden Egos
ein, sobald sich das Gehirn des Kindes genügend entwickelt hatte, um im Alltagsbewußtsein Wissen auf-

nehmen zu können. Dasselbe "Ich bin" begleitet später den Erwachsenen und wird normalerweise bei ihm bleiben bis zum Tag seiner physischen Auflösung. Durch wie viele Wechsel und Veränderungen ist aber dieses essentielle Bewußtsein im Verlauf eines Erdenlebens gegangen, in wie vielen hat es gelebt und sein Dasein gehabt! Von Kindheit an sind wir gewachsen, haben fast unzählige Wechsel und Veränderungen dieser "Knoten" oder Brennpunkte des Bewußtseins durchgemacht, und dabei hat das essentielle "Ich-bin"-Bewußtsein ununterbrochen fortbestanden und an sich keine wahrnehmbaren Veränderungen oder irgendwelche Wechsel erlebt, wenn auch der Erwachsene in seinem "Ich-bin-ich"-Bewußtsein eine Zunahme bzw. eine stärkere Strömung davon erkennt und fühlt.

So ist offensichtlich, daß im niederen Teil unseres Bewußtseins die egoischen Eigenschaften oder Fähigkeiten fortlaufendem und ununterbrochenem Wechsel und Veränderungen und Wachstum unterworfen sind, das uns zu dem machte, was wir geworden sind. Wohlgemerkt, all dieses Werden, unser gegenwärtiges Sein, ist durch Wechsel und Veränderung, durch Fortschritt, Wachstum und Entwicklung erreicht worden, das heißt durch immer stärkeres Entfalten oder Enthüllen des essentiellen Bewußtseins des "Ich bin" in uns. Ferner ist zu beachten, daß dieses "Ich bin" in uns allen völlig identisch ist, daß aber das "Ich bin ich" in dem einen nicht dasselbe ist wie das "Ich bin ich" in einem anderen oder in allen anderen. Gerade das Ego oder das "Ich bin ich" in jedem von uns unterscheidet den einen von dem anderen, ja von allen anderen, und bringt die Spielarten des Charakters und die Verschiedenheiten in bezug auf Eigenschaften und Fähigkeiten zustande, somit auch die Unterschiede in der Individualität, die die Menschen, ja auch alle anderen Wesenheiten, zu Einheiten in der hierarchischen Heerschar machen.

Der höchste Brennpunkt oder "Knoten" des essentiellen Bewußtseins und daher sein erstes oder uran-
fängliches und erhabenstes spirituelles Vehikel oder
Gewand ist die buddhische Monade; das essentielle Bewußtsein selbst aber wird in der modernen Esoterischen Philosophie Atman oder das fundamentale Selbst
genannt. Es ist ein Tröpfchen im leuchtenden Meer
kosmischen Bewußtseins, das wir Paramâtman oder
das höchste Selbst des Kosmos nennen; zu diesem gehört es seiner Herkunft nach, und von diesem aus
fließt es durch Emanation in die Manifestation. Die
spirituelle oder buddhische Monade aber ist der Strom
des erwähnten essentiellen Bewußtseins, der goldene
Faden ununterbrochener Individualität, auf dem alle
die niederen Substanz-Prinzipien der vielgestaltigen
Konstitution des Menschen sozusagen wie Edelsteine
oder Perlen auf einer goldenen Kette aufgereiht sind;
dieser Strom fließt durch alle Zwischen-Brennpunkte
oder "Knoten" der menschlichen Konstitution und
durchströmt sie als Flut ununterbrochener Strahlung. Er
wird Sûtrâtman genannt - ein Sanskritwort, das 'Faden-Selbst' bedeutet. Er ist der Bewußtseins- und Lebensstrom, der von der spirituellen Monade aus ab-
wärtsfließt durch all die verschiedenen Substanz-Prinzipien der menschlichen Wesenheit, ja selbst durch jedes andere Wesen oder jede andere Wesenheit.
Dieses Sûtrâtman, dieses Faden-Selbst, dieser spirituell-intellektuelle Bewußtseinsstrom, oder besser,
dieser Strom intelligenten Bewußtseins und Lebens, ist
die fundamentale Selbstheit in jedem individuellen
Menschen und wird in den und durch die einzelnen
Zwischenvehikel, Schleier, Hüllen, Gewänder - oder
auch Brennpunkte oder "Knoten" - der unsichtbaren
Konstitution des Menschen und jedes anderen Wesens,
in das sich eine Monade einhüllt, reflektiert. Dadurch
bringt dieser Bewußtseins- und Lebensstrom die ver-

schiedenen egoischen Zentren selbstbewußter Existenz hervor, und diese 'egoischen Zentren' sind die erwähnten Schleier oder Hüllen usw., die Brennpunkte oder "Knoten".

Das Sûtrâtman hat also seinen Ursprung in der spirituellen oder buddhischen Monade, es fließt aus ihr hervor, aus seiner monadischen Essenz, aus seinem Atman. Sein Strom aber ist gefärbt von der fortschreitend sich entfaltenden Individualität des reinkarnierenden oder sich wiederverkörpernden Egos. Dieser "gefärbte Strom", der durch die zugehörigen Vehikel der inneren Konstitution des Menschen wirkt, mit anderen Worten, durch sein Denken und sein Fühlen, durch sein Streben und seinen Intellekt und so weiter, bringt das individuell-persönliche Bewußtsein hervor, das der Mensch in sich und als sich selbst erkennt und das das "Ich bin ich" ist, von dem in vorangehenden Abschnitten die Rede war.

Eine der tiefsten Lehren des großen griechischen Philosophen Plato, die er zum Beispiel in seinem "Menon", seinem "Phaidon", seinem "Phaidros" und in seinen "Gesetzen" skizziert und auf die er in anderen seiner bemerkenswerten Sokratischen Dialoge zumindest durch Andeutungen anspielt, ist seine Lehre vom Ursprung der menschlichen Bewußtseinstätigkeit, die während des Erdenlebens in ihren intuitiven, mentalen und instinktiven Formen wirksam ist und sich in diesen widerspiegelt. Im Einklang mit den Pythagoreern lehrte Plato, daß die Kennzeichen, Eigenschaften und Tätigkeiten des menschlichen Bewußtseins während des Erdenlebens den vorhergegangenen Wiederverkörperungen des egoischen Zentrums, das der Mensch als Mensch ist, zuzuschreiben oder von ihnen verursacht sind. Sein ganzes aktives Bewußtsein in den verschiedenen Graden der Entwicklung wie auch der Manifestation und folglich sein ganzes eingeborenes Wissen, seine Weisheit und seine organischen Fähigkeiten sind daher lediglich Erinnerungen an frühere Existenzen. Diese Erinnerungen werden in jedem neuen Leben von neuem entwickelt und entfaltet und dadurch vermehrt und veredelt.

Der große griechische Philosoph bezeichnete dieses Gebilde von Erinnerungen mit dem einen Wort *Anamnesis* oder Wieder-Einsammlung, Wieder-Eingliederung. Er wollte damit sagen, daß bei jeder neuen Verkörperung auf Erden alle energetischen und substantiellen bewußten Tätigkeiten, die das Wesen in der vorhergehenden Inkarnation ausgemacht haben, zu einer zusammenhängenden Einheit wiedereingesammelt werden. Dies ist in einem sehr wahren Sinn wirkliches Wieder-Einsammeln oder Wieder-Einprägen des Vergangenen, nicht unbedingt der Einzelheiten, sondern der zusammengesetzten Masse spiritueller und psychologischer Elemente, die aus der Vergangenheit herübergekommen sind und sich im gegenwärtigen Leben als Ergebnisse, oder was dasselbe ist, als karmische Folgen oder Wirkungen zum Ausdruck bringen, die in ihrer Gesamtheit den Menschen bilden.

So ist es offensichtlich, daß Plato dieselbe Lehre vertrat wie der Buddha, nämlich daß ein Mensch sein eigenes Karma ist, das heißt die Gesamtheit seiner selbst auf allen Plänen und in allen Phasen, zu der er aufgrund seiner vergangenen Leben geworden ist. Jeder, der nachdenkt und sich bemüht, die Kennzeichen und Vorgänge seines eigenen Bewußtseins zu analysieren, wird sich bestimmt vorstellen können, wie richtig Platos Feststellung ist, daß die Fähigkeiten, Kräfte und Attribute des Bewußtseins, die ein Mensch offenbart, sicherlich nicht in einem einzigen Leben hätten entwickelt werden können. Sie bilden ein vollständiges Ganzes oder ein Aggregat, das in seiner Gesamtheit die personifizierte Individualität eines Menschen formt.

Die alte materialistische Lehre unserer Väter und
Großväter, nach der das menschliche Bewußtsein sowohl in der Substanz als auch in seinen Prozessen nur
die psychologisch erkannte Bewegung chemischer Veränderungen ist, die im Körper und besonders im Gehirn vor sich gehen, ist so gänzlich unbeweisbar und
bleibt so weit hinter der genauen Erklärung zurück,
die unbehinderte und vorurteilsfreie Vernunft fordert,
daß sie nur als ebenso ungeschickt und töricht wie
völlig unzulänglich charakterisiert werden kann. Ganz
abgesehen von der Tatsache, daß sich jedes Molekül
des menschlichen Körpers während eines Lebens ständig ändert, und abgesehen davon, daß dieses beständige Fließen der molekularen Konstitution des menschlichen Körpers gemäß der materialistischen Theorie die
Individualität des Menschen von Tag zu Tag mehr oder
weniger vollständig ändern würde, bleibt zur Widerle-
gung das andere noch überzeugendere Argument, das
jeder Mensch sehr gut kennt: Das Bewußtsein eines jeden ist in seiner Essenz oder in seinem "Ich bin" von
den ersten Augenblicken der Kindheit an, in denen das
Individuum sich dessen bewußt wird, bis zum Tag des
Todes immer dasselbe. Dieser essentielle Strom der
Identität bleibt nicht nur unverändert während der
Myriaden Abänderungen, die das Wachstum mit sich
bringt, sondern nimmt an Volumen und auch an Intensität und Subtilität des Ausdrucks in dem Maße zu,
wie sich der Körper zur Reife entwickelt. Wie die ältere Schule der Materialisten ihre mentale Gymnastik
daran übte, ihre eigenen unvereinbaren Widersprüche
miteinander in Einklang zu bringen, liefert eine der
interessantesten und auch ganz amüsanten Episoden
im modernen europäischen philosophischen Denken.
Plato hatte ganz bestimmt recht. Das Bewußtsein ist
Erinnerung im platonischen Sinn, das heißt erneutes
selbst-bewußtes Wiedererkennen der früher wirksam

gewesenen Eigenschaften, Attribute und Kräfte. Zudem wird das Wiedererkennen der eigenen Individualität von seiten des Menschen auch deutlicher mit den Jahren, und zwar in dem Maße, wie die eingeborenen Fähigkeiten, Kräfte und Attribute der betreffenden Individualität immer vollständiger zu entfaltender Manifestation gelangen. Es ist offensichtlich, daß eine solche Individualität unmöglich in einer einzigen Lebenszeit hätte aufgebaut werden können - eine solche Individualität mit ihren weiten Bereichen des Erkennens und Wiedererkennens und mit den verwickelten und komplizierten Funktionen des Bewußtseins, die überdies bei den verschiedenen Menschen so sehr variieren. Wie angeblich unbewußte, gefühllose, leblose physische Materie alles, was der Mensch ist und zum Ausdruck bringt, einschließlich seines selbstbewußten Erkennens der Materie selbst, hervorbringen konnte, ist für sie ein wirklich unlösbares Problem, und es verwundert, daß sich diese Vorstellung so lange hat halten können.

II

Der Strom des sûtrâtmischen Bewußtseins, den der Mensch seine permanente Individualität nennt und der die klare und deutliche Wahrnehmung der egoischen Identität als seine Hauptmanifestation enthält, war schon vor seiner Geburt ins gegenwärtige Erdenleben vorhanden. Diese Tatsache hat die größten Gemüter und die erhabensten spirituellen Intellekte der Welt, besonders im Altertum, so stark und mit einer derart zwingenden Gewalt angesprochen, daß sie alle ohne Ausnahme die Wahrheit erkannt und als Lehre vertreten haben, daß das menschliche egoische Bewußtseinszentrum oder das sich wiederverkörpernde Ego, wie es auch genannt wird, sich wiederholt wiederverkörpert.

Wird ein Kind in dieses Leben hineingeboren, bringt es eine gewisse Menge spiritueller und mentaler, psychischer, astraler und physischer Neigungen und Vorlieben mit. Mit diesem zusammengesetzten Charakter - denn das sind diese verschiedenen Faktoren in ihrer Gesamtheit - geht es durchs Leben und wird von ihm vorwärtsgetrieben, vielleicht aber auch in seinem Fortschritt gehemmt. Alle diese Neigungen und Vorlieben sind die karmischen Ergebnisse oder Folgen seines früheren Denkens, Fühlens und Handelns. Auf diese Weise ist der neue Mensch selbst der Schöpfer seines eigenen Schicksals. Kein anderer formt oder gestaltet es für ihn; er formt und gestaltet sich selbst, um das zu werden, was er sein wird, ebenso wie er sich in anderen Leben selbst formte und gestaltete, um das zu werden, was er jetzt ist. Dies wurde in früheren Kapiteln schon erklärt, aber hier sei noch einmal daran erinnert, daß nur der niedere Teil dieser zusammengesetzten menschlichen Konstitution fähig ist, sich im Kind in physischer Betätigung zum Ausdruck zu bringen, denn das Kind hat die niederen Teile seiner Konstitution noch nicht genügend entwickelt, um deren höhere Teile zu befähigen, sich in irgendeinem Grad von Vollständigkeit zu manifestieren. Mit anderen Worten, das *höhere Bewußtsein* des Menschen inkarniert nicht auf einmal, sondern in einem fortschreitenden Prozeß oder einer Entfaltung durch Emanation während des ganzen Lebens, und das nur bis zu dem Grad, den die Entwicklung der niederen Teile der menschlichen Konstitution gestattet. In einem gut gelebten Leben sollte das Alter eine spirituelle und intellektuelle Blütezeit sein, unabhängig davon, wie schwach der bloße Körper geworden sein mag.

Wie wir sehen, ist das Erdenleben eines Menschen die Wanderung eines sich ständig entfaltenden Bewußtseins, nämlich des sich wiederverkörpernden Egos, durch die physische Sphäre, und was 'Tod' genannt wird, ist lediglich eine Fortsetzung der Reise aus dieser Sphäre hinaus in eine andere, für uns unsichtbare. Der Tod, der physische Tod, kommt zum großen Teil dadurch zustande, daß das sich entfaltende Bewußtseinsfeld sich sogar schon im Verlauf eines ganzen Erdenlebens über die Kapazität und das Fassungsvermögen des physischen Körpers hinaus erweitert. Der Körper, der die ihm auf diese Weise auferlegten Spannungen fühlt, verfällt allmählich, wird senil und schließlich abgeworfen.

Kurze Zeit vor der Auflösung des physischen Körpers beginnt sich die innere Konstitution des Menschen - sozusagen seine inneren Prinzipien oder Elemente - aufzulösen, und der Körper fühlt das und reagiert darauf. Er antwortet automatisch auf die beginnende Neigung dieser inneren Prinzipien oder Elemente, sich zu trennen, und dadurch kommt es zum physischen Verfall im Alter. Wenn also der Tod den physischen Körper erreicht, kommt er keineswegs als Ursache für die darauffolgende Trennung der unsichtbaren Prinzipien; im Gegenteil, der physische Körper stirbt oder löst sich in seine ihn zusammensetzenden Elemente auf, *weil* die unsichtbaren Prinzipien selbst, die inneren Kräfte und Substanzen - mit einem Wort gesagt, das innere Leben des Menschen -, bereits begonnen haben, sich loszulösen oder sich zu trennen, und mit der Zeit folgt dann der Körper diesem Prozeß ganz natürlich und unausweichlich.

Der unsterbliche Teil der menschlichen Konstitution, der höher steht als das nur menschliche Ego oder die Seele, ist wirklich erhaben und spirituell und ein Bewohner göttlich-spiritueller Ebenen und Sphären. Die Macht und die erhabenen, beherrschenden Einflüsse oder der Ein- und Ausstrom dieses höheren Teiles des Menschen sind unvergleichlich stärker wirksam in kausalen Bereichen als sogar das spirituelle Ego oder die spirituelle Seele, und so besteht ein ständiger Zug nach oben, eine unaufhörliche Anziehung nach oben zu diesen höheren Ebenen oder Sphären hin. Besonders wenn im Verlauf der Jahre der Tod immer näher kommt, wird die reinkarnierende Wesenheit kräftig zu ihnen emporgezogen. Diese stetige und mächtige spirituell-intellektuelle Anziehungskraft, die auf den höheren Teil der Zwischennatur der menschlichen Konstitution einwirkt, sowie die natürliche Abnutzung des physischen bzw. des astralen Körpers eines Menschen während eines Erdenlebens sind die beiden Hauptursachen, die zum physischen Tod beitragen. Wie hieraus ersichtlich ist, wird der Tod primär von innen verursacht und nur sekundär von außen. Er schließt einerseits eine Anziehung des sich wiederverkörpernden Egos nach oben zu den spirituellen Sphären in sich, andererseits den fortschreitenden Verfall des astral-vital-physischen Vehikels.

Im vorhergehenden Absatz ist die Ursache des physischen Todes vielleicht etwas ungewöhnlich betrachtet worden; doch diese Betrachtungsweise ließe sich wohl, nach reiflicher Überlegung, bestätigen durch die Untersuchung fast aller existierenden Wesen oder beseelten Dinge, von denen das menschliche Bewußtsein Kenntnis hat. Wohin wir auch blicken, sehen wir Phänomene des Lebens - den Tod mit eingeschlossen -, das heißt Wesen und auch Wesenheiten in allen Stadien des Wachstums, des Alterns oder des Sterbens. Aufgrund menschlicher Erfahrung ist es denn auch üblich, den Tod als eine Auflösung zu beschreiben, die eintritt, weil die inneren Lebenskräfte "versagen". Mit anderen Worten, alles was wir kennen, beginnt von innen nach außen zu sterben; und so kann mit Recht gesagt werden, daß, wenn es für die innere Konstitution einer Wesenheit möglich wäre, in unverminderter vitaler Aktivität fortzubestehen, es für die äußere oder physische Schale oder den Körper wahrscheinlich überhaupt keine Auflösung gäbe, solange die unverminderten inneren Fähigkeiten in ihrer Wirksamkeit fortdauern. Denn diese inneren Fähigkeiten und Kräfte erfüllen die physische Hülle, den Körper, mit all ihrer Kohärenzkraft und befähigen ihn dadurch, seine Existenz als 'lebendes Wesen' fortzusetzen. Ein Baum zum Beispiel stirbt nicht infolge äußerer Einflüsse, die auf ihn einwirken, obgleich diese auch mit dazu beitragen, wenn der innere Verfall eingesetzt hat; vielmehr beginnt ein Baum von innen her abzusterben, und wenn der Verfall nicht irgendwie aufgehalten wird, breitet er sich aus, bis die gesamte Wesenheit stirbt. In ähnlicher Weise wird auch eine Sonne, soweit die moderne Wissenschaft es weiß, nicht durch Einwirkung äußerer Kräfte zu einem kalten, toten Körper, wie es die ältere und - beiläufig gesagt - völlig irrige Ansicht der Astronomen war, sondern nur deshalb, weil sich ihre eigenen inneren Kräfte oder Energien verausgabt haben. Ja, nach neuestem wissenschaftlichen Denken und Schlußfolgern 'stirbt' eine Sonne schließlich aus dem Grunde, weil sie den größeren Teil, wenn nicht die Gesamtheit der in ihrem Kern oder in ihren inneren Teilen enthaltenen titanischen elektrischen Energien in den umgebenden Raum ausgestrahlt hat.

Dieselbe Regel läßt sich auf den Menschen anwenden. Sein physischer Körper stirbt hauptsächlich deshalb, weil die innere Konstitution auseinanderzufallen beginnt, und zwar von dem Augenblick an, in dem der Gipfel des Lebens erreicht ist und der sanfte, allmähliche Abstieg zum Alter einsetzt. Dieses Auseinanderfallen seiner Konstitution bringt es mit sich, daß seine höhere oder spirituell-intellektuelle Triade langsam, aber immer stärker aufwärts zu den spirituelleren Welten und Ebenen hingezogen wird, während die niederen Teile seiner Konstitution, einschließlich ihres gemeinsamen Trägers, des physischen Körpers, langsam, aber regelmäßig und unvermeidlich das allmähliche Verlöschen der inspirierenden und belebenden Feuer fühlen. Sie werden schwächer und ihre Lebensfunktionen weniger unmittelbar und empfänglich für die sich allmählich zurückziehende Willenskraft und Intelligenz. Schließlich sind dann so viele der inneren vitalen Bindeglieder zwischen dem Höheren und dem Niederen gerissen, daß die niedere Triade, deren gröbstes Prinzip der physische Körper ist, nicht mehr funktionieren kann, und der Mensch stirbt. Der Tod beginnt also ursächlich und in seiner Wirkung von innen her und wirkt nach außen.

Ein sorgfältiges Studium zeigt, daß dies an allen Erscheinungen physischen Verfalls, die mit dem Alter zusammenhängen, deutlich zu sehen ist. Hier ist nicht die Rede von den Fällen, in denen Kinder sterben oder in denen Erwachsene durch Gewalt, Unfall oder an einer bösartigen, rasch tötenden Krankheit sterben oder durch Selbstmord enden - der eine Form von Gewalt ist. Diese Fälle weichen von der Norm oder Regel ab; sie verlangen ein etwas anders geartetes Studium der nachtodlichen Zustände. Was hier ins Auge gefaßt wird, ist die große Mehrheit der Menschen, das heißt der normale Mensch, welcher der Norm entsprechend ein Leben von durchschnittlicher Länge durchlebt. In der großen Mehrheit der Fälle geht also dem Tod immer - wenn auch für jeden Einzelfall variierend - eine gewisse Zeit voraus, während der sich die monadische Individualität, oder besser, das sich wiederverkörpernde Ego aus der Inkarnation zurückzieht. Dieses Zurückziehen ist natürlich begleitet von einem notwendigen Verfall oder eher von einer Trennung, einem Auseinanderfallen der sieben Prinzipien, aus denen der Mensch während seiner physischen Inkarnation besteht. Diese Trennung oder dieser Zerfall geht der physischen Auflösung eine verschiedene Anzahl von Monaten oder gar Jahren voraus, das hängt von den Einzelfällen ab. Hierdurch wird das sich wiederverkörpernde Ego auf seine künftige Existenz in den unsichtbaren Reichen, das heißt in den devachanischen Verhältnissen und Zuständen, vorbereitet. Während sich nun die siebenfache Wesenheit oder ihre Konstitution auf diese Weise langsam auflöst, oder anders ausgedrückt, während ihre Einheit zerfällt, nähert sich das sich wiederverkörpernde Ego, wie mit Recht gesagt werden kann, der Existenz in seiner nächsten Wirkungssphäre - dem Devachan. Was die Menschen Greisenalter, Senilität oder physischen Verfall nennen, sind die physischen Ergebnisse dieses vorbereitenden Rückzuges des sich wiederverkörpernden Egos von der selbstbewußten Anteilnahme an den Dingen des Erdenlebens. Mit einigem Recht kann dies mit der vorgeburtlichen Zeit eines Kindes verglichen werden. Während dieser vorgeburtlichen Periode trifft das sich wiederverkörpernde Ego eine Zeitlang - es mögen Monate oder gar Jahre sein -, ohne sich dessen voll bewußt zu sein, Vorbereitungen auf seinen 'Tod' im Devachan und seinen Abstieg durch die niederen Zwischenreiche in den Zustand, der für seine physische Verkörperung auf diesem Erdenplan geeignet ist.

Endlich kommt dann die Stunde - eine äußerst schöne und unaussprechlich friedvolle Stunde, wenn das Erdenleben anständig gelebt wurde -, da die sich trennende Konstitution des Menschen den Punkt erreicht, an dem das sich wiederverkörpernde Ego der Anziehungskraft 'nach oben' oder 'nach innen' zum unsagbaren Glück und Frieden des Devachan hin so stark gehorcht, daß der Silberfaden des Lebens, der es mit der niederen Triade verbindet, zerreißt. Hierauf folgt dann unmittelbar der Stillstand der Tätigkeit des pulsierenden Herzens: es vollendet einen letzten Schlag, auf den sofortige, unmittelbare Bewußtlosigkeit folgt; denn die Natur ist in diesen Dingen sehr barmherzig, da sie in ihren Tätigkeiten von geradezu unendlicher Weisheit geleitet wird. Schnell wie ein Blitzstrahl, ja noch weit schneller wird dann der höhere Teil des Egos nach innen gezogen, zurück und hinauf in die spirituelle Monade, die sein eigenes innerstes Herz oder sein essentielles Selbst ist. Bis zur nächsten Verkörperung auf unserer Erde verbleibt er, im Schoß der Monade ruhend, im Devachan oder in der Himmelswelt, versunken in unaussprechliche Träume von erfolgreicher Erfüllung all seiner bisher erfolglosen, vereitelten und unerfüllt gebliebenen Aspirationen und Hoffnungen und durchglüht von Vorstellungskraft und Liebe edelster und reinster Art. Wir können diese Erfahrungen 'Träume' nennen, und im strengen Sinne des Wortes sind sie das auch, denn es sind 'Träume', die für das sich wiederverkörpernde Ego ebensogut ein Träumen bedeuten wie die alltäglichen Wachträume für den im Fleisch verkörperten Menschen. Doch diese devachanischen Träume sind *für das spirituelle Ego, das sie erlebt, wirklicher als das "Wirklichste", worüber uns unser unvollkommener physischer Körper mit seinen unvollkommenen Sinnen Bericht erstatten kann.* Denn das sich wiederverkörpernde Ego lebt im Devachan in den Reichen reinen intellektuellen Denkens und Bewußtseins; und dort trübt, relativ gesprochen, nichts die Wahrnehmung, oder genauer ausgedrückt, die Traumwahrnehmung, daß die edelsten Ideale, Hoffnungen, Aspirationen, Phantasien und reine Liebe realisiert und erfüllt seien: alles das wird der Wesenheit in diesem Zustand unaussprechlichen Glückes und Friedens zuteil.

Wenn wir die Natur und die Merkmale der devachanischen Erfahrungen erörtern, müssen wir immer daran denken, daß das Devachan keineswegs eine objektive Welt, Sphäre oder Ebene ist, sondern eine Reihe von Zuständen oder Beschaffenheiten des Bewußtseins, das diese mâyâvischen oder illusorischen 'Bilder' oder 'Visionen' - wie auserlesen schön und ruhevoll sie auch sein mögen - um sich herum webt, und diese stellen offensichtlich die Widerspiegelungen seiner inneren Tätigkeiten dar. Folglich ist das Devachan in all und jedem individuellen Fall ein individuelles Devachan für den, der es erlebt; dennoch sollte offensichtlich sein, daß, gerade weil die Menschen in ihrem tätigen Bewußtsein so oft einander sehr ähneln, natürlich ebenfalls auch ihre jeweiligen Devachan-Zustände einander sehr ähnlich sind.

So hat also ein Mensch, der seine gesamte Lebenszeit mit unerfülltem Sehnen, Hoffen oder Streben verbracht oder zumindest weitgehend damit verbracht hat, ein Devachan, das der vorherrschenden Strömung seines Bewußtseins während des Erdenlebens voll und ganz entspricht, sei sein Streben nun philosophischer Art oder von wissenschaftlichem Charakter, von religiöser Färbung oder von musikalischer Natur usw. gewesen. Zu seiner höchsten inneren Befriedigung findet er sich dann darin eingesponnen, die kompliziertesten philosophischen Probleme zu lösen, die ihn auf Erden gequält haben, oder er erzielt in seiner Phantasie beim Eindringen in die geheimsten Tiefen der Natur erstaunliche wissenschaftliche Erfolge, oder er träumt, daß er die schwierigsten religiösen Gedanken oder Probleme versteht und in sie eingeht, oder er ist in die köstlichsten musikalischen Harmonien eingehüllt usw.

Wie ein Mensch während seiner Verkörperung nicht selten des Nachts von dem träumt, was er in seinen wachen Stunden am intensivsten gedacht oder sich vorgestellt hat, sei es nun Gutes oder Schlechtes, genauso wird das entkörperte reinkarnierende Ego im Devachan jenen Gedanken- und Gefühlsrichtungen in seinem Bewußtsein folgen, die in seinem auf Erden verbrachten Leben vorherrschend waren, denen aber nicht die geringste Gelegenheit geboten wurde, sich zu erfüllen. In unserem Fall aber, in der sogenannten Himmelswelt, dem Devachan, sind alle seine glücklichen, erhabenen und friedvollen Träume von so erhabener und bezaubernd schöner Art, wie sie den eingeborenen Energien seines träumenden Bewußtseins nur möglich sind.

Aber selbst wenn der letzte Atemzug ausgehaucht ist, das Herz seinen letzten Schlag getan hat und der Körper allen Anzeichen nach völlig tot ist, ist dennoch der Tod noch nicht vollständig. Denn nachdem das Herz schon zu schlagen aufgehört hat, bleibt das Gehirn noch eine Zeitlang tätig, weil das Gehirn dasjenige Organ des physischen Körpers ist, das zuletzt stirbt. In dieser kurzen Zeitspanne durchläuft das Gedächtnis rückblickend - und zwar für das niedere menschliche Ego unbewußt - in regelrechter Reihenfolge und ohne Unterbrechung oder Lösung des Zusammenhangs jedes einzelne Ereignis des soeben beendeten Lebens, vom größten bis zum flüchtigsten und unbedeutendsten. Das Gehirn sieht das ganze vergangene Leben in seiner Gesamtheit von dem Augenblick an, da das Selbstbewußtsein in der frühen Kindheit anfing, äußere Dinge zu erkennen, bis zu dem letzten Augenblick selbst-bewußter Wahrnehmung, da das Herz zu schlagen aufhörte; und es sieht das alles wie ein ununterbrochen fließendes Panorama von Bildern oder Visionen, wobei nichts, was es auch sei, übergangen wird oder übergangen werden kann, so daß dieses Panorama jeden tugendhaften Gedanken, jede tugendhafte Tat wie auch jede böse oder unedle Tat enthält. Alles zieht in dieser Rückschau vorüber, und bei dieser seiner letzten umfassenden und abschließenden Vision des soeben beendeten Erdenlebens sieht das sich wiederverkörpernde Ego die äußerste und vollkommene Gerechtigkeit von allem, was es erlitten hat, es begreift, weiß und erkennt sie. Es empfängt sozusagen durch das automatische Wirken seines tätigen Selbstes einen unauslöschlichen Eindruck, der ihm während des devachanischen Zwischenspiels bleibt und dabei hilft, es der geeigneten Umwelt zuzuführen, wenn es zu seiner nächsten physischen Wiedergeburt zur Erde zurückkehrt.

Folgendes könnte hier noch hinzugefügt werden:
Wie in der Todesstunde das Panorama des gesamten
vergangenen Lebens in einer Rückschau an dem reinkarnierenden Ego vorübergleitet, so zieht genau das
gleiche Bild oder die gleiche Reihe von Panoramaan-
sichten desselben vergangenen Lebens, die unauslöschlich in das Gewebe des Seins eingeprägt sind, wieder
in einer Rückschau an seinem "geistigen Auge" vorüber, kurz bevor das sich wiederverkörpernde Ego von
neuem geboren wird. Der Leser oder Studierende versteht sicher, daß diese wundervollen Vorgänge in keiner Weise eine Willensanstrengung des sich wiederverkörpernden Egos sind, sondern sozusagen automatische
Prozesse der Funktionen seiner eigenen Substanz. Aus
dieser Quelle hat ein Mensch während seines Erdenlebens in einem unermeßlich kleineren und unvollkom-
meneren Maßstab auch seine häufigen Augenblicke des
Gedenkens oder des Rückerinnerns an das, was er in
vorhergehenden Jahren oder Tagen durchlebte.

Dieses dem individuellen Fall entsprechend große
oder kleine Panoramabild der Vergangenheit ist, wie
zuvor schon gesagt, rein automatisch, und der wichtige Punkt, der hier nicht außer acht gelassen werden
darf, ist der, daß das Seelenbewußtsein des sich wiederverkörpernden Egos, das diese wundervolle Lebens-
rückschau Schritt für Schritt beobachtet, während dieser Zeit für alles andere gänzlich unbewußt ist und
alles außer dieser Panoramavision vergessen hat. Es
lebt also vorübergehend in der Vergangenheit, und die
Erinnerung stöbert sozusagen Ereignis um Ereignis in
der Akâśa-Chronik auf, bis in die kleinste Einzelheit,
und auf diese Weise sieht das Ego sein gesamtes ver-
gangenes Leben wie eine alles umfassende Vision von
rasch aufeinanderfolgenden Bildern.

Den Naturgesetzen zufolge wohnen diesem Prozeß
ganz bestimmte ethische und psychologische Gründe

inne, denn dieses sich schnell bewegende Panorama umfaßt die ganze mentale Rekonstruktion des Guten und Bösen, das im vergangenen Leben getan wurde, und prägt das alles unauslöschlich in das Gewebe des spirituellen Gedächtnisses des dahinscheidenden Menschen ein.

Schließlich kommt das Ende; es ist gekommen; nun versinken die sterblichen und materiellen Teile des Panoramas in Vergessenheit, während das sich wiederverkörpernde Ego die besten, spirituellsten und erhabensten intellektuellen Teile dieser Erinnerungen der Panoramavision bewußt bei sich behält und mit sich hinwegträgt in das Devachan oder die Himmelswelt.

Auf Seite 187 der "Mahâtma Letters to A. P. Sinnett" (hrsg. von A. T. Barker, London, 1948) lesen wir folgendes:

"Gegen Ende der Gestation (Schwangerschaft) kehrt jene Erinnerung langsam und allmählich (zu der Wesenheit oder dem Ego) *zurück*, noch langsamer, aber weit unvollkommener und *unvollständiger* zu der *Schale, vollständig* jedoch zu dem Ego im Augenblick seines Eintritts ins Devachan."

Die 'Erinnerung', auf die sich Mahâtma K. H. hier bezieht, ist die Panoramavision oder Rückschau auf die Ereignisse des vergangenen Lebens, die in den Abschnitten des obigen Textes beschrieben ist. Diese läuft in jedem normalen Menschen mindestens zweimal nach dem Tode ab, in einigen Fällen sogar dreimal, und steht in Beziehung zu der Erfahrung verschiedener Teile der exkarnierten Konstitution. Das Wort 'Gestation', das in dem Zitat aus den "Mahâtma-Briefen an A. P. Sinnett" erwähnt ist, wurde in jenen ersten Tagen der Theosophischen Gesellschaft gebraucht, um die einleitenden Vorbereitungen des sich wiederverkörpernden Egos auf seine devachanische Bewußtseinsbeschaffenheit oder seinen devachanischen Bewußtseinszustand zu bezeichnen. Geradeso wie der Geburt eines Kindes in das physische Leben auf Erden die Gestation vorhergeht, so gibt es auch eine Gestation für die devachanische Wesenheit, bevor sie in den devachanischen Zustand eingeht.

Die "Schale" in dem oben gegebenen Zitat bezieht sich auf

die kâma-rûpische Wesenheit oder den "Spuk", der beim 'zweiten Tod' abgeworfen wird; dieser zweite Tod tritt kurz vor dem Eintritt des Egos in den devachanischen Zustand ein, also am Ende der erwähnten Gestationsperiode. Das bedeutet, daß sich die 'vierfältige' Wesenheit - vierfältig, weil sie die niedere Triade schon abgeworfen hat - nach dem Tod in einem mehr oder weniger unbewußten oder halbbewußten oder Traumzustand befindet. Am Ende der dem Devachan vorangehenden Gestationszeit kehrt dann die Panoramavision oder Erinnerung langsam zum Ego zurück, vollständig allerdings erst dann, wenn die Gestationsperiode beendet ist und die Wesenheit gleichsam auf der devachanischen Schwelle steht. Die Erinnerung kehrt jedoch nur sehr unvollkommen und unvollständig zu der kâmarûpischen Schale zurück, und zwar mehr oder weniger zu der Zeit, da diese von dem emporsteigenden, reinkarnierenden Ego zuerst abgeworfen wird. Diese Erinnerung ist unvollständig und unvollkommen und muß es sein, weil die Schale ein bloßes Gewand ist - wenn auch bis zu einem gewissen Umfang belebt und somit halbbewußt wie der physische Körper - und offensichtlich keine lückenlose oder völlige Erinnerung an das ganze vergangene Leben zurückbehalten kann, da sie unfähig ist, die spirituellen und hohen intellektuellen Ausblicke des soeben verbrachten Lebens zurückzubehalten. Diese letzteren wohnen dem reinkarnierenden Ego inne. Die "Erinnerung" ist darum notwendigerweise "unvollkommen" und "unvollständig".
Auf Seite 198 der "Mahâtma Letters to A.P. Sinnett" ist folgendes zu lesen:

"Devachan ist ein Zustand, keine Örtlichkeit. Rûpa-loka, Arûpa-loka und Kâma-loka sind die drei Sphären aufsteigender Spiritualität, in denen die verschiedenen Gruppen der subjektiven Wesenheiten das finden, was sie anzieht."

Die drei Sphären "aufsteigender Spiritualität" sind in ihrer richtigen Reihenfolge: Kâma-loka, Rûpa-loka und Arûpa-loka; dies sind kurzgefaßte Ausdrücke für die drei generalisierten Bedingungen oder Zustände der Materie und des Bewußtseins zwischen den niedrigsten astralen und den höchsten devachanischen Sphären. Das Kâma-loka ist der niedrigste Zustand, der nächsthöhere ist das Rûpa-loka, und der höchste von diesen dreien ist das Arûpa-loka. Kâma-loka ist die gewöhnliche Astralwelt, jener Teil des Astrallichtes, der als Welt der Schalen, der abgeworfenen kâma-rûpischen Wesenheiten oder "Spu ke", bezeichnet werden kann und selbst wiederum in verschiedene Stadien oder Stufen der Ätherhaftigkeit eingeteilt ist, die vom untersten Kâma-loka oder dem den Erdbedingungen am nächsten stehenden Zustand aufsteigen. Das Kâma-loka geht dann über in das Rûpa-loka - dieser Sanskritausdruck bedeutet "Formwelt" -, und das Rûpa-loka bildet in diesem Zusammenhang sozusagen den unteren Teil oder die untere Hälfte der devachanischen Sphäre des Seins. Das Rûpa-loka ist auch seinerseits eingeteilt in aufsteigende Grade der Ätherhaftigkeit, so daß der höchste Grad des Rûpa-loka unmerklich in dem untersten des Arûpa-loka oder der "formlosen Sphäre" aufgeht. Durch diese drei "Sphären der Äterhaftigkeit" wandert die durchschnittliche exkarnierte Wesenheit beim nachtodlichen Abenteuer, das im Augenblick des Todes - aber nach der Panoramavision - im untersten Teil des Kâma-loka beginnt und im höchsten Teil des Devachan endet. Wenn auch das Kâma-loka, das Rûpa-loka und das Arûpa-loka als tatsächliche Örtlichkeiten oder Sphären gedacht werden können, weil sie Teile des Astrallichtes sind, das in einem anderen Sinn der Linga-Sarîra der Erde ist, so sind sie das nur, weil alle Wesenheiten, die sie bewohnen, einen Platz oder Ort im Raum einnehmen müssen. Das Devachan *an sich* ist ebenso wie das Avîchi eine Reihe von Bewußtseinszuständen.

Auf Seite 188 der "Mahâtma Letters to A.P. Sinnett" heißt es:

"... von der letzten Stufe des *Devachan* aus wird sich das Ego oft im schwächsten *Avitcha*-Zustande wiederfinden, der gegen Ende der 'spirituellen Auswahl' der Ereignisse zu einem 'Avitcha' *bona fide* werden kann" (Avîchi des guten Glaubens, d. Ü.).

'Avitcha' ist natürlich ein Schreibfehler des Chela-Gehilfen für *Avîchi*. Die "spirituelle Auswahl" der Ereignisse ist nur ein Ausdruck, obgleich außerordentlich korrekt und höchst anschaulich, der recht treffend die Auswahl all der spirituellen und hoch intellektuellen Ausblicke und Ereignisse beschreibt - zusammen mit allen spirituellen Gefühlsregungen und Strebungen des zuletzt auf Erden gelebten Lebens -, die die devachanische Wesenheit bei ihrem Eintritt in den devachanischen Zustand trifft. Wenn es nur wenige dieser Ausblicke und Ereignisse usw. *wieder*einzusammeln oder auszuwählen gibt, so ist der devachanische Zustand nicht hoch und zweifellos ein rûpa-lokisches

Devachan. Wenn nur ganz wenige solcher Ausblicke und Ereignisse vorhanden sind, dann ist das Devachan so niedrig oder schwach, daß es tatsächlich dasselbe ist wie ein Übergehen in den höchsten Teil von Avîchi. Denn der höchste Teil des Kâmaloka geht unmerklich in die untersten Bedingungen oder Zustände des Devachan über, während der niedrigste Teil des Kâma-loka unmerklich mit den höchsten Zuständen des Avîchi verschmilzt. Mit anderen Worten, zwischen jeweils zweien dieser drei Zustände besteht ein lückenloser, fließender Übergang, denn beide, Devachan und Avîchi, sind Zustände: sie können unmerklich ineinander übergehen.

III

Beim Tod legt der Mensch den physischen Körper ab wie einen fadenscheinigen Rock, der seinen Dienst getan hat. In ähnlicher Weise wirft er auch den 'Modellkörper' ab, der dem physischen Körper während des Erdenlebens Form und Gestalt und seine besonderen Merkmale gab, denn der Modellkörper entspricht dem physischen Körper Molekül um Molekül, Zelle für Zelle. Der 'Modellkörper' bleibt bei dem physischen Körper oder in seiner unmittelbaren Nähe, und so wird er auch abgeworfen, wenn der physische Körper abgeworfen wird. Der Modellkörper kann auch mit einem Unterkleid verglichen werden, in das sich das reinkarnierende Ego kleidet. Sowohl der physische Körper oder Sthûla-Sarîra als auch der Modellkörper oder Linga-Sarîra sind zur molekularen, ja selbst zur atomaren Zersetzung bestimmt, wenn sie nicht mehr durch die organischen, psycho-elektrischen Ströme belebt werden, die aus dem sie 'überschattenden' und überstrahlenden sich wiederverkörpernden Ego hervorquellen. Ebenso kehren die meisten Lebensatome des Prâna oder "elektrischen Feldes", die sowohl den physischen als auch den Modellkörper durchdringen und ihren Sitz

in diesen haben, im Augenblick der physischen Auflösung sofort in die natürlichen prânischen Reservoire
des Planeten zurück oder werden - was auf dasselbe
hinausläuft, soweit es die ersten Stadien dieses Prozesses betrifft - in die umgebende Atmosphäre verbreitet und zerstreut.

Es ist, wie gesagt, ein Irrtum, zu meinen, der tote physische
menschliche Körper oder Leichnam würde ein solcher, oder anders ausgedrückt, der Körper stürbe aus Mangel oder Verlust
an 'Leben'; denn tatsächlich ist der Leichnam noch genauso
voller Leben wie vor dem Augenblick, den wir Tod nennen. Der
Unterschied zwischen den beiden Zuständen ist folgender: Während des Lebens ist die gesamte Konstitution des Menschen mit
dem organischen Lebensfluidum durchsetzt oder von ihm durchdrungen, das seinen Ursprung in der Substanz des sich wiederverkörpernden Egos hat und somit für die gesamte Konstitution
als zusammenhaltender Faktor wirkt. Es bildet sozusagen ein
organisches "elektrisches Feld", dem alle Lebensatome auf allen
Ebenen der Konstitution des Menschen - einschließlich des physischen Körpers - unterliegen, und diese sind sowohl kollektiv
als auch individuell tätig und gehorchen seinen organischen Impulsen und Antrieben, weil jene organische Lebenskraft indivi-
dualisiert ist und über alle geringeren Lebensäußerungen domi-
niert. Diese geringeren Lebensäußerungen sind die individuellen
Lebenskräfte jedes Lebensatoms.

Weil also der tote physische Körper oder Leichnam nicht
mehr unter dem zusammenhaltenden, vereinigenden Einfluß des
zuvor erwähnten organischen, vitalen elektrischen Feldes steht,
beginnt er zu zerfallen oder sich aufzulösen, doch ist er von der
individuellen Vitalität der Lebensatome noch ebenso erfüllt wie
zuvor. Da aber die Lebensatome der zusammenhaltenden, beherrschenden Aufsicht oder Gewalt des organischen elektrischen Feldes nicht länger unterstehen, beginnen sie sogleich,
jedes für sich, gleichsam "auf eigene Faust" zu wirken, indem
sie untereinander nicht nur kollektive und individuelle Anziehungskräfte, sondern gleichfalls kollektive und individuelle
Abstoßungskräfte entwickeln. Gerade die abstoßenden Kräfte,
die diese Lebensatome gegenseitig aufeinander ausüben, gewinnen schließlich die Oberhand, und zwar sehr schnell; somit ist
es also diese ungeheuer große Zahl sich gegenseitig abstoßen-

der Lebensatome, die zum Zerfall und zur schließlichen völligen Auflösung des Leichnams führt.

Ein weiterer Aspekt ist, daß ein Grund für das Altern des physischen Körpers schon während seiner Lebenszeit in der Intensität der unaufhörlichen Aktivitäten der Lebensatome liegt, die den Körper zusammensetzen und aufbauen. Diese Aktivitäten werden mit fortschreitendem Alter zuweilen so stark, daß sie selbst von dem vorherrschenden, festhaltenden Einfluß des organischen elektrischen Feldes nicht immer in Schach gehalten werden können. Dies führt dazu, daß die Körperstruktur durch die in ihr wachsenden atomaren Kräfte geschwächt und schließlich zerstört wird. Diese innere vitale Aktivität der von der organischen Lebenskraft ungenügend in Schach gehaltenen Lebensatome bringt gleichfalls auch viele, wenn nicht alle die verschiedenen Formen chronischer Krankheiten zustande. Auch bösartige Krankheiten gehen auf dieselbe allgemeine Ursache zurück, sind aber aufgrund besonderer, ungewöhnlicher Umstände in einem Teil des Körpers lokalisiert, in dem die Kraft oder Kontrolle der organischen Vitalität sehr geschwächt wird.

Aus diesem Grunde stirbt der Körper nicht aus Mangel an Leben, sondern aus Überfluß daran. Während des Wachstums in der Kindheit, in der Jugend und im frühen Erwachsenenalter fließt die eintretende oder sich verkörpernde organische Vitalität in einem solchen Kraftstrom, daß ihre vereinigenden, zusammenhaltenden und aufbauenden Einflüsse über jeden Widerstand die Oberhand behalten. Wenn aber die Kräfte und Fähigkeiten ihren Höhepunkt erreicht haben, dann überwiegen, wenn auch zuerst schwach, die individuellen, zerstreuenden vitalen Aktivitäten der einzelnen Lebensatome als Einheiten und bewirken die Erscheinungen oder Folgen, die das fortschreitende Alter begleiten. So ist es tatsächlich das Leben, das schließlich den Körper tötet. Andererseits ist es aber durchaus richtig, daß der Tod von innen beginnt und nach außen fortschreitet und auf der allmählich fortschreitenden Trennung der höheren Teile der menschlichen Konstitution von den niederen beruht.

Es gibt jedoch einen weiteren Punkt, der selbstverständlich bei diesem ziemlich komplizierten Bild mit berücksichtigt werden sollte: Keineswegs muß das Alter immer eine Zeit der Abnahme der höheren Fähigkeiten sein, also der spirituellen und intellektuellen Kräfte des Menschen. Denn wie intensiv auch der Trennungsprozeß vor sich gehen mag - und sicherlich findet er in jedem Menschen nach dem Überschreiten des mittleren Alters statt -, so bietet gerade die Tatsache, daß die starke Flut der einströmenden Vitalität, die sich in der Jugend manifestiert, nun nicht mehr so aktiv ist, für den Menschen die Gelegenheit und Möglichkeit, das Beste in ihm zum Ausdruck zu bringen - die oben erwähnten spirituellen und intellektuellen Eigenschaften. Viele Menschen scheinen in vorgeschrittenem Alter die mentalen Kräfte der Blütezeit ihres Lebens einzubüßen; in vielen Fällen büßen sie diese tatsächlich ein, weil ihr Körper geschwächt ist, und zwar gewöhnlich als Folge von in der Jugend und im frühen Erwachsenenalter begangenen Fehlern, die oft in Unwissenheit entstehen, aber von der Natur niemals übersehen werden; in selteneren Fällen sind Laster verantwortlich, die niemals unterdrückt und ausgemerzt worden sind. In der Zukunft, wenn die Menschheit etwas weiter fortgeschritten ist als heute, wird das Alter allgemein als der schönste Zeitabschnitt des Erdenlebens betrachtet werden, da es der an intellektueller, psychischer und spiritueller Kraft reichste ist, und das wird so bleiben, abgesehen von den wenigen kurzen Stunden vor dem Eintreten des wirklichen physischen Todes.

Der Mensch i s t und g e b r a u c h t während des Erdenlebens eine 'menschliche Seele'. Sie ist sozusagen Kind oder Produkt von Himmel und Erde, das heißt das Produkt der Vereinigung der monadischen, spirituellen Kraft und Herrlichkeit einerseits und der Substanz-Kräfte und Eigenschaften der Materie andererseits. Während des Lebens dient diese 'menschliche Seele' als Vehikel für den übergeordneten Elter, das monadische Ego, als "Transformator" - um einen zeitgemäßen elektrotechnischen Ausdruck zu gebrauchen - zum Abschwächen der sonst zu starken und zu subtilen Kräfte der monadischen Essenz. Diese 'menschliche Seele' ist in der Tat ein "Umformer"; sie formt gewissermaßen monadische, spirituelle Energie sozusagen in die Seelenenergie des Menschen während seines Lebens um, und diese Seelenenergie ist der 'Mensch', so wie wir ihn kennen. Wenn nun der Körper stirbt und die niederen Teile der menschlichen Konstitution

verlassen werden, um später zu zerfallen, während der
monadische Strahl oder das reinkarnierende Ego sich
mit seiner erhabenen Quelle, der Monade, wiedervereinigt, gibt es dann nicht noch einen dazwischenliegenden Teil des gewesenen Menschen, der zurückbleibt?
Ja, das ist tatsächlich der Fall, aber dieser Zwischenteil kann nicht mehr 'Mensch' genannt werden, weil
'Mensch' das menschliche Wesen bedeutet, das wir
während des Erdenlebens kannten; dieser Zwischenteil
kann auch nicht mehr mit Recht 'Seele' genannt werden.

Während des Erdenlebens ist die 'Seele' keineswegs
ein völlig entwickelter Gott, sie ist noch nicht einmal
ein mehr oder weniger selbstbewußter 'Geist', sie ist
vielmehr eine Wesenheit, die in der Mitte steht zwischen einem Gott an dem einen, dem oberen Ende und
einem Lebensatom am niederen oder unteren Ende. Da
sie eine zusammengesetzte Wesenheit ist, die am
"Himmel" und an der "Erde" teilhat*), ist sie offensichtlich nicht unsterblich, da keine Zusammensetzung
ewig währen kann. 'Unsterblichkeit' für eine derart
unvollkommene und verhältnismäßig unentwickelte
Wesenheit, wie es die menschliche Seele während des
physischen Erdenlebens ist, wäre die schlimmste Höl-

---

*) Ein großer griechischer Philosoph sagte dem Sinne nach:
"Jeder von uns ist eine spirituelle Welt, und wir sind mit der
materiellen Sphäre durch die materiellen Elemente in uns verbunden und mit dem spirituellen Geist (Nous) durch unseren
höchsten, unseren spirituellen Teil. Mit unserem ganzen noeti-
schen (spirituellen) Teil halten wir uns ständig am Höchsten
fest, während wir durch die niederen Schichten des Spirituellen
in uns an die niederen Teile gekettet sind" (Plotinus, "Enneaden",
"Unser Schutzengel", III, iv, 3).

le, die man sich für ein unglückliches Wesen vorstellen kann. Dies wird sicher jedem denkenden Menschen klar, sofern er sich vergegenwärtigt, daß ewige Dauer einer unvollkommenen und daher irrenden und infolgedessen leidenden Wesenheit an sich unmöglich ist. Selbst dann, wenn es gelänge, das Unmögliche möglich zu machen, wäre es wirklich eine Hölle, ewig in Unvollkommenheiten und Begrenzungen und der sich daraus ergebenden und sie begleitenden Knechtschaft fortzudauern. Mutter Natur trägt weit besser Sorge für alle Wesen, als diese völlig irrige Idee andeutet, denn alle Naturprozesse sind im Grunde gänzlich und ausnahmslos harmonisch und dienen dem äußersten Besten.

Was dann also - um die Frage im vorletzten Abschnitt zu beantworten - tatsächlich übrigbleibt, ist ein zusammengesetztes Zentrum vergänglichen Bewußtseins, ein mittleres Bewußtseinszentrum, das auf der niederen Seite aus all den eingefleischten und gewohnheitsmäßigen Leidenschaften des Menschen, seinen Launen und Selbstsüchten, seinen Haßgefühlen und niederen Liebesempfindungen und anderen ähnlichen Dingen zusammengesetzt ist. Auf der höheren Seite aber besteht es aus dem spirituellen Strahl des Teiles, der schon dahingegangen ist, der aber selbst jetzt nach dem Tode noch seinen Strahl auf dieses Zwischenzentrum ergießt und es somit mehr oder weniger elektrisch auflädt mit Hilfe der spirituellen Energie des monadischen Strahles, der schon in sein eigenes, hohes Reich eilt. Es ist diese schwache, spirituelle Elektrisierung, die einen vorübergehenden Zusammenhalt der Lebensatome der zusammengesetzten Zwischen-Wesenheit bewirkt, einen Zusammenhalt, wie er auch vor dem Tode, während der Lebenszeit des Menschen, existiert hat, allerdings damals weit stärker als jetzt.

Nun ist aber diese Zwischennatur offensichtlich

kein vollständiger Mensch. Man stelle sich einen Menschen vor, von dem all das Beste, das er in sich trug, auf und davon gegangen ist und in dem nichts zurückgeblieben ist als die niederen leidenschaftlichen und gefühlsbetonten sowie die etwas höheren gewöhnlichen menschlichen Teile. Es leuchtet doch ein, daß ein solches Wesen weder für den "Himmel" (wenn es einen solchen Ort gäbe) noch für die "Hölle" (wenn es eine solche gäbe) geeignet ist. Diese mittlere, vielfach zusammengesetzte Wesenheit, die ätherischer ist als der Modellkörper, bleibt im Kâma-loka, sozusagen in einem Zustand der Betäubung; sie ist nicht gerade selbstbewußt, sie ist eher wie ein Mensch in einem traumhaften Zustand. Überdies gibt es dort kein Leid und keinen Schmerz - zumindest nicht für den Menschen, der auf Erden ein normales, anständiges Leben geführt hat. In diesem Zustand fast unbewußter Betäubung verbleibt die Zwischenwesenheit, die in Wirklichkeit nur eine überlebende 'Schale' des menschlichen Egos oder der Seele ist, für eine längere oder kürzere Zeitspanne, bis der Prozeß des Zerfalls oder der Auflösung der sie zusammensetzenden Lebensatome vollendet ist.

Mit der Zeit vergeht langsam der sanfte Strahl des vergangenen reinkarnierenden Egos, der anfangs die 'Schale' mehr oder weniger elektrisiert hatte, so daß diese einen halbbewußten Zustand bewahren konnte. Der besagte Strahl wird nun aufwärts gezogen, um sich mit dem reinkarnierenden Ego wieder zu vereinigen, von dem er ursprünglich ausgegangen war. Sobald dieser entschwindende Strahl die 'Schale' verlassen hat, schreitet der Zerfall oder die Auflösung ihrer Atome in ständig zunehmendem Grad fort.

Im Anschluß an die im obigen Text enthaltenen Beobachtungen sind vielleicht die folgenden Betrachtungen und Aspekte der

Lehre von besonderem Interesse:

Die exkarnierte Wesenheit, die Person, die gestorben ist, verbleibt im Kâma-loka, und zwar so lange, wie sie es karmisch verdient hat, dort zu sein, und nicht einen Augenblick länger. Sehr spirituelle Menschen gehen schnell durch das Kâma-loka hindurch. In gewissen Fällen gehen sie so schnell durch das Kâma-loka, daß sie es kaum erkennen oder bemerken. Aber Menschen, die auf der Erde ein sehr materielles und von Leidenschaften erfülltes Leben geführt haben, oder genauer gesagt, die sich in die Leidenschaften und mentalen Triebe der Zwischen-'Seele' vertieft und diesen Neigungen regelrecht gefrönt haben, haben nach dem Tod folglich auch ein erdgebundenes Verlangen nach irdischen Dingen. Sie fühlen natürlich diese starke Anziehung zu materieller Existenz, und das Kâma-loka ist, zumindest in seinen niederen Stufen, ein sehr materieller Daseinszustand. Der Aufenthalt dieser letzteren im Kâma-loka mag nicht nur dreißig, vierzig, fünfzig Jahre oder auch weniger dauern, sondern hundert Jahre oder noch mehr.

Ferner gibt es den Fall jener Menschen, die im Krieg das tun, was sie für ihre Pflicht halten, und sterben. Wenn im Kâma-loka der Zeitpunkt erreicht ist, bis zu dem der physische Körper normalerweise noch gelebt hätte, das heißt, wenn die Zeit verstrichen ist, die das normale Leben des physischen Körpers gedauert hätte, wäre er nicht vorzeitig gestorben, dann kommt es im Kâma-loka zu einer Art Rückkehr zu Bewußtsein, wenngleich dieses Bewußtsein diffus und unbestimmt ist, und nun beginnen die Prozesse, denen normalerweise die exkarnierten Wesenheiten im Kâma-loka unterliegen.

Kâma-loka ist kein schrecklicher Ort oder in irgendeinem Sinne des Wortes für normale Wesen ein Ort des Leidens und des Schmerzes; allerdings sind jene, die auf Erden wirklich schlecht und gemein gewesen sind, von dieser Regel ausgenommen, denn ihr Erwachen im Kâma-loka ist in gewisser Hinsicht ziemlich vollständig. Tatsächlich birgt das Erdenleben selbst für den durchschnittlich guten, anständigen Menschen beinahe immer weit mehr Leiden und Schmerz, und zwar in viel intensiverem Grade, als irgend etwas, was die fast träumende, kaum halb-bewußte Wesenheit im Kâma-loka erlebt. Handelt es sich um außergewöhnlich schlechte Menschen, die im Erdenleben ihren lasterhaften Neigungen schrankenlos nachgegangen sind, ist die Lage natürlich ganz anders, was sofort erkennbar wird, wenn man bedenkt, daß der ganze kâma-lokische Zustand oder die Verhältnisse dort denen eines Menschen, der im Schlaf träumt, sehr ähnlich sind. Der gute Mensch hat selten üble Träume, der durch und durch schlechte Mensch hat kaum jemals schöne Träume, und der Durchschnittsmensch hat seinem Durchschnittscharakter entsprechende Träume. Ebenso verhält es sich im Kâma-loka.

Der Verfasser kannte einen Mann, der in eine große Röhre gekrochen war - der Himmel weiß, weshalb er es tat. Er sagte später, er habe immer Furcht davor gehabt, eingesperrt zu sein, und habe nun gemeint, er würde diese Furcht überwinden, wenn er dem, was er fürchtete, freiwillig gegenüberträte; und als er noch so darüber nachdachte, habe er die Röhre gesehen und sei hineingekrochen. Aus irgendeinem Grund war er darin steckengeblieben. Er konnte weder zurück- noch vorwärtskriechen. Dieser unglückliche Klaustrophobe schilderte später die mentalen Qualen, die er im Innern der Röhre erdulden mußte, und sagte, daß es ihm einfach unmöglich sei, die psychische Tortur in Worten zu schildern; es sei ein äußerst lebhaftes und äußerst schreckliches Alpdruckgefühl gewesen. Dieser Mann war nun keineswegs ein schlechter Mensch, er war tatsächlich überdurchschnittlich in bezug auf die Tugenden, die Achtung erwecken; die Erfahrung aber, die er machte, kann einen Begriff von der Beschaffenheit oder dem Zustand des nachtodlichen Bewußtseins vermitteln, der durch und durch schlechte und sündhafte Menschen erwartet, wenn sie sterben. Denn ihr Geschick bringt sie auf die niederen oder niedrigsten Stufen des Kâma-loka oder die höheren Stufen des Avîchi. Aber selbst in diesen Fällen gibt es zur rechten Zeit ein Ende: ein nachfolgendes Devachan niederen Grades in den besten oder eine sofortige Wiederverkörperung auf Erden in den schlimmsten Fällen.

Kâma-loka ist also kein Ort der Strafe, kein Ort der Qual - außer auf seiner untersten Stufe, wo es in Avîchi auf- oder übergeht. Es ist tatsächlich ein Bewußtseinszustand, den die exkarnierte menschliche Wesenheit im Astrallicht erlebt und der die karmischen Folgen der Begegnung dieser Wesenheit mit sich 'selbst' in ihrem eigenen Bewußtsein mit sich bringt - denn dort muß sie ihren niederen Teilen gegenübertreten. Und gleichfalls im Kâma-loka muß der höhere oder spirituelle Teil der exkarnierten Wesenheit den niederen abschütteln oder ablegen, bevor er für seine devachanische Ruhe und Seligkeit befreit und bereit ist.

Es gibt Menschen, die sich auch schon während ihres Lebens im physischen Körper tatsächlich im Kâma-loka als Bewußtseinszustand befinden. Auch gibt es Menschen im devachanischen Bewußtseinszustand, noch während sie im physischen Körper leben, und diese letzteren Fälle sind weit zahlreicher, als man sich gewöhnlich vorstellt. Sie verträumen ihr Leben, anstatt zu leben und zu handeln und die Aufgaben eines Menschen in der Welt auf sich zu nehmen. Sie verträumen ein verhältnismäßig nutzloses Leben, wenngleich es in schöne Wachträume eingehüllt oder eingetaucht sein mag, seien diese Träume nun von Musik, Philosophie oder Poesie, von Wissenschaft oder Religion bestimmt. Sie sind eingehüllt in den einen Bewußtseinszustand, ohne oder fast ohne die schwere Last des Elends und des Schmerzes in der Welt zu erkennen, ohne gleicherweise die Lektionen zu begreifen, die gelernt werden müssen, und die Taten, die wir auf Erden zu vollbringen haben, wenn wir unsere Aufgabe als Menschen auf der Bühne des Lebens erfüllen wollen, wozu wir ja da sind. Es wurde hier selbstredend auf Lebensträume Bezug genommen.

Die Trennung des Strahles des sich wiederverkörpernden Egos von seinen niederen astralen Teilen - diese niederen astralen Teile werden zu der Schale, von der oben gesprochen wurde, hingezogen - folgt denselben Naturgesetzen, die tätig waren, als der physische Körper und der Modellkörper abgeworfen wurden und diese begannen, zu zerfallen oder sich in ihre Bestandteile oder Elemente aufzulösen. Diese Trennung des Strahles des reinkarnierenden Egos vom Kâma-rûpa nannten die alten Philosophen den 'zweiten Tod'. Plutarch spricht in seiner äußerst esoterischen Abhandlung "Über das scheinbare Gesicht in der Mondscheibe" in ziemlich verschleierter, aber für den Schüler der Esoterischen Philosophie doch klar verständlichen Ausdrucksweise von diesem 'zweiten Tod'. Jene niederen Teile der Zwischennatur verbleiben in den ätherischen oder astralen Sphären als 'Schale' oder "Spuk".

Der Trennungsprozeß findet auf der psycho-mentalen Bewußtseinsebene statt, auf der das menschliche Ego heimisch ist, mit anderen Worten, auf der Ebene, die die Heimat der menschlichen Seele ist. Der Trennungsprozeß vollzieht sich automatisch, obgleich das Bewußtsein des sich wiederverkörpernden Egos in Wirklichkeit seinen helfenden Anteil an der Trennung hat, und zwar aufgrund seines stetigen Strebens nach oben, das von der ebenso intensiven Anziehungskraft der spirituellen Sphären auf das Ego noch unterstützt wird. So bleibt denn der ehemalige Kâma-rûpa, der nun der höheren Teile der menschlichen Konstitution, die dem sich wiederverkörpernden Ego innewohnen, beraubt ist, im Astrallicht als 'Schale' zurück. Von dieser 'Schale' sprechen Legenden und Erzählungen in den verschiedenen alten Weltreligionen oder Philosophien als von dem "Schatten", den man im Abendland gewöhnlich "Geist" oder "Spirit" zu nennen pflegt, obgleich "Gespenst" ein weit zutreffenderer Ausdruck ist. Dieser "Spuk" ist der Gestalt nach das genaue Scheinbild oder Abbild oder die Kopie des Menschen, wie er im Erdenleben war, zumindest noch für eine gewisse Zeit, nachdem der Strahl des sich wiederverkörpernden Egos ihn verlassen oder abgeworfen hat. An diesem Trennungspunkt aber beginnt sofort die Auflösung der 'Schale', und der Anblick der "Schale" oder des "Spuks" nach ein paar Monaten - und weit mehr noch nach ein oder zwei Jahren - ist überaus unangenehm, denn der "Spuk" ist dann tatsächlich ein astraler Leichnam und ebenso unschön und widerlich anzusehen wie der Leichnam des physischen Körpers nach Verlauf derselben Zeitspanne.

Es könnte hier noch hinzugefügt werden, daß eines der stärksten Argumente zugunsten der Einäscherung des toten physischen Körpers oder des Leichnams des Menschen in der Tatsache liegt, daß sie die Auflösung des Modellkörpers fördert, der auf diese Weise von dem verwesenden Leichnam nicht mehr magnetisch angezogen wird; hierdurch wird seine Auflösung entsprechend beschleunigt. Ferner erfährt der "Schatten" oder die "Schale" auch eine schnellere Auflösung, wenn kein verwesender physischer Leichnam da ist, mit dem der "Schatten" oder die "Schale" Lebensatome austauschen kann.

Während des Verfalls der astralen Schale, von seinem Beginn an, steigt unterdessen der höhere Teil, der vorher erwähnte Strahl, empor durch die höheren Sphären oder besser Ebenen, die in diesem Fall in noch viel stärkerem Maße 'Bewußtseinsebenen' als Ebenen im Raume sind, um sich mit der spirituellen Monade und dem reinkarnierenden Ego, das seinerseits der Strahl der Monade ist, wieder zu vereinigen. Dieser Strahl wird aufgrund der charakteristischen Merkmale des ihm innewohnenden Lebens dorthin gezogen, und dieses Leben ist selbstverständlich spirituell. Das ewig Spirituelle zieht uns stets vorwärts und aufwärts.

KAPITEL IV

TOD - UND DANACH:
EINE STUDIE DES MENSCHLICHEN BEWUSSTSEINS - II

Ein Teil der Lebensessenz des reinkarnierenden oder sich wiederverkörpernden Egos ist dessen emporsteigender Strahl, dem die ganze *personifizierte Essenz der Egoität,* im Sinne der Ichheit, des gewesenen Menschen, innewohnt. Es mag vielleicht die folgende Frage gestellt werden: Wenn dieser Strahl des sich wiederverkörpernden Egos die Essenz der menschlichen Egoität, der menschlichen Ichheit oder des gewesenen Menschen enthält, warum folgt er dann beim physischen Tode nicht dem monadischen Strahl bei seiner augenblicklichen Wiedervereinigung mit seiner Quelle, der Monade? Denn nach dem, was eben gesagt worden ist, wäre der Gedanke gerechtfertigt, daß dieser Strahl ein wirklicher Teil des schon emporgestiegenen monadischen Strahles ist. Das ist eine berechtigte Frage, die zumindest eine kurzgefaßte, aber ausreichende Antwort verlangt. Diese lautet: Es muß bedacht werden, daß dieser Strahl ein Lebensstrom und daher tatsächlich spirituell-intellektuelle Substanz einer gewissen Art ist, die sich sehr stark in dem 'Aroma' des vollständigen, siebenfältigen menschlichen Wesens, das einmal war, verstrickt oder verwickelt hat. Mit anderen Worten, dieser Strahl ist so vermenschlicht, daß er der Läuterung oder Reinigung all der niederen Elemente des vermenschlichten und somit unvollkommenen spirituellen Charakters bedarf, bevor er geeignet oder fähig ist, sich aus den materiellen Reichen zu erheben, um die Wiedervereinigung mit seiner monadischen Quelle in und durch und mittels des reinkarnierenden Egos zu vollziehen. Dabei ist zu beachten, daß die Monade eine rein spirituelle Wesenheit ist ohne irgendwelche Verunreinigungen durch niedere, rein menschliche Elemente, die tatsächlich Reflexionen in den materiellen Sphären sind, und zwar Reflexionen des aus der Monade hervorgegangenen Strahles. Das sich wiederverkörpernde Ego aber, das selbst ein höherer Teil dieses monadischen Strahles ist, bildet durch den sich aus ihm ergießenden Strahl das selbst-bewußte egoische Zentrum des Menschen. Wäre die Monade imstande, ihre eigenen transzendenten Kräfte unmittelbar - also ohne niedere Vermittler oder Ausstrahlungen, die anders sind als ihr eigener unverfälschter, unmittelbarer Strom - durch den Menschen zu manifestieren, dann würde ein solcher Mensch sozusagen eine Inkarnation der Monade sein; er würde ein Mensch-Gott sein, oder was dasselbe bedeutet, ein Avatâra oder ein Mânushya-Buddha, ein im Vollbesitz seiner spirituell-intellektuellen Eigenschaften und Kräfte wirkender menschlicher Buddha.

Aus dem Vorhergehenden geht also deutlich hervor, daß beim Tode dieser Strahl nicht sofort mit seiner Quelle wiedervereinigt werden kann, weil er durch seinen Aufenthalt im materiellen Körper sehr schwer mit materiellen Eigenschaften beladen und befleckt worden ist. Denn bis jetzt ist kein gewöhnlicher Mensch spirituell so rein und keiner hat eine so endgültige eigene spirituelle Monade, daß er eine derartige Wiedervereinigung im Augenblick des Todes ermöglichen könnte. Eben diese Läuterung oder Reinigung des Strahles nach dem Tode in und durch die Zwischenbereiche des Kâma-loka im Astrallicht bringt die verschiedenen nachtodlichen Zustände hervor, über die uns die Esoterische Philosophie belehrt; ein Abriß davon ist in allen Büchern der Esoterischen Philosophie zu finden, die diese Episode der Pilgerfahrten der Monade behandeln.

Für den Menschen ist dieser Strahl als das spirituell-intellektuelle Element der wichtigste Teil seiner
Konstitution; doch ist er nicht deren spirituellster und
entwickeltster Teil, obgleich er das essentielle menschliche Wesen ist. In Wirklichkeit ist er der höchste Teil
unserer *Persönlichkeit*, und in ihm liegen tatsächlich
die Samen für den zukünftigen persönlichen Menschen
des nächsten Erdenlebens. Der Ausdruck Strahl bedeutet also nicht etwas Höheres als die Monade, sondern
gerade das Gegenteil. Denn der Strahl ist das spirituell und intellektuell geartete Fluten oder Strömen, das
in der Monade seinen Ursprung nimmt, das reinkarnierende Ego durchflutet und in ihm wirksam ist. Hierdurch wird er durch die niederen Teile der menschlichen Konstitution hindurchgeleitet, bis seine zartesten
Bewußtseinsfibern sozusagen Herz und Hirn des
menschlichen Körpers berühren. Mit Hilfe dieser Organe und durch diese hindurch breiten sich mittels der
verschiedenen Prânas Ausstrahlungen des Strahles über
das gesamte physische Vehikel aus. Auf diese Weise
ist die Verbreitung seiner organischen Vitalität wie
auch die der verschiedenen Formen des sogenannten
Instinktes, die der Körper als Lebewesen zeigt, innerhalb des ganzen Körpers gewährleistet.

Hierdurch aber wird dieser Strahl, obwohl er seinem Wesen nach etwas Geistiges, eine spirituell-intellektuelle Kraft oder Energie, ist, vermenschlicht,
und zwar aufgrund unermeßlicher, myriadenfacher
menschlicher Erfahrungen, die er in anderen Leben
auf unserer Erde wie auch in anderen Welten und auf
anderen Ebenen als den Gefilden menschlichen Bewußtseins gemacht hat. Er ist nicht reiner Geist, weil
er sozusagen in die menschlichen Elemente der Konstitution des Menschen verwickelt und durch sie befleckt und belastet worden ist. Mit anderen Worten,

er ist in die Materie und in die materiellen Reiche eingegangen, die tiefer stehen als seine eigene Heimatsphäre. Dadurch hat er natürlich diese niederen Stoffe
bis zu einem gewissen Grad erhoben, und infolgedessen
sind auch die Lebensatome, aus denen diese niederen
Stoffe zusammengesetzt sind, durch den Kontakt mit
dem belebenden und inspirierenden Strahl zu höheren
Aktivitätsformen stimuliert worden. So etwa wird auch
die Entwicklung eines Tieres, zum Beispiel die eines
Hundes, eines Affen oder einer Katze, sofern es von
Menschen aufgenommen wird, durch die Nähe, die Zu-
neigung und Fürsorge seines Herrn vorangetrieben oder
beschleunigt, wenn hierzu auch beiläufig bemerkt werden muß, daß diese Beschleunigung keineswegs etwas
Gutes für das in Frage kommende Tier sein muß, so
paradox dies auch klingen mag.

Die obige Bemerkung mag sehr vielen gutherzigen und mit-
fühlenden Menschen, die ihre Tiere zärtlich lieben, nicht gefal-
len, doch hat der Verfasser weder die Absicht noch den Wunsch,
ihnen weh zu tun oder vorzuschlagen, die Wesen der niederen
Reiche nicht zu beachten oder nachlässig und grausam zu behandeln. Weit davon entfernt ist es eine unserer menschlichen
Pflichten, zu allen Wesen der niederen Reiche so gut wie möglich zu sein, was aber in keiner Weise die obige und mit Nachdruck gemachte Aussage aufhebt, daß das Halten von Haustie-
ren für die Tiere selbst nicht gut ist.
Gerade die Annäherung an die weitaus höher evolvierten und
entwickelten Menschen bewirkt in den niederen Geschöpfen eine gefährliche, weil unzeitgemäß beschleunigte Entwicklung,
gefährlich aus dem Grunde, weil sich die Tür ins Menschenreich um die Mitte der vierten Wurzelrasse geschlossen hat.
Das Anregen der psychischen und intellektuellen Fähigkeiten,
die normalerweise latent, unentfaltet in den Tieren liegen, ruft
in ihnen daher ein abnormales teilweises Erwachen dieser Eigenschaften oder Fähigkeiten hervor, die, weil die zuvor erwähnte
Tür zum Menschenreich geschlossen ist, hernach im Bewußtsein
der Tiere kein geeignetes Ausdrucksfeld finden können. Die Folge hiervon ist, daß das Haustier ohne Frage menschlich angeregt

wird. Da der Anreiz aber abnorm und außer der Zeit ist, führt dies häufig zu Leiden und Krankheiten sowie zum Erwachen anomaler Empfindungen, wodurch das Leben der unglücklichen Tiere tatsächlich überempfindlich und oft schmerzvoll wird.

Im Hinblick auf das enge Zusammenleben mit Menschen bilden die Menschenaffen die einzig mögliche Ausnahme. Weil sie ein - wenn auch schwaches - menschliches Element in sich haben, besteht für sie die Möglichkeit, als Gruppe die menschliche Stufe zu erreichen, bevor unser Globus Erde in Verdunkelung versinkt. Sehr wahrscheinlich würde jedoch kein normaler Mensch den Wunsch verspüren, einen Menschenaffen als Haustier um sich zu haben; ihre extrem tierischen und oft widerwärtigen Gewohnheiten wie die sie begleitenden Nebenumstände der gleichen Art pflegen dies glücklicherweise zu verhindern. In der fünften Runde werden diese Affen als niedere Menschen in Erscheinung treten.

I

Während dieser Strahl, als Emanation aus dem reinkarnierenden oder sich wiederverkörpernden Ego, zu seinem 'Vater im Himmel', das heißt zu der spirituellen Monade, emporsteigt, durchwandert er verschiedene Daseinsebenen oder -sphären der inneren, unsichtbaren Welten. In jeder dieser Ebenen, Welten oder Sphären wirft dieser Strahl bei seinem Aufstieg zur Monade, das heißt zu seiner Vereinigung mit der Monade, die Lebensatome ab, die jener Welt entsprechen oder in ihr beheimatet sind, die also zu ihr gehören, aber zu substantiell sind, um jetzt schon sozusagen im Schoße dieses Strahles für den Aufstieg in noch höhere Sphären eingesammelt werden zu können.

Die Lebensatome der drei höheren Prinzipien oder Elemente des Menschen, das heißt der oberen Triade, also der göttlichen âtmischen Flamme, der buddhischen Monade und des Höheren Egos oder der spirituellen Seele, verhalten sich ganz entsprechend, aber je-

weils nur dann, wenn die betreffende Lebensfrist jedes
einzelnen abgelaufen ist. Diese drei Lebensfristen sind,
nach menschlichen Jahren gerechnet, außerordentlich
lang; so beträgt die Lebenszeit des niedrigsten dieser
drei, die des Höheren Egos oder der spirituellen Seele,
Milliarden menschlicher Jahre, und die Lebenszeiten
der anderen beiden umfassen sogar noch längere Zeitabschnitte. Es kann also ohne weiteres gesagt werden,
daß diese drei höheren Prinzipien der menschlichen
Konstitution faktisch ewig und somit genaugenommen
fast unsterblich sind. Der wirkliche Grund für ihre
längere Lebensdauer liegt in der Tatsache, daß diese
Prinzipien im wesentlichen fast reine spirituelle Kraft
oder Kräfte sind, mit anderen Worten, fast reine homogene spirituelle Substanz.

Es sollte daran gedacht werden, daß wir uns bei all
diesen Dingen mit grundlegenden Elementen der verwik-
kelten und zusammengesetzten Konstitution des Menschen befassen, mit Elementen, die zwar sicherlich substantiell, doch nicht das sind, was wir eigentlich 'materiell' nennen. Diese Elemente sind unbedingt spirituell,
soweit es die höchsten der Konstitution des Menschen
betrifft, nur teilweise spirituell, soweit es die mittlere Konstitution des Menschen betrifft, und nicht spirituell, soweit es die niedere Triade des Menschenwe-
sens betrifft. Folglich unterscheiden sich die verbor-
genen Aspekte oder Prozesse von Leben und Tod, die
Naturgesetze, die ihre jeweiligen Aktionen und Reaktionen bestimmen, etwas, ja vielleicht sogar sehr von
den natürlichen Gesetzen, die in unseren niederen,
materiellen Sphären wirksam sind. Es ist schon ein
wenig Einfühlungsvermögen oder Verständnis nötig für
die wirkliche Natur essentieller Kraft oder Energie
und essentieller Materie und deren Wirkungsweise oder
Operationen auf den verschiedenen Ebenen des Universums; denn im Verständnis für diese Dinge liegt

unsere Fähigkeit, das sogenannte Rätsel des Todes zu lösen.

So wandert dieser Strahl des sich wiederverkörpernden Egos im Verlauf der nachtodlichen Zeit aufwärts, beständig emporgezogen und langsam den niederen Reichen entschwindend, bis alles, was unter der spirituell-intellektuellen Essenz dieses Strahles liegt, im Astrallicht zurückgelassen ist. Wenn jener Strahl sich dann mit dem reinkarnierenden Ego wieder vereint hat, ist das letztere nunmehr zu einer fast spirituellen Wesenheit geworden und fähig, wieder eins zu werden mit seinem 'Vater im Himmel', der spirituellen Monade, das heißt mit dem inneren Gott des Menschen. In der spirituellen Hülle oder Atmosphäre dieser Monade, sozusagen im 'Schoße seines Vaters', ruht das sich wiederverkörpernde Ego dann in unaussprechlichem Frieden und Glück im Devachan für eine lange Reihe von Jahren, die in jedem einzelnen Fall abhängig ist von dem spirituellen 'Aroma' oder den karmischen Folgen oder Früchten, die von seinen letzten Erdenleben herrühren.

II

Da der Mensch essentiell ein Bündel oder ein Strom des Bewußtseins ist und daher vermutlich in all seinen Teilen bewußt, warum wird er dann unbewußt, wenn er stirbt? Im Augenblick des Todes verlagert sich sofort der Aufenthaltsort des Selbstbewußtseins, das sich für uns lebende Menschen gewöhnlich im 'Gehirnverstand', wie wir ihn nennen, befindet, in den höchsten Teil des Bewußtseinsstromes oder -flusses, der der Mensch ist. Und eben weil der Mensch während seiner Lebenszeit sein selbst-erkennendes, wahrnehmendes Denkprinzip nicht mit diesem höheren Teil seiner selbst vereinigt hat, der als Bewußtseinsstrom betrachtet wird, versinkt er dann für sich in Bewußtlosigkeit. Strenggenommen jedoch und in aller Wahrheit bleibt es ein ebenso völliges 'Bewußtsein' wie zuvor, ja ein millionenmal wirklicher bewußtes Bewußtsein, weil es nunmehr die Bewußtseinsessenz und nicht mehr ein selbst-erkennendes Gehinverstand-Bewußtsein ist.

Die obige Ausdrucksweise mag vielen etwas dunkel und unnötig geheimnisvoll erscheinen; aber das ist nicht der Fehler des Verfassers. Er hat sein Bestes getan, wie kümmerlich dieses Beste auch sein mag, um auf die erhabene Tatsache hinzuweisen, daß reines, uneingeschränktes Bewußtsein die eigentliche Essenz des menschlichen Wesens ist und daß das, was wir Selbstbewußtsein nennen, die Aktivität des einen oder anderen der Bewußtseins-'Knoten' oder -Brennpunkte darstellt, die auf den vorhergehenden Seiten erwähnt wurden. Ein jeder Bewußtseinsstrom, der durch die charakteristische Funktion oder Betätigung eines solchen Bewußtseins-'Knotens' verursacht wird, hat eine begrenzte und eingeschränkte Wirkung.

In fernen, fernen Äonen der Zukunft wird einmal die Zeit kommen, da diese Bewußtseins-'Knoten' oder -Brennpunkte, die in der menschlichen Konstitution das karmische Ergebnis dessen hervorbringen, was wir Selbstbewußtsein nennen, verschwinden, wie wichtig sie uns auch jetzt zu sein scheinen. Sie werden verschwinden, weil der Bewußtseinsstrom dann sozusagen reguliert wird und direkt und ununterbrochen fließt.

Es ist geradezu paradox, daß das Selbstbewußtsein, das wir so sehr schätzen - und zwar mit Recht schätzen, weil es die reflektierte oder selbst-erkennende Funktion des Bewußtseins erzeugt -, doch nur eine zeitweilige, vergängliche Phase im Entfalten, Entrollen oder Evolvieren des reinen Bewußtseins ist. Wenn wir über die Existenz dieser verschiedenen Bewußtseins-'Knoten' oder -Brennpunkte in uns, die uns zu 'Menschen' mit eingeschränktem Bewußtsein machen - dazu gehört auch das begrenzende Selbstbewußtsein -, hinausgewachsen sind, dann wird unser essentielles Bewußtsein in seiner Reichweite kosmisch, und der individuelle "Tautropfen gleitet in ein Meer von Licht". Wir werden dann millionen- und milliardenmal so bewußt sein wie jetzt, aber nicht länger mehr selbst-bewußt

auf diesen niederen Ebenen; dafür aber werden wir auf weit
höheren Plänen selbst-bewußt sein, weil wir diese dann durchwandern, auf ihnen evolvieren und daselbst dann höhere Be-
wußtseins-'Knoten' oder -Brennpunkte erzeugen, ähnlich denen,
die wir jetzt auf unseren materiellen Ebenen erzeugen. Dann
werden wir aus dem Menschlichen herausgewachsen und spirituell geworden sein.

Ein kleines Kind kann uns in diesem Punkt als Illustration dienen: Wenn wir zu ihm über eine schöne philosophische, religiöse oder wissenschaftliche Wahrheit,
über die Freude am ruhigen, reinen, ernsten Nachdenken oder über eine faszinierende wissenschaftliche
Entdeckung sprechen, achtet es da wohl genau auf das,
was gesagt wird? Nein, denn es versteht nicht, was
wir sagen. Sein Bewußtsein ist noch nicht in seinem
höheren Teil konzentriert, das heißt, ein Kind ist in
diesem höheren Teil seiner Konstitution noch nicht
selbst-bewußt, es ist noch nicht intellektuell aktiv.
Nichtsdestoweniger aber nimmt das Verstehen des kleinen Kindes zu, und im Laufe der Jahre beginnt das
früher fast völlig un-selbst-bewußte Kind zu denken,
zu fühlen und zu wollen und sich dessen selbstbewußt
zu werden, worüber seine Eltern mit ihm geredet haben. Das kommt daher, weil es in einen höheren, weiteren und tieferen Teil seiner selbstbewußten Aktivität eingetreten ist als den, in dem es als plapperndes
Kleinkind wirksam war. Der Sitz seines Selbstbewußtseins ist nun in diese höheren und tiefer gehenden
Teile verlagert worden, und daher wirkt es in ihnen mit Verständnis und daraus sich ergebender Freude. Ebenso und auf analog gleichlaufenden Bahnen
bringt die Evolution oder Entfaltung das von innen
nach außen aus dem Menschen hervor und in die Manifestation, was schon latent und oft untätig in ihm vorhanden ist. Auf diese Weise werden die Menschen im
Laufe der Zeitalter nach und nach lernen, den Sitz

des Selbstbewußtseins aus dem bloßen Gehirnverstand des astral-vital-physischen Körpers in die höheren, unvergleichlich kraftvolleren Teile ihres Wesens zu verlagern, so daß sie dann in ihren weit höheren Bereichen des Denkens und selbst-erkennender Aktivität bewußt in nahezu kosmischen Gefilden wirken werden.

Dieser Vorgang zeigt, *mutatis mutandis,* genau das, was dem menschlichen Bewußtsein nach dem Tode widerfährt. Der Gehirnverstand, in dem wir als Menschen normalerweise leben, versinkt in Selbstvergessenheit, in Unbewußtheit, in vollkommenen Frieden. Doch der höchste Teil dieses Gehirnverstandes, das untere Ende des Strahles, der von dem sich wiederverkörpernden Ego ausgeht, ist nach der oben beschriebenen kâma-lokischen Erfahrung in seinem devachanischen Zustand nichtsdestoweniger intensiv tätig. Er schafft sich darin Bilder von unvorstellbarer Schönheit, versteht sie und empfindet spirituelle Freude daran; er empfindet auf spirituelle Weise eine außerordentliche Selbstzufriedenheit, geradeso wie die Menschen auf Erden, wenn sie unter dem Einfluß eines unwahrscheinlich lieblichen, inspirierenden Traumes stehen.

Auch wenn wir zur Nacht den müden Körper niederlegen und in einen Zustand versinken, der für uns Eintagswesen völlige Unbewußtheit bedeutet - der aber der friedvollste Schlaf ist, den es gibt -, so geschieht dies nur aus dem Grunde, weil wir noch nicht gelernt haben, während des Tages in unseren höheren Teilen selbst-bewußt zu sein. Wenn dies auch dem Körper und seinem Gehirnverstand möglich ist und wenn wir am Morgen wie üblich in unseren Körper zurückkehren und darin wieder selbst-bewußt werden und unsere Pflichten von neuem aufnehmen, dann ist es sicher, daß wir uns, nachdem wir diese Fleischeshülle, dieses hinderliche Gewand aus unvollkommener Mate-

rie mit seinem schwachen, empfindlichen Gehirn, abgeworfen haben, emporschwingen in die Sternenräume -
doch auch nur, um wiederzukehren.

Ὕπνος καὶ θάνατος ἀδελφοί, sagten die Griechen: "Schlaf
und Tod sind Brüder." Doch strenggenommen sind
Schlaf und Tod nicht zweierlei, sondern fundamental
eins. Der einzige Unterschied zwischen Schlaf und Tod
ist folgender: Der Schlaf ist ein unvollkommener Tod,
der Tod ist ein vollständiger, vollkommener Schlaf.

Selbst die recht modernen mystischen Sufi-Dichter besingen
dieselbe alte Geschichte von Schlaf und Tod:

"Du läßt des Nachts die Seelen der Menschen entfliehen
aus dem Kerker, der sie gefangen hält.
Des Nachts schwingt jede Seele sich aus ihrer Zelle auf
zu ihrem Höhenfluge, nicht länger Sklave mehr noch König.
Achtlos des Nachts ist der Gefangene seines Schicksals,
achtlos des Nachts der Sultan seines Staates;
fort ist das Denken an Gewinn und an Verlust, versunken
Schmerz und Kummer.
Kein Denken gibt es mehr an dies und jenes,
kein Denken mehr so oder so.

Auch die gewöhnlichen Menschen führt der Schlaf hinweg,
und während Seel' und Körper ruhen,
ergeht der Geist sich in den fraglosen Welten.

Doch ist befreit vom Panzer des Körpers
nur für ein Weilchen jede Nacht des Geistes Roß.
Schlaf ist des Todes Bruder: Komm, löse dieses Rätsel!
Damit sie aber nicht bei Tagesanbruch zögernd nachhinkt,
mit einem langen Seil er jede Seele bindet,
auf daß von jenen Hainen, jenen Fluren
die flücht'gen Geister er zurückbringt in ihr täglich Joch."

("Mathnawi", von Jalâlû'd Dîn,
Übersetzung von E. G. Browne)

Wenn ein Mensch nachts schläft, stirbt er - er stirbt
jedoch unvollständig, so daß der goldene Faden des

Lebens und Bewußtseins während des Schlafes noch im physischen Gehirn vibriert und bebt und eventuell Träume hervorbringt, die ihn zuweilen entzücken, oft aber auch quälen, verwirren und beunruhigen. Der Faden des Strahls ist dann noch ungebrochen gegenwärtig, so daß das Ego, das im Schlaf das niedere Denkprinzip und den Körper verlassen und sich in die Räume emporgeschwungen hat, längs dieses goldenen Lebensfadens, der die Monade mit dem astral-vitalen Gehirn des Körpers verbindet, zurückkehren kann. Stirbt nun ein Mensch, so ist es genau so, als fiele er in einen tiefen Schlaf, in äußerste, liebliche Unbewußtheit; und im gleichen Moment, dem Erklingen eines leisen, goldenen Tones ähnlich, ist die Seele frei.

III

Wie verhält es sich nun mit den Träumen? Besteht eine Parallele zwischen den Träumen des Schlafzustandes und denen des nachtodlichen Zustandes? Zwischen ihnen besteht weit mehr als eine bloße Parallele oder Analogie: sie sind identisch, und zwar sowohl in bezug auf den Vorgang als auch in bezug auf die Tatsache selbst, es ist lediglich ein gradweiser Unterschied vorhanden. Alle Träume hängen von zwei Faktoren ab: erstens von dem Mechanismus des psychischen Bewußtseins des Träumers und zweitens von zwei Arten von Kräften, die auf diesen Mechanismus einwirken. Die erste Art umfaßt die solaren, lunaren und planetarischen Einflüsse, unter denen ein Individuum geboren ist und die natürlich von Geburt an bis zum Tode, in gewissem Maße auch nach dem Tode, ununterbrochen auf dieses einwirken. Die zweite Art ist die Reaktion auf die Ereignisse und Erfahrungen, die während des Wachzustandes im Leben des Individuums auftreten. Diese Reaktionen wirken automatisch auf das psychische Bewußtsein ein, wenn der Mensch schläft. Demzufolge geben diese beiden Arten von Kräften oder Einflüssen dem psychischen Bewußtsein des Träumers die Richtung an und leiten es.

Die Art der Träume, die ein Schläfer hat, hängt fast ausschließlich von seinem Leben im Wachzustand ab. Ein kleines Kind zum Beispiel hat keinerlei positive Träume. Seine Erfahrungen in dieser Inkarnation sind noch zu unbedeutend. Sein Denkprinzip und ebenso sein Gehirn sind noch nicht vollständig ausgebildet. Ein guter Mensch hat niemals üble Träume, zumindest sind sie äußerst selten. Mit einem 'guten' Menschen ist hier ein wirklich hochstehender Mensch, ein großer, durch und durch edler menschlicher Charakter gemeint. Wenn er überhaupt jemals träumt, wie gewöhnliche Menschen träumen, dann sind es Träume von großer Schönheit, von unaussprechlichem Frieden. Andererseits wird ein schlechter oder selbstsüchtiger Mensch, dessen Phantasie und Gefühle so begrenzt und geknebelt sind, daß in seinem Denken und Fühlen niemals eine freundliche Regung für seine Brüder auftritt, die unfehlbare Reaktion auf die Impulse und Eigenarten seines täglichen Lebens zu fühlen bekommen. Wenn er träumt, was häufig vorkommt, wird er sich während dieser Zeit in einer emotionalen und mentalen Hölle befinden und von seinen Träumen oft schrecklich gepeinigt werden. In Wirklichkeit sind es seine eigenen Gedanken, die ihm wieder in den Sinn kommen, ihn plagen und sein träumendes Bewußtsein quälen. Demnach ist es also das *Denken*, das alle Träume bewirkt, beim guten ebenso wie beim schlechten Menschen. Im letzteren Fall wird sein Gehirn von üblen und selbstsüchtigen Gedanken, von verruchten und gräßlich unreinen Gedanken, die er während des Tages hatte, wie von Rachegeistern heimgesucht. Sie

bringen die schrecklichen Alpträume hervor, denen diese
Menschen so häufig unterworfen sind. Dagegen hat ein
Mensch mit erhabenen Gedanken, ein Mensch, der ein
edles Leben führt, der sich danach sehnt, seinen Mitmenschen zu helfen, der hochintelligent und unpersönlich, der möglicherweise ein Führer in spirituellen und
intellektuellen Dingen ist, wenn überhaupt Träume, dann
solche, um welche ihn die Götter beneiden könnten. Der
Grund dafür, daß das schlafende Gemüt eines Menschen
dieser Art nicht von bösen Träumen heimgesucht wird,
ist der, daß sein Denken diese nicht erzeugt, wie aus
der vorhergehenden Darlegung ersichtlich ist.

Was nun die Durchschnittsmenschen betrifft, also
jene, die weder sehr gut noch sehr schlecht sind, so
haben sie Träume, die weder besonders erfreulich
noch besonders erschreckend sind, sie sind vielmehr
oft gemischt: abgerissen, konfus und verworren. Auch
hier ist der Grund wieder klar ersichtlich: Die Träume
sind lediglich Widerspiegelungen des Denkens im Gemüt des Menschen, und wenn sich dieses während der
wachen Stunden zuweilen den Dingen des Geistes zu-
wendet und die Wege der Schönheit und des Friedens
liebt, so kehren diese Gedanken des Nachts in seinen
Träumen zu ihm zurück und geben ihm schöne Träume, so wie in ähnlicher Weise ein anderer Durchschnittsmensch gelegentlich auch Gedanken eines gänzlich entgegengesetzten Typs Raum gibt, die gleicherweise nachts zurückkehren und das träumende Gemüt
heimsuchen.

Auf denselben Vernunftgründen und Tatsachen fu-
ßen die Lehren der Esoterischen Philosophie hinsichtlich dessen, was dem menschlichen Bewußtsein nach
dem Tode zustößt, und zwar sowohl während des Aufenthalts im Kâma-loka des Astrallichts als auch während des Zwischenspiels glückseliger Traumerlebnisse,
das Devachan genannt wird.

Es liegt eine gewisse Gefahr darin, dem Gebiet der Träume und ihren Interpretationen zu viel Bedeutung beizumessen. Selbstverständlich ist es richtig, daß manche Träume prophetischen Charakter haben, mit anderen Worten, daß sie bis zu einem gewissen Grade in Erfüllung gehen; denn sie sind die vorausgeworfenen Schatten der automatischen Tätigkeit des Bewußtseins, und zwar Schatten dessen, was das Bewußtsein selbst aufgrund seiner Neigungen und Tendenzen in der Zukunft bewirken wird. Wenn wir das Bewußtsein mit X bezeichnen und seine beiden nachfolgenden Entfaltungsgrade mit Y und Z, dann sind Y und Z in X enthalten, sie sind latent darin verborgen und werden sich zu ihrer Zeit aus ihm entfalten. Es kann aber leicht möglich sein, daß das träumende Bewußtsein, hier X genannt, den Grad Y oder den Grad Y + Z sozusagen aus seinem Innern loslöst, der dann in der Zukunft im *wachen* Leben des Menschen hervorgebracht wird, so daß ein Traum wie dieser zu einer Voraussage dessen wird, was das Bewußtsein irgendwann einmal in der Zukunft ins Dasein bringt, zuerst im Umfang von Y, dann von X + Y + Z. Folglich können Träume dieser Art prophetisch genannt werden; sie sind jedoch keineswegs so häufig, wie vielleicht angenommen wird. Dennoch wäre die Folgerung sehr glaubwürdig, daß ein Beobachter dieses hypothetischen Träumers - falls er quasi allwissend wäre - imstande sein würde, aus allen Träumen des Menschen zu erkennen, was die Zukunft im Leben des Betreffenden hervorbringen wird. Es ist jedoch offensichtlich, daß es nur sehr wenige perfekte Wahrsager oder Traumdeuter der soeben beschriebenen Art gibt.

Die meisten Träume des Durchschnittsmenschen sind zerstreut, in ihrer Art ein Durcheinander und daher gänzlich unzuverlässig; man sollte daher also außerordentlich vorsichtig sein und seinen Träumen nicht folgen, es sei denn, man wäre völlig sicher, daß sie nicht lediglich Reaktionen des gewöhnlich unberechenbaren und verwirrten Gemüts sind. Welcher Mensch aber kann, mit Ausnahme eines Mahâtmans, *völlig sicher* sein? Und ist der Durchschnittsmensch ein Mahâtman, oder sind es etwa diejenigen, die eine phantastisch hohe Meinung von ihrer eigenen Interpretation haben? Es ist vorgekommen, daß unglückliche Menschen deshalb irrsinnig geworden sind, weil sie dem mutmaßlich prophetischen Charakter ihrer Träume allzuviel Vertrauen geschenkt haben. Nur der vollkommene Adept oder Initiierte ist fähig, alle Träume zu verstehen, und nur er kann erkennen, ob es sich um einen echten, einen prophetischen Traum handelt oder lediglich um eine gewöhnliche psychische Reaktion auf Erfahrungen und Ereignisse der vergangenen Tage.

Wenden wir uns nun dem Thema des Todes zu: Hat ein Mensch während seines letzten Lebens - das gerade eben endete - ein gutes, ehrbares, mannhaftes, ein moralisch, spirituell und intellektuell anziehendes Leben geführt, das wenig enthielt, was ethisch unaufrichtig war, wenig, dessen er sich tatsächlich schämen müßte, dann tritt er nach seinem Tode sehr schnell in das Devachan ein, denn sein Aufenthalt im Kâma-loka oder das Durchschreiten desselben ist nur kurz, und sein devachanischer Zustand ist dann unaussprechlich spirituell, mental schön und friedvoll. Jede hochstrebende Sehnsucht, jede spirituelle Hoffnung, jeder Wunsch, seinen Mitmenschen Gutes zu tun, sowie jede Aspiration, die er im Leben gehabt hat und nicht erfüllen konnte, weil sein Leben vielleicht nicht lang genug war oder seine Gelegenheiten begrenzt oder ungünstig waren - all dieses unerfüllte spirituelle Sehnen, Streben und Hoffen findet nun nach dem Tode im Devachan seine Ausdrucksmöglichkeit in den Tätigkeiten seines Bewußtseins. Demzufolge ist sein nachtodli-

cher Zustand mit relativ vollkommener Verklärung erfüllt, die das Erhabenste und Beste enthält, das er zu
tun gehofft hatte, aber nicht tun konnte. Das Devachan ist jener Zustand des Bewußtseins, in dem es in
den schönsten Träumen eingehüllt bleibt; diese über-
treffen das bloße Schlafträumen während des Lebens
auf Erden, und sie werden tausendmal verbessert, und
das für eine Dauer von Hunderten, möglicherweise
Tausenden von Jahren. In dieser Zeit geht das Bewußtsein von Veränderung zu Veränderung und schafft
neue Wechsel der Themen, die in dem schönen freien
Spiel intellektueller und spiritueller Färbung alle
Schattierungen des spirituellen Bewußtseins mit nahezu unendlichen Variationen der grundlegenden Themen
umfassen, so wie das schöpferische und imaginierende
Bewußtsein sie ausarbeitet. In gleicher Weise eilt das
träumende Bewußtsein eines hochgesinnten Menschen,
der in tiefem Schlaf träumt, die Stufenleiter des Denkens auf und ab in einem wundervollen gedanklichen
Märchenland der Schönheit und der Glückseligkeit.

Hier könnte die Frage auftauchen: Gibt es im Devachan einen Fortschritt für das Ego? Die Antwort auf diese Frage
hängt davon ab, was mit Fortschritt gemeint ist. Wenn Fortschritt die Assimilation und Verarbeitung alles dessen bedeuten
soll, was die Wesenheit in ihrer letzten Inkarnation gelernt, erlebt oder in ihr Bewußtsein aufgenommen hat, dann kann dies
"Fortschritt" genannt werden; wenn mit "Fortschritt" aber gemeint ist, daß das Devachan ein Reich schöpferischer Ursachen
sei, in dem verursachende Gedanken hervorgebracht werden,
die die Wesenheit dazu antreiben, sich weiterzuentwickeln,
dann ist die Antwort ein Nein. Selbst im Devachan wird ein
"Fortschritt" nur in dem Sinne erreicht, daß die aufgespeicher-
ten Erfahrungen erneut darin erlebt, verarbeitet, assimiliert
und zu integralen Bestandteilen unseres Charakters gemacht
werden, so daß wir bei unserer Rückkehr ein wenig weiter entwickelt sein sollten als zu der Zeit, da wir das letzte Mal star-
ben. Im Devachan unternehmen wir aber keine neuen Abenteuer wie im Leben, weil wir keine neuen verursachenden Gedan-

ken hervorbringen, die uns dazu antreiben. Macht ein Mensch im Schlaftraum "Fortschritte"? Nein.

Den Gegensatz hierzu bildet ein Mensch, der während seines soeben verstrichenen Lebens einen schlechten Charakter hatte, der durch und durch selbstsüchtig, schwach und nachsichtig gegen sich selbst war, anderen gegenüber aber arrogant, unfreundlich und hart, der niederträchtige Dinge ausführte und andere ins Elend stieß, der also mit anderen Worten ein sogenannter "krimineller Typ" war, der sich weder im geringsten um die Welt, um seine Mitmenschen, noch um irgend etwas anderes kümmerte als um sich selbst. Stirbt ein solcher Mensch, dann ist sein Zustand genau wie sein Leben auf Erden, nur noch schlimmer, weil er im Kâma-loka träumt und das immer aktive Bewußtsein, das nur Gedanken seiner eigenen Art hat, ihm weder Ruhe noch Erleichterung, noch Frieden gibt; so träumt er sehr üble Träume. Das nachtodliche Bewußtsein dieses Menschen läßt viele, viele Jahre hindurch die Abarten übler Träume aufleben, die durch die Gedanken hervorgerufen wurden, die der Mensch gehabt hat, durch die Gefühle, die ihn zu ihrem Sklaven gemacht haben, und die üblen Vorstellungen, die er in sich gepflegt hat, als er noch auf Erden lebte. Doch selbst hier, in diesen so seltenen und extremen Fällen, währt das schlechte Träumen nicht ewig, denn wenn noch genügend Gutes im Menschen vorhanden ist - womit dieser sich seine devachanische Ruhe verdient hat -, empfängt er in den niederen devachanischen Zuständen in dem Maße das, was er in sich hat, und damit bringt er den devachanischen Frieden hervor; anschließend kehrt er in die Inkarnation zurück - sein Devachan aber war nur kurz. Hat ein Mensch jedoch nicht das geringste Scherflein Gutes in sich, das genügen würde, ihm ein - wenn auch nur kurzes - devacha-

nisches Zwischenspiel zu verschaffen, dann hat er kein
Devachan, er kehrt vielmehr sehr schnell zur Verkörperung in die materiellen Sphären des Erdenlebens zurück, denn er war nicht fähig, sich nach dem Tode
von ihnen zu trennen.

So gibt es also im gewöhnlichen Schlaf wie auch
nach dem Tode ihrem Wert nach Träume, die dem Pfad
zur Rechten, und Träume, die dem Pfad zur Linken
zugeordnet werden können. Die ersteren sind schöne,
freundliche, sanfte oder edle Träume, die anderen aber
sind üble und entsetzliche Träume, es sind ununterbrochene Alpträume.

In bezug auf diesen Gegenstand ist es eine Tatsache, daß jeder, der den Tätigkeitsablauf seines Bewußtseins studiert, ohne seine Beobachtungen lediglich
auf eine seiner Funktionen zu beschränken oder die
Aufmerksamkeit nur auf einen seiner Pläne zu begren-
zen, durch Übung und mit einer seiner Beobachtungs-
gabe und Schlußfolgerung entsprechenden Klarheit
sehr leicht befähigt ist, genau zu verstehen, wie und
in welcher Weise sich der nachtodliche Bewußtseinszustand der entkörperten Wesenheit - in unserem Falle
des menschlichen Wesens - von deren normalem oder
wachem Bewußtseinszustand unterscheidet, der mit
dem alten philosophischen Sanskritausdruck *Jâgrat* bezeichnet wird. Wie schon häufig gesagt wurde, ist der
Mensch essentiell ein Bewußtseinsstrom, der an verschiedenen Stellen dieses Stromes in Brennpunkten ge-
bündelt oder fokussiert ist, und zwar in den verschiedenen Seelen, Egos, "Knoten" oder Zentren bewußter
menschlicher Existenz, wie diese in der Esoterischen
Philosophie in bezug auf das Studium der 'Psychologie' allgemein bezeichnet werden. Diese Regel ist so
zutreffend, daß sie sich gleicherweise mit tausendfa-
cher Stärke auf die Beschaffenheit des Bewußtseins
jener edelsten Blüten des Menschengeschlechts anwen-

den läßt, die unter den verschiedenen Namen als Buddhas, Christusse, Mahâtmans, 'Heilige' oder 'Heilige
Männer' usw. bekannt sind. Es gibt keinen fundamentalen oder grundlegenden Unterschied zwischen dem
Bewußtsein des normalen Menschen und dem des
menschlichen Gott-Menschen, weil das Bewußtsein,
der Bewußtseinsstrom oder -fluß, in jedem Fall derselbe ist. Der Unterschied liegt nicht in wesentlichen
Abweichungen, sondern in der größeren Entfaltung zu
selbst-bewußter Wahrnehmung und egoischer Verwirklichung der höheren und tieferen sowie gewaltigeren
Bereiche, die das Göttliche im Menschen aus seinem
eigenen innersten Wesenssitz heraus entwickelt und
enthüllt hat, jenem 'innersten Sitz', der sein Bindeglied mit dem kosmischen Bewußtsein ist.

IV

Vielleicht kann dem Durchschnittsmenschen der
Sinn der vorhergehenden Abschnitte und ihre wahre
Bedeutung durch folgende Betrachtung verdeutlicht
werden: Wenn ein Mensch die Verfahren oder das
Wirken seines Bewußtseins Stunde um Stunde, Tag um
Tag studiert und als Teil der Tätigkeit seines Bewußtseins auch seine nächtlichen Träume einbezieht,
sofern er welche hat; wenn er während jeder Stunde
des täglichen Lebens die Tätigkeiten seines Bewußtseins studiert, das auf das vielfache und verschiedenartige Aufprallen von Umgebung und Umständen auf
sein wahrnehmendes Gemüt reagiert, dann findet er
hierin einen wahren Schlüssel, einen Hauptschlüssel zu
dem Wissen, was der Tod - und natürlich auch der
Schlaf -, einschließlich des sogenannten 'Mysteriums'
seines Eintretens, in Wirklichkeit ist. Folglich wird er
vor der physischen Auflösung seines Körpers auch ge-

nau wissen, was ihm als einem Bewußtseinszentrum zustößt, nachdem er seinen physischen Körper an dem
kritischen Punkt oder der Phase des Lebens, die wir
'Sterben' oder 'Tod' nennen, abgeworfen oder fallengelassen hat.

Als erstes ist es wichtig, bei diesem Studium nicht
zu übersehen, daß es etwas gibt, das ein Wesen oder
eine Wesenheit in dieser unserer Heimat, unserem Universum, niemals irgendwann oder unter irgendwelchen
Umständen tun kann, und es kommt dabei nicht darauf
an, welchen Grad des Entwicklungsstandes auf der
kosmischen Lebensleiter das Wesen erreicht hat, wie
es auch nicht darauf ankommt, in welcher kosmischen
Hierarchie es sich gerade befindet. Dieses völlig Unmögliche besteht darin, daß sich ein Wesen nicht selbst
auslöschen oder jemals der Vernichtung anheimfallen
kann, und zwar aus dem Grunde, weil es *in der Essenz
seines Wesens* ein Tröpfchen, ein Funke, ein Jîva oder
eine Monade des kosmischen Ozeans von 'Geist-Stoff'
ist - wie moderne Wissenschaftler es manchmal nennen -, der die fundamentale Substanz und wahre Essenz im und vom Weltall selbst ist. Wäre ein Tröpfchen
oder ein mathematischer Punkt dieser kosmischen Bewußtseinsessenz imstande, sich selbst auszulöschen
oder der Vernichtung anheimzufallen, so wäre das
gleichbedeutend mit der Behauptung, daß die Essenz
des Weltalls selbst ausgelöscht werden könnte; diese
Vorstellung aber ist völlig absurd.

Der zweite Punkt dieses Studiums, der in Erinnerung gebracht werden sollte, ist der, daß im Augenblick des Todes kein Mensch weiß, daß er dann stirbt,
es sei denn, er wäre ein Initiierter oder ein Adept.
Dies bezieht sich nicht auf die Tage oder Stunden, die
dem Tod vorausgehen, sondern auf den Augenblick, in
dem der 'Tod' tatsächlich eintritt. Je näher der Tod
herankommt, desto stärker gibt sich das egoische Be-

wußtsein dem Gefühl des Friedens und der unaussprechlichen Ruhe hin oder überläßt sich diesem. Hinzu kommt noch eine allmählich zunehmende Gleichgültigkeit der Umwelt oder den es umgebenden Umständen, Wesen und Dingen gegenüber. Das egoische Selbst-Bewußtsein gleitet oder geht langsam in "Bewußtlosigkeit" über - wie dieser Zustand allgemein genannt wird -, und dieser Vorgang setzt sich fort, bis die goldene Lebenskette verschwindet oder ziemlich plötzlich in die inneren Teile der Konstitution eingezogen wird, und dann sind diese inneren Teile des Menschen frei. Das egoische Bewußtsein oder das normale Selbst-Bewußtsein ist dann wirklich und wahrhaftig 'eingeschlafen', tatsächlich und im wahrsten Sinne des Wortes eingeschlafen, nicht nur bildlich oder poetisch gesprochen.

Es ist außerordentlich wichtig, eine klare Vorstellung von der Tatsache zu gewinnen, daß 'Bewußtsein' und 'Bewußtlosigkeit' sich in Wirklichkeit nicht voneinander unterscheiden, sondern eins sind; 'Bewußtlosigkeit' ist auch nicht der "entgegengesetzte Pol" des Bewußtseins. Tatsache ist, daß das, was mit 'Bewußtsein' oder häufiger mit 'Selbst-Bewußtsein' bezeichnet wird, in Wirklichkeit der geringere, weniger wichtige Aspekt oder eine Ableitung der 'Bewußtlosigkeit' ist. Was allgemein als 'Bewußtlosigkeit' bezeichnet wird, ist in Wirklichkeit reines, unverfälschtes, essentielles und fundamentales BEWUSST-SEIN. Was aber 'Bewußtsein' genannt wird, daß heißt die normale tagtägliche Fähigkeit des Wahrnehmens, des Folgerns und der Vergegenwärtigung unserer Existenz usw., ist die Tätigkeit eines der zuvor besprochenen und kurz beschriebenen 'Knoten' oder Brennpunkte des Bewußtseins. Dies ist in keiner Weise nur theoretisch zu sehen, sondern von größter Wichtigkeit, und wenn es nicht klar verstanden wird, kann kein Mensch hoffen, die Natur seines essentiellen Bewußtseins und dessen verschiedenartige Tätigkeiten, Zustände oder Ausdrucksweisen zu verstehen; eine dieser letzteren ist das Selbst-Bewußtsein.
So gesehen ist das erwähnte Hinübergleiten in 'Bewußtlosig-

keit' im Augenblick des Todes also ein *Aufsteigen* in das essentielle Bewußtsein der höheren Natur, das der unvollständig entwickelte 'Knoten' oder Brennpunkt, der das normale Selbst-Bewußtsein erzeugt, nicht zu egoischer Verwirklichung bringen kann. Das wirkliche Bewußtsein ist daher wie der Ozean, in dem das Selbst-Bewußtsein gleich einem Tröpfchen, einem kleinen Wirbel oder unbedeutenden Strudel durch seine intensive, örtlich begrenzte Tätigkeit die für uns Menschen reale, dennoch aber in Wirklichkeit unreale oder mâyâvische Vorstellung erzeugt, die wir Selbst-Bewußtsein nennen.

Aus diesem Grunde ist der Mensch nicht fähig, von sich zu sagen: "Ich bin" - was eine wenn auch unvollkommene Erkenntnis des fundamentalen oder eigentlichen Bewußtseins ist -, sondern er tut dies auch mittels jener 'Knoten' oder Brennpunkte des Bewußtseins in sich, das sich selbst als "Ich bin ich" erkennt.

Das Vorausgegangene bedeutet jedoch nicht, daß ein Mensch, je höher er in der Evolution veranschreitet, er desto "unbewußter" wird, wie dies im allgemeinen und unkorrekten Gebrauch dieses Adjektivs ausgedrückt werden könnte. Im Gegenteil, je höher der Mensch durch evolutionäre Entfaltung steigt, desto mehr wird er zu dem sich selbst zum Ausdruck bringenden Ego, dessen essentielles oder allgemeines Bewußtsein ständig zunimmt; letzteres ist der Strom, der aus der monadischen Wurzel seines Wesens hervorfließt. Die Evolution erzeugt also nicht nur eine paradoxe Ausdehnung des Knotens oder Brennpunktes des egoischen Selbst-Bewußtseins zum unermeßlichen *Allgemein*bewußtsein seines Wesens, sondern dieser Ego-Knoten verlagert auch sozusagen seinen Sitz der Tätigkeiten in höhere und größere Brennpunkte seiner Konstitution, und zwar in immer stärkerem Maße und mit stets zunehmender Vervollkommnung, während das sich drehende Rad des Lebens und der Zeit seinen Zauber auf uns ausübt.

Möchte jemand wissen, wie es ihm beim Sterben ergehen wird oder was er im Augenblick des Todes wahrnimmt, möge er sein Bewußtsein vor dem Einschlafen mit seinem Willen erfassen und die gegenwärtigen Vorgänge seines 'Einschlafens' studieren - sofern er dazu in der Lage ist! Dies kann ziemlich leicht getan werden, sobald der Gedanke erfaßt und die Übung mehr oder weniger gewohnt und vertraut geworden ist. In dem exakten Moment des 'Einschlafens' weiß allerdings kein Mensch, daß er in diesem Augenblick in den Schlaf hinübergleitet. Vor diesem weiß er sehr wohl, daß der Schlaf herannaht; er sehnt sich vielleicht nach ihm und ist noch mehr oder weniger bewußt, während er auf das Eintreten des Schlafes wartet. Eine Zeitlang scheint er nachzudenken, doch je intensiver er denkt, desto weiter ist er vom Schlaf entfernt - und dann ist er fort, er ist frei, ist eingeschlafen! Unvermutet tritt in dem kritischen Zeitpunkt unmittelbare Bewußtlosigkeit ein, der vielleicht Träume - oder auch nicht - folgen, was von verschiedenen Faktoren abhängt.

Der Tod ist präzise gesehen und in jeder Hinsicht identisch mit dem Vorgang des 'Einschlafens'. Wie schon gesagt wurde, besteht durchaus weder ein Unterschied noch irgendeine wesentliche Differenz zwischen beiden. Es spielt dabei keine Rolle, wie der Tod eintritt, ob er durch Alter, Krankheit, äußere Gewalt oder durch das furchtbare Verbrechen des Selbstmordes, den Freitod, wie er genannt wird, eintritt. Der Vorgang des Hinübergleitens in Bewußtlosigkeit kann ferner sowohl beim normalen Schlaf als auch beim Sterben entweder fast augenblicklich oder auch langsam stattfinden, doch ist er in allen Fällen identisch; der einzige Unterschied liegt in der Zeit, er kann also je nach den Umständen kürzer oder länger dauern. Ohne Ausnahme sterben alle Menschen auf diese Weise, wie alle Menschen ebenso ohne Ausnahme auf diese Weise 'einschlafen'. Das Hinübergleiten in den 'Schlaf' selbst, sei es zur Nacht oder während des Sterbens, geht so schnell und augenblicklich vor sich wie ein Fingerschnippen, ja noch schneller. Außerdem bringt der Augenblick des Todes immer für längere oder kürzere Zeit den unaussprechlichen Frieden vollkommener

'Bewußtlosigkeit' mit sich, was einem Hinübergleiten in einen Anfang ähnelt. Dies ist sozusagen ein Vorgeschmack devachanischer Seligkeit, die das Gefühl unsagbarer Ruhe in sich schließt; dieselbe Erfahrung wird der gewissenhafte und sorgfältige Beobachter machen, wenn er zur Nacht einschläft.

Wann immer sich ein Mensch zur Nacht niederlegt und 'einschläft', stirbt er; er stirbt unvollkommen, aber dennoch *stirbt* er. Der Unterschied zwischen 'Einschlafen' und 'Entschlafen' oder Sterben ist gleich Null; wie oben gesagt, ist der Unterschied zwischen beiden eine Sache des Grades. In einigen Fällen besteht auch ein Unterschied in bezug auf die Länge der Zeit.

V

Die Alte Weisheit, die Esoterische Tradition oder die Esoterische Philosophie, lehrt, daß es sieben Zustände des menschlichen Bewußtseins gibt, oder besser ausgedrückt, daß es sieben Zustände gibt, in denen sich das menschliche Bewußtsein befinden und seine Funktionen zum Ausdruck bringen kann. Diese sieben Zustände lassen sich ihrerseits auf vier grundlegende Zustände oder Bedingungen reduzieren, die im folgenden mit den ausgezeichneten alten Sanskritausdrücken wiedergegeben werden. Der erste ist *Jâgrat* und bedeutet Wachzustand; in ihm befinden wir uns, wenn wir wach und aktiv sind. Der nächste und folgende Zustand ist *Swapna*, der Traum-Schlaf-Zustand des Bewußtseins, der von sehr lebhaften, aber unvollständig intensiven oder diffusen Träumen begleitet ist. Dieser Zustand ist uns allen sehr vertraut und wird allgemein 'Träumen' genannt. Beide Zustände sind zwei der gewöhnlichsten Phasen unseres Lebens: während des Tages befinden wir uns in dem Jâgrat-Zustand, des Nachts, wenn wir träumen, in dem Swapna-Zustand des Bewußtseins.

Der dritte Zustand heißt *Sushupti,* und dieses Wort bezeichnet jenen äußerst wundervollen, außerordentlich segensreichen und tiefsten Schlaf, der gewöhnlicher Erfahrung noch zugänglich ist, den Schlaf, der selbst so relativ vollständig ist, daß er keine Träume enthält, weder gute noch schlechte, weil das menschliche Selbst-Bewußtsein vorübergehend in tiefes Selbstvergessen eingetaucht ist. Hierbei herrscht äußerste und vollkommene Ruhe für das Denken, denn das Denken ist in dieser Verfassung vorübergehend 'ausgelöscht' - dabei ist 'ausgelöscht' jedoch nicht in seinem allgemeinen oder absoluten Sinn gemeint, im Sinne von gänzlich oder für immer ausgelöscht oder vernichtet, sondern in seinem philosophischen Sinn, und es bezeichnet ein völliges, gänzliches Unbewußtsein seiner selbst. Weil es daher vollkommen außer Funktion ist, *existiert* es für die betreffende Zeit nicht, obwohl es in der Essenz *ist.* Genauer und präziser analysiert, ist es ein Einswerden des gewöhnlichen oder menschlichen Selbst-Bewußtseins des Menschen mit dem mânasischen Bewußtsein oder dem Mânasaputra-Element in ihm. Dieses erhabene Element oder Wesen ist von bestimmten christlichen Schriftstellern als der 'Schutzengel' eines Menschen in und über ihm beschrieben worden.

Wahrscheinlich ist es vollkommen richtig zu sagen, daß viele Christen im Laufe der christlichen Ära den 'Schutzengel' als eine engelhafte Wesenheit oder Anwesenheit betrachtet haben, als eine vom Menschen getrennte und sich von ihm unterscheidende Erscheinung sowie als eines der Wesen aus der Hierarchie der Engel. Es wäre jedoch lächerlich, wollte man annehmen, ein Engel würde unter dem Mandat des allmächtigen Gottes tätig sein, um ein irrendes, unvollkommenes menschliches Wesen zu "beschützen", das bereits durch göttliche Allwissenheit, welche die Ewigkeit voraussieht, erschaffen wurde, um den Pfad einzuschlagen, der entweder im "Himmel" oder in der "Hölle" endet. Entweder kannte "Gott" den Menschen, den er erschuf, oder er kannte ihn nicht; *ex hypothesi,* Gott wußte also, wo sich der Mensch schließlich befinden würde. Weil Gott aber ein Wesen erschuf, von dem er im voraus wußte, was diesem begegnen würde, erscheint alles Gerede über den Gebrauch des freien Willens des Menschen, der von seinem Schutzengel unterstützt wird, um das Rechte zu tun und sich vor der "Hölle" zu retten, ebenso unvernünftig wie töricht und ist als Erklärung ein völliger Fehlschlag.

Tatsache ist jedoch, daß die Esoterische Philosophie lehrt, daß nicht nur menschliche Wesen, sondern jede evolvierende Wesenheit, jedes Wesen, wo es auch sei, seine "beschützende" spirituelle Macht hat. Dieser "Beschützer" ist die zu ihm gehörende spirituelle Monade. Leben um Leben und das ganze Leben hindurch überwacht sie beständig ihr unvollkommenes menschliches Kind und *versucht* unaufhörlich, es vorwärts und aufwärts zu führen sowie es zu beeinflussen - obwohl aufgrund des Eigensinns und verkehrten Selbst-Bewußtseins des Menschen ihr äußerst wohlwollender und, wenn beachtet, wohltätiger Einfluß im Hinblick auf des Menschen eigenes Wohl viel zu unvollkommen gespürt wird. Diese spirituelle Monade, das spirituelle Zentrum in dem Strom des Bewußtseins des Menschen, hatte der große Avatâra Jesus, genannt der Christus, im Sinn, als er von seinem "Vater im Himmel" sprach, seiner eigenen inneren Göttlichkeit. Eine solche spirituelle Monade ist auch die innere Göttlichkeit oder der innere Gott eines jeden Menschensohnes seit Ewigkeiten.

Weil dieser Bewußtseinszustand weitaus höher ist als unser allgemeiner Wachzustand oder auch unser gewöhnlicher Traumzustand und weil wir nicht an ihn gewöhnt sind - was um so beschämender für uns ist, als wir ihn uns sehr vertraut machen könnten, wenn wir wollten -, sind es nur seltene und ungewöhnlich hoch entwickelte Menschen, die sich nach Belieben in diesen Sushupti-Zustand versetzen können, während sie noch im physischen Körper leben. Dennoch tritt das Bewußtsein während des Schlafes nicht selten in den

Sushupti-Zustand ein, und es gereicht dem Menschen
zur Ehre, wenn es geschieht.

Der Sushupti-Zustand ist jene 'Bewußtlosigkeit', in die
ein Mensch in dem Augenblick sozusagen automatisch
hinübergleitet oder versinkt, in dem Schlaf oder Tod -
der größere Schlaf - über ihn kommt. Wären wir nun
aufgrund von Gewohnheit und Übung während des Lebens daran gewöhnt, in den Sushupti-Zustand einzutre-
ten, dann sollten wir unser Bewußtsein, das heißt unser Selbst-Bewußtsein, beibehalten, wenn wir zur Nacht
einschlafen oder beim Sterben entschlafen, und folglich würden wir unser Selbst-Bewußtsein in und durch
diese beiden Phasen beibehalten. Diejenigen, die während des Lebens in diesen Zustand eintreten und sich
auf diese Weise mit entsprechenden hochspirituellen
Attributen und Funktionszuständen ihres Bewußtseins
verbinden können, sind die Seher - jene, die sogar
schon zu Lebzeiten tatsächliche Visionen von der Realität und der Wahrheit haben. Dichter vielleicht zuweilen oder auch andere Menschen, die an hohes, ab-
straktes Denken gewöhnt sind, mögen gelegentlich und
sozusagen blitzartig in Verzückung fallen, wenn das
Gefühl des 'Persönlichen' gänzlich vergessen ist. Weil
ihr Bewußtsein dann zumindest bis zu einem gewissen
Ausmaß tatsächlich in die Essenz der kosmischen Sphären hineinreicht, können sie Ahnungen von einem noch
erhabeneren Bewußtsein haben, das fast an ein all-
wissendes Bewußtsein grenzt - was von diesen hervor-
ragenden, seltenen und ungewöhnlichen Menschen vorübergehend blitzartig erlebt oder zeitweilig tatsächlich erfahren wird.

Der vierte und letzte Zustand ist noch höher; er
heißt *Turîya-Samâdhi* und ist ein Zustand, den nur die
größten und edelsten Blüten des menschlichen Ge-
schlechts jemals erlangt haben; aber alle Menschen
werden ihn einmal erreichen, auch wenn dies erst in

den weitentfernten Äonen der Zukunft der Fall sein wird. Der Turîya-Samâdhi ist der Zustand oder die Bedingung des Bewußtseins, den die Buddhas und Christusse und gelegentlich auch andere sehr große, aber weniger hoch entwickelte Menschen zu Zeiten ihrer spirituellen Ekstase erreichen.

Dieses sind also die vier grundlegenden Zustände, in die das menschliche Bewußtsein eintreten und in denen es zumindest vorübergehend verweilen kann: Jâgrat, unser Wachzustand; Swapna, unser Schlaf-Traum-Zustand; Sushupti, der Zustand des Einswerdens mit dem essentiellen 'Tropfen', dem kosmischen Denkprinzip in uns; und Turîya-Samâdhi, der gleiche Zustand wie der vorhergehende, der sich jedoch auf einer noch höheren Ebene befindet, das bedeutet ein Einswerden für längere oder kürzere Zeit mit dem essentiellen Sein unserer eigenen kosmischen Göttlichkeit.

Es ist wichtig, sich daran zu erinnern, daß diese vier Grundbedingungen des menschlichen Bewußtseins, das heißt die vier Bedingungen oder Zustände, in die das menschliche Bewußtsein eintreten oder sich versetzen kann und die mit den vier Fundamenten der Struktur des Weltalls wie auch der Konstitution des Menschen selbst in Einklang stehen, sowohl in den nachtodlichen Zuständen als auch im gewöhnlichen Schlaf wirksam sind. Nun sollte sich der Leser sorgfältig merken, daß die ersten drei der vier Zustände von allen Menschen, wenn sie sterben, *erlebt* werden. Der Jâgrat-Zustand ist, wie erklärt wurde, der Zustand unseres Wach-Bewußtseins, wenn wir im Erdenleben verkörpert sind. Wenn nun der Tod herannaht und der Zustand des sozusagen physischen Bewußtseins, der Wachzustand, matt und etwas diffus wird, dann ergibt es sich, daß wir langsam dem Träumen verfallen, besonders dem Tag-Träumen, was als Bewußtseinszustand der Swapna-Zustand ist.

Menschen, die ein hohes Alter erreichen, zeigen deutlich, daß sie schon in diesen Zustand eintreten. Das
Wort läßt sich gleichfalls auf das Träumen, das während des Schlafes erlebt wird, anwenden. Der Mensch,
der sich so dem Tode nähert, wird in gewissen Bereichen oder Räumen der Astralwelt mehr oder weniger
bewußt; wie soeben gesagt, befindet er sich bei außerordentlich vorgeschrittenem Alter in einem Traumzustand. Wenn er sich aus diesem Zustand durch Willenskraft erhebt oder auch dadurch, daß er die niederen
physischen Anziehungen abstreift, die ihn nach dem Tod
noch an der Erdensphäre festhalten, und in den devachanischen Zustand eintritt, dann befindet er sich, wenn
sein Devachan in den höheren Bereichen liegt, in dem
reinen Sushupti-Zustand, dem Zustand reinen egoischen
Bewußtseins, dem mânasaputrischen Zustand, wie dieser vielleicht genannt werden kann, der für ihn, eben
weil er eine bis jetzt noch verhältnismäßig unentwickelte Wesenheit ist, genau gesprochen, nur quasi-
mânasaputrisch ist. Dennoch befindet er sich in den
niederen Bereichen jenes Zustandes, geradeso wie wir
in unserem physischen Körper strenggenommen nur
halbwach sind, dabei aber doch wach sind. Es ist wohl
offensichtlich, daß nicht zwei Menschen in gleicher
Weise wach sind; der eine geht eine Straße entlang
und sieht zehn Dinge, die ein anderer nur dann sieht,
wenn er darauf aufmerksam gemacht wird. Ist ein
Mensch also genügend hoch entwickelt, um den reinen
Sushupti-Zustand zu erreichen, dann betritt er ihn in
den höheren Bereichen des Devachan. Nun ist dieser
Sushupti-Zustand in den vorhergehenden Abschnitten
schon als ein Zustand von 'Unbewußtheit' beschrieben
worden, und genau das ist er für den gewöhnlichen,
verkörperten Durchschnittsmenschen auch. Doch wurde ebenfalls darauf hingewiesen, daß dieser Sushupti-
Zustand oder 'unbewußte' Gemütszustand nur darum

ein solcher ist, weil das Gemüt noch nicht daran gewöhnt ist, selbst-bewußt in ihm zu leben. Hierdurch
wird die besprochene 'Bewußtlosigkeit' erzeugt. In
Wirklichkeit ist der Sushupti-Zustand aber ein Zustand
des lebhaftesten und intensivsten Bewußtseins *an sich*.

Jeder Mensch kann, sofern er die rechte Bahn verfolgt und ein dementsprechendes Leben führt, individuelle selbst-bewußte Erfahrungen mit diesen Wundern
des Bewußtseins machen. Es ist nichts Unnatürliches,
Sonderbares, Unheimliches oder unermeßlich Mysteriö-
ses in ihnen enthalten - nein, nicht einmal 'Einzigartiges' in irgendeinem Sinn dieses viel mißbrauchten
Ausdrucks. Jeder normale Mensch, der sich die Mühe
macht, sich selbst, das heißt die Vorgänge und die Natur seines essentiellen Bewußtseins, hinreichend zu studieren, der sich bemüht, sich sorgfältig zu überprüfen
und, während er sich so studiert, sein Denken mit seinem Willen zur Aufmerksamkeit zu zwingen, kann den
'Tod', sooft es ihm beliebt, erleben und von der Erfahrung ungeheuer veredelt und mit einem Reichtum
an innerer Erkenntnis zurückkehren, der auf keine andere Weise gewonnen werden kann. Es muß hier jedoch sehr ernst vor einer törichten, unklugen und un-
richtig geleiteten Selbstbeobachtung gewarnt werden,
ja auch davor, mit dem Denkapparat herumzuexperi-
mentieren. Derart unkontrollierte Versuche werden an
sich schon die Absicht und das in Aussicht gestellte
Ziel vereiteln. Es kommt nicht darauf an, mit dem
niederen Denkprinzip Kunststücke zu vollbringen, indem auf unkluge Weise versucht wird, "Yoga" zu verfolgen oder auszuüben, sondern darauf, das eigene essentielle Bewußtsein zu studieren, *"sich selbst zu erkennen"*, wie von dem griechischen Orakel zu Delphi
so weise angeraten wird.

Wer ernsthaft über diese vier Bewußtseinszustände
nachdenkt, in die er sich willentlich durch stetige, an-

gemessene Übung versetzen kann, wird wissen - sofern er sich beliebig in einen dieser Zustände versetzen kann, wozu er dann imstande sein sollte -, dies sei noch einmal wiederholt, er wird dann genau wissen, was es heißt, die Tore des Todes zu durchschreiten und dies bewußt zu tun. Dies sollte buchstäblich verstanden werden.

Wer am Bett eines geliebten Menschen steht, der dahinscheidet, der lasse Frieden im Herzen herrschen, verbanne Aufregung aus dem Gemüt und sorge für äußerste Ruhe im Zimmer des Scheidenden. Er störe nicht durch Sprechen oder Klagen das wundervolle Mysterium, in dem das Bewußtsein des Sterbenden in den weiteren Zustand eintritt. Dieser schläft tatsächlich ein, im wahren Sinne des Wortes; und während es schon eine vorsätzliche Grausamkeit wäre, am Bett eines müden Menschen zu stehen, um ihn zu stören und zu erregen, um ihn wach zu halten, weil man nicht möchte, daß er schläft, so ist es noch tausendmal grausamer, sich im Falle des Todes, des größeren Schlafes, des vollkommenen Schlafes, so zu verhalten. Laßt ihn in Frieden scheiden, laßt ihn still ruhen, laßt ihn frei dahingehen! Er tritt in einen unaussprechlichen Glückszustand ein und in die intensive Tätigkeit der spirituellen Intelligenz, die das Wahrnehmungsvermögen des gewöhnlichen Gehirnverstandes zwar, wenn auch nur schwach, erkennen kann, die dieser jedoch nicht richtig verstehen kann, weil er sie nicht zu umfassen vermag.

Man sollte also vor dem Tode, jenem heiligen Engel der Barmherzigkeit, der er fast immer ist, nicht die geringste Furcht haben. Er ist die mitleidigste und gesegnetste Erlösung und Ruhe in der Natur, denn er ist vollkommener, vollständiger Schlaf, erfüllt von unaussprechlich lieblichen Träumen. Der Mensch, der gestorben ist - der Mensch, der stirbt -, schläft in

Frieden. Seine spirituelle Seele, die pilgernde Monade, *gaudet in astris* - erlebt Freude in der Sternenwelt.

KAPITEL V

DIE ZIRKULATIONEN IM KOSMOS

Es gibt noch ein weites Gedankenfeld, das von den Lehren der Archaischen Weisheit, wie sie in der Esoterischen Tradition offenbart werden, glänzend erhellt wird und das bis jetzt noch kaum von uns gestreift wurde, nicht einmal in seinen Grenzgebieten. In vorhergehenden Kapiteln wurde der Erklärung einiger fundamentaler Lehren der Esoterischen Philosophie breiter Raum gewidmet, so auch hinsichtlich der Konstitution des Menschen und seiner Wanderungen, die fast zahllose Kreisläufe und Zyklen in sich schließen. In bezug auf das wundervolle, komplizierte lebendige Gewebe des Universums selbst wurden bisher jedoch verhältnismäßig wenige deutliche Erklärungen abgegeben, wobei besonders an das Sonnensystem gedacht ist, in dem wir als evolvierende Wesen unsere Heimat und unsere Zyklen manvantarischer Tätigkeit finden.

Die allgemeinen Begriffe der Astronomie in bezug auf das Sonnensystem und die Himmelskörper, die es zusammensetzen, sind hinlänglich bekannt. Was nun die Astronomie betrifft, so kann mit gebührender Achtung vor ihren sich ständig weiter öffnenden Ausblicken dem Werk jener, die sich diesem Wissenszweig mit dem Einsatz ihrer selbst widmen, nur Respekt gezollt werden. Nichtsdestoweniger sollte jedoch gleich zu Anfang und ohne Umschweife betont werden, daß die Astronomie, so wie sie heute verstanden wird, nur ein Studium der "Schale" der Natur oder ihrer äußeren Rinde ist, des physischen Universums. Astronomie und Astrologie sind die alten Namen, mit denen die herrlichen in diesen Ausdrücken verkörperten Lehren im

Altertum bezeichnet wurden. Sie beinhalteten zu jener
Zeit unvergleichlich tiefere, umfassendere, gewaltige-
re und weitaus erhabenere Bereiche erwiesener Naturvorgänge, bezeichnet als Wissenschaft oder *scientia*,
als sie heute selbst unseren intuitivsten astronomischen
Experten bekannt sind oder von diesen auch nur für
möglich gehalten werden.

Die Astrologie war in der Tat eine gewaltige, erhabene Wissenschaft von den Himmelskörpern einerseits
und den inneren ursächlichen Seiten der Natur andererseits. Während sich die moderne astronomische
Wissenschaft auf im übrigen bewundernswerte Studien
der Himmelskörper als physische Wesen beschränkt,
auf das Studium ihrer Entfernungen, ihrer räumlichen
und kosmogonischen Beziehungen, ihrer chemischen
Beschaffenheit, ihrer Bewegungen und ähnlicher Dinge, sah die alte Astrologie in jedem einzelnen Himmelskörper ein lebendes Wesen, ein 'animal' im lateinischen Sinne dieses Wortes: eine beseelte, fühlende
Wesenheit. Sie betrachtete die Himmelskörper nicht
nur in dieser Weise, sondern erkannte außerdem, daß
ein jeder von ihnen in den planetarischen und stellaren
Räumen - abgesehen von den lediglich dahintreibenden
Partikeln des Raumes wie Meteoren, Sternenstaub
usw. - die Wohnung oder der *locus operandi* eines
spirituellen oder möglicherweise göttlichen Wesens ist.
Jedes dieser Wesen bringt, wenn auch für uns völlig
unsichtbar, seine transzendenten Kräfte und Fähigkeiten durch seine physische Hülle, sein Vehikel oder seinen Körper zum Ausdruck.

Auch der unglückliche Giordano Bruno, ein Neuplatoniker,
der um Jahrhunderte zu früh geboren wurde, besaß diese Intuition. Er war ein Echo eben jener archaischen Lehre, wie seine
im folgenden zitierten Aussprüche deutlich bezeugen:

"Es ist nicht vernunftgemäß zu glauben, daß irgend etwas

in der Natur ohne Denkfähigkeit, ohne Leben, ohne Empfin-
dung oder organische Struktur sei. ... Aus der Existenz dieses unendlichen Alls mit seiner Pracht und Schönheit, von den
unermeßlichen, uns umkreisenden Welten bis zu dem fun-
kelnden Sternenstaub noch jenseits von diesen, müssen wir
folgern, daß diese eine Unendlichkeit von Kreaturen, eine
ungeheure Vielheit darstellen, von der jedes einzelne Wesen,
seinem Grade entsprechend, die Pracht und Herrlichkeit der
göttlichen Harmonie widerspiegelt.

Alles in der Natur ist lebendig. Die Himmelskörper sind
beseelte Wesen. Alles auf der Erde und unter der Erde besitzt bis zu einem gewissen Grad und seinem Zustand entsprechend die Gabe des Fühlens; der Stein empfindet, aber
auf eine Weise, die sich der Erklärung durch den Menschen
entzieht."

Giordano Bruno: "Über die Ursache, das
Prinzip und das Eine"

Die Konsequenz aus dem Vorhergehenden, das nur
einige Fundamentalsätze der antiken Astrologie wie-
dergibt, ist die folgende: Alle Weisen des Altertums
waren Initiierte. Sie wußten nicht nur durch die innere
Erfahrung, die sie durch Initiationen gewonnen hatten,
sondern auch aus ihren Studien, daß das gesamte Universum selbst ebenfalls ein ANIMAL ist, d.h. eine lebende, fühlende Wesenheit, die ihrerseits von einer
unsichtbaren spirituellen oder göttlichen Wesenheit von
kosmischem Ausmaß inspiriert und unterwiesen wird,
deren essentielle Natur zugleich Intelligenz-Bewußt-
sein und spirituelle Substanz ist.

Da die archaischen initiierten Astrologen das Universum, das uns umgibt, in dieser Weise verstanden und
dieses für sie nur eines in einer kosmischen Hierarchie vieler ähnlicher über die Gefilde des Grenzenlosen zerstreuter Universen war, so betrachteten sie alle
Teile der Natur als miteinander verbunden und zusam-
menwirkend. Aufgrund ihres spirituellen Hintergrun-
des, des gemeinsamen unsichtbaren kosmischen Konti-

nuums des universalen Seins, wurden diese Teile außerdem als in Wechselwirkung befindlich und sich gegenseitig beeinflussend angesehen. Nach dieser Sichtweise wird jeder Himmelskörper von allen anderen - je nach Entfernung, Zeit und Umgebung in größerem oder geringerem Grade - beeinflußt und beeinflußt seinerseits alle anderen Himmelskörper, die auf ihn einwirken, mehr oder weniger stark. Diese Tatsache des wechselseitigen Austausches von Intelligenz und Bewußtsein einerseits und ätherischen sowie physischen Einflüssen andererseits bildet den Grundgedanken oder das Fundament der astrologischen Wissenschaft, wie sie ehemals verstanden wurde. Dieses Gedankengut hat, wenn auch fast all seiner besten philosophischen und religiösen Bestandteile beraubt, weitergelebt. Es ist selbst bis heute führend geblieben und existiert noch sehr schwach und verwaschen in jenem armen, zerrissenen Überbleibsel der antiken, erhabenen Astrologie, das heute mit demselben alten Namen bezeichnet wird - "Astrologie".

Die moderne Astrologie ist nur ein sehr schwaches Echo ihrer einst mächtigen Mutter. Die archaische Astrologie war ein Hauptfach und ein erhabenes und inspirierendes Gebiet im Studium der archaischen Weisheit, der Esoterischen Philosophie. Hingegen wird die moderne Astrologie, obwohl von einer nicht gerade kleinen Anzahl intelligenter Leute gepflegt, heute mehr oder weniger verachtet und bestenfalls als eine Pseudo-Wissenschaft angesehen, schlimmstenfalls aber - in den Augen vieler gedankenloser Leute - als ein kaum ehrbar zu nennendes Mittel, um seinen Lebensunterhalt zu verdienen. Die Astronomie, die im Altertum nur ein kleiner Zweig der archaischen Astrologie war, hat heutzutage eine mächtige und hochgeachtete Position, während der entartete Nachkomme eines einst erhabenen Elters von ihr verachtet und verspottet wird.

Die moderne Astrologie ist zum großen Teil selbst schuld an diesem Zustand; dies trifft auch zu auf die Astrologie, die in den degenerierten Tagen des Römischen Kaiserreiches ausgiebig studiert und öffentlich praktiziert wurde. Der Grund war oder vielmehr ist, daß jetzt wie auch im Römischen Imperium, ob Republik oder Monarchie, das gesamte Gedankengut, das zum Höchsten, Besten und Erhabensten in der wahren Astrologie gehört, völlig vergessen worden ist, ausgenommen vielleicht in den noch nicht ganz verlorenen Intuitionen einiger weniger. In Rom wie auch in unserer eigenen Zeit degenerierte die Astrologie zu einem bloßen Wahrsagesystem, zu einem "Lesen der Zukunft", und ihr Befragen war oft mit Lebensgefahr verbunden. Die Gesetze, die Rom zu verschiedenen Zeiten gegen die Ausübung der Astrologie und den Beruf und die Verfahren ihrer Betreiber, der sogenannten "Chaldäer", erließ, zeigen dem modernen Schüler deutlich genug, wie tief die wahre Astrologie gesunken war, und zwar durch eigene Schuld. Das soll aber nicht heißen, daß es im Römischen Reich keine aufrichtigen, wahrhaften und auch klugen und erfolgreichen Praktiker in der Kunst astrologischer Weissagung gegeben hätte, denn wir wissen, daß es solche gab, ja sogar verhältnismäßig viele, ebenso wie heute.

Dies alles, wenn auch nur nebenbei bemerkt, zeigt aber doch dem Nachdenkenden, daß selbst an der astrologischen Wahrsagerei "etwas dran" ist, ja sogar sehr viel. Andernfalls könnte sie niemals die Anziehung haben, die sie nahezu universal ausübt. Auch wäre ihr nie die gewisse Achtung gezollt worden, die ihr im Verlauf der Zeitalter bis auf den heutigen Tag mehr oder weniger willig erwiesen wurde.

Wie oben schon gesagt, "es ist ihre eigene Schuld", denn die Astrologie behielt nur ihren wahrsagenden

Aspekt oder Teil bei, während sie Philosophie, Religion und Wissenschaft, die der archaischen Astrologie einstmals den ersten Rang in der Esoterischen Philosophie einräumten, beinahe, wenn nicht völlig, verlor. Welcher moderne Astrologe kennt schon die volle Bedeutung dessen, was wahre Astrologie verkörpert? Wenn er nicht gerade sein unbedeutendes astrologisches Wissen durch die majestätischen Lehren der Alten Weisheit vertieft hat, ahnt er nicht, wie weitreichend ihr Gebiet, wie tief ihre Philosophie, wie erhaben ihre Grundsätze und wie logisch und tröstlich ihre religiösen Folgerungen sind.

Die archaische Astrologie lehrte nicht nur, was heute Astronomie genannt wird, sondern umfaßte ebenfalls alles, was die Esoterische Philosophie in jenen Zweigen ihrer Lehre verkündet, die von der inneren und äußeren Natur des Kosmos als einer organischen Wesenheit handeln. Die archaische Astrologie verfolgte den Ursprung aller pilgernden Monaden, ihre gegenwärtigen und wechselnden Aufenthaltsorte und ihr nachtodliches Schicksal während ihrer Wanderungen durch die Sphären jenen mystischen, aber doch realen Pfaden entlang, den Stromwegen des Kosmos. Die archaische Astrologie enthielt ebenfalls die Lehre von der Natur sowie den Merkmalen und Funktionen der Kräfte und Einflüsse, die Planet auf Planet, die Sonne auf Planeten, die Sterne auf Sterne und daher auch auf unsere Sonne ausüben und umgekehrt. Sie erklärte die Natur und das Werden der Sonnensysteme und beschrieb, auf welche Weise die Monde der verschiedenen Planeten zu Monden wurden und welche Funktion sie in dem System der betreffenden Planetenkette haben, der sie entweder einzeln oder in Gruppen angeschlossen sind. Sie legte die Natur der unsichtbaren ätherischen Welten, Sphären und Ebenen des Sonnensystems dar und verkündete, was die Sonne als Lebewe-

sen und als Sitz einer spirituellen Sonnen-Wesenheit
ist. Sie berichtete über die Natur der vielen Planetenketten, welche die planetarische Familie der Sonne
bilden, sowie über die Natur und Merkmale der Globen, aus denen diese verschiedenen Planetenketten bestehen. Sie gab Aufschluß über die Umläufe und Wanderungen der Monaden durch die Globen der Planetenketten und innerhalb derselben und darüber, inwiefern
diese Pilgerfahrten längs der Stromwege des Kosmos
von verschiedener Art sind. Einige ihrer Wanderungen
gehören nämlich allein zu der Planetenkette, deren
Bewohner die Monade zur Zeit gerade ist; diese heißen 'Innere Runden'. Andere ausgedehntere Pilgerfahrten derselben Monaden führen zu bestimmten der verschiedenen Planetenketten; diesen Pilgerfahrten ist
die Bezeichnung 'Äußere Runden' gegeben worden. All
das Obige lehrte sie und noch weit mehr. Welcher moderne Astrologe weiß etwas von diesen Gebieten alter
astrologischer Lehren? Welcher moderne Astrologe
kann die Stellungen und Einflüsse, die Sonne, Mond
und Planeten aufgrund ihrer Bewegungen zueinander
haben und aufeinander ausüben, richtig, ja fast unfehlbar deuten? Hätte die moderne Astrologie alle diese
Dinge gelehrt und noch viel mehr darauf hingewiesen
und dies seit den Tagen ihres einstigen Ruhmes ununterbrochen getan, dann würde sie heute im menschlichen Denken den ihr gebührenden Platz einnehmen,
und nichts wäre universaler geachtet und höher geschätzt. Statt dessen ist sie zu einem bloßen System
versuchsweiser Weissagung geworden, und selbst ihre
gedankenreichsten und verständigsten Betreiber ver-
beugen sich vor den wechselnden Meinungen der modernen astronomischen Wissenschaft und wagen kaum jemals, ihren inneren Intuitionen eine Stimme zu verleihen, aus Furcht, das wenige, was sie an öffentlicher
Achtung noch besitzt, zu verlieren. Ihr Einfluß im

öffentlichen Leben ist wirklich schwach, und die Achtung, Verehrung und sogar Ehrfurcht, die sie empfangen sollten und früher tatsächlich empfingen, besitzen
sie nicht mehr. Es ist ihr eigene Schuld.

Einer der größten Verluste, den die Astrologie auf ihrem
Weg von der erhabenen Sternenwissenschaft zu der heutigen
schwachen und gebrechlichen Fakultät erlitten hat, ist der Verlust der Geheimnisse esoterischer Berechnung oder esoterischer
Mathematik. Es stimmt zwar, daß die heutige Astrologie beim
Stellen von Horoskopen und Berechnen von astronomischen Zeiten usw. ein mehr oder weniger einfaches mathematisches Wissen benutzt, dies ist aber bestenfalls nur das exoterische Gewand des alten esoterischen Wissens von den Zeitperioden und
ihrer Bedeutung, wenn es auf die zyklischen Geschicke von Wesen angewandt wird, seien diese nun das Sonnensystem, die
Sonne, der Mond, die Planeten oder Wesen anderer Klassen und
Arten wie zum Beispiel die Menschen. Ein Einschub ist nicht
geeignet für eine skizzenhafte Darlegung esoterischer Mathematik. Nichtsdestoweniger sei denen, die interessiert sind und
imstande, es zu verstehen, folgendes gesagt: Gerade weil die
Naturprozesse von kosmischer Intelligenz regiert werden, die
sich aus uranfänglicher kosmischer Ideation ableitet, und weil
die intelligente Ideation ihrer wahren Natur entsprechend in
Harmonien, oder was auf dasselbe hinausläuft, durch mathematische Vorgänge wirkt, vollzieht sich auch alles, was im Son-
nenuniversum vorgeht, im Rahmen bestimmter Mengen oder
Mengeneinheiten an Substanz oder auch Zeit. So kommt es, daß
quantitative Beziehungen im gesamten Sonnensystem herrschen,
ob diese nun Körper oder Zeitzyklen betreffen. Die von titanischen spirituellen Intelligenzen bereits vor Äonen und aber
Äonen entdeckten geheimen Zahlen, die den psychischen oder
substantiellen Vorgängen in der universalen Natur zugrunde liegen, verkörperte Pythagoras, der große Weise von Crotona, in
seiner bekannten Tetraktys, deren Diagramm hier folgendermaßen wiedergegeben wird:

Diese Punkte symbolisieren oder versinnbildlichen die Geburt aus der Monade oder dem einzelnen Punkt, und zwar zuerst die der Zweiheit, dann die der Dreiheit, dann die der Vierheit, so daß die Reihen 1, 2, 3, 4 entstehen, und ihre Summe ist 10. Die Zehn repräsentiert die gesamte Verkörperung der universalen Manifestation, die aus der uranfänglichen oder ursprünglichen Monade hervorgeht und von ihr etwa in der Art herabhängt, wie es die gegebene Figur symbolisiert. Dies ist kein Bild, sondern ein Symbol. Die Idee muß intellektuell als ein Hervorströmen in die Manifestation oder als eine Differenzierung aus dem uranfänglichen oder ursprünglichen Punkt verstanden werden.

Nun sind aber die grundlegenden Zahlen, die in der esoterischen Berechnung seit unvorstellbaren Zeiten benutzt werden, nämlich die 2, die 3 und die 4, oder umgekehrt, die 4, die 3 und die 2, im obigen Diagramm in der Form enthalten, daß sie sich in regelmäßiger Aufeinanderfolge von der ursprünglichen Monade ableiten. Als diese Monade nämlich ihre kosmischen Prozesse der Differenzierung oder Manifestation oder Reproduktion begann, existierte sie für diese Zeit in einem Layazentrum, wie die Esoterische Philosophie es ausdrückt, oder ging durch ein solches hindurch.

Diese drei Zahlen 4, 3 und 2 sind wichtig, weil sie als numerische Faktoren die quantitativen Beziehungen im gesamten Sonnensystem und aller Wahrscheinlichkeit nach auch in der es umgebenden Galaxie durchdringen und leiten. Sie bestimmen nicht nur den quantitativen Prozeß all dessen, was in der Natur erzeugt wird - wüßten wir nur genug, um diese Tatsachen zu entdecken -, sondern sie sind aus diesem Grund auch die Schlüssel, mit denen die meisten Naturgeheimnisse dem scharfsinnigen Auge enthüllt werden können. Dies alles hat seinen Grund darin, daß die Natur weder etwas Zufälliges noch etwas Sinnloses ist. Sie ist auch nicht von ungefähr aufgebaut, sondern streng nach mathematischen Prinzipien, die, wie bereits gesagt wurde, in der kosmischen Ideation ihren Ursprung haben und daher die Natur völlig durchdringen.

H. P. Blavatsky schreibt in "Die Geheimlehre", Bd. II, S. 77:

"Die Heiligkeit des Zyklus von 4320, mit darauffolgenden Nullen, liegt in dem Umstande, daß die Ziffern, welche ihn bilden, einzeln oder in verschiedenen Zusammenstellungen vereint genommen, jede und alle die größten Geheimnisse in der Natur symbolisieren. In der Tat, ob man nun die 4 getrennt nimmt oder die 3 für sich oder die zwei zusammen, welche 7 ausmachen, oder wieder die drei - 4, 3, 2 -, welche zusammengezählt 9 geben, alle diese Zahlen haben ihre Anwendung in den heiligsten und okkultesten Dingen und bezeichnen die Wirkungen der Natur in ihren ewigen periodischen Erscheinungen. Es sind niemals irrende, beständig wiederkehrende Zahlen, welche dem, der die Geheimnisse der Natur studiert, ein wahrhaft göttliches System enthüllen, einen intelligenten Plan in der Weltentstehung, welcher natürliche kosmische Einteilungen von Zeiten, Jahreszeiten, unsichtbaren Einflüssen, astronomischen Erscheinungen ergibt mit ihrer Einwirkung und Rückwirkung auf die irdische und selbst auf die moralische Natur; auf Geburt, Tod und Wachstum, auf Gesundheit und Krankheit. Alle diese natürlichen Ereignisse sind begründet auf und hängen ab von zyklischen Vorgängen im Kosmos selbst und bewirken periodische Agenzien, welche von außen einwirken, die Erde und alles, was auf ihr lebt und atmet, von einem Ende bis zum anderen eines jeden Manvantaras beeinflussen. Ursachen und Wirkungen sind esoterisch, exoterisch und 'endexoterisch', sozusagen."

Das Obige ist mit bewundernswerter Klarheit dargestellt und verdient es, sorgfältig und gründlich durchgesehen und erwogen zu werden. Es ist für den unterrichteten Leser natürlich offensichtlich, daß die angegebenen Zahlen oder Ziffern, 4, 3, 2, gerade diejenigen sind, die in den alten Berichten aus Chaldäa und Hindustan als Basis für die Berechnung aller Zeitabschnitte enthalten sind. In Indien haben sie seit unzähligen vergangenen Zeitaltern die jeweilige Länge der verschiedenen Yugas oder Zeitabschnitte angegeben, d.h. die 4, 3, 2, 1 als Schlüsselzahlen, mit den notwendigen Nullen versehen.

Hier soll noch ein Beispiel dafür angeführt werden, wie wenig die moderne Astrologie über einige der wichtigsten Tatsachen, Probleme und Ideen, die eigentlich ihr typisches Gedankengut sein sollten, zu sagen weiß: Was kann die moderne Astrologie, wie ihre Vertreter sie darbieten, der Menschheit mitteilen über die Natur des Todes und der nachtodlichen Zustände der menschlichen Monade in den astralen Reichen oder dem Astrallicht? Nichts hat sie darüber zu sagen, absolut nichts! Dabei war dies in alten Zeiten eines ihrer Spezialgebiete. Und was kann die moderne Astrologie uns durch ihre Vertreter, sofern diese nicht ernsthafte Schüler der Esoterischen Philosophie sind, über die Pilgerfahrten der menschlichen Monade durch die Sphären, Welten und Ebenen der unsichtbaren Bereiche des Sonnensystems sagen? Nichts, absolut nichts! Im besten Falle kann sie in diesen und in anderen Dingen nur Mutmaßungen äußern, gewöhnliche Mutmaßungen ohne eine Philosophie, die dieses Namens wert wäre. Wo edle Fülle sein sollte, ist nicht einmal eine Stimme, wohl aber Schweigen, Verwirrung und Unwissenheit.

Die obigen Bemerkungen beabsichtigen in keiner Weise, über den Charakter der vielen zweifellos aufrichtigen moderne Astrologie Praktizierenden unfreundliche Worte zu sagen, denn vermutlich ist die Mehrheit von ihnen so begierig nach mehr Licht und so hungrig nach mehr Wahrheit, wie es irgendein Mensch nur sein kann. Der Verfasser fühlt, daß zumindest einige von ihnen bemüht sind, sich mittels Intuitionen, die ihrem eigenen Geist entspringen und aus den Einflüsterungen ihrer eigenen Seele resultieren, zu etwas Erhabenerem zu gelangen, das ihr Wissen vervollständigen und dazu beitragen mag, die Leere auszufüllen, die sie vielleicht stärker empfinden als andere. Doch Tatsachen sind unerbittlich, und es wäre töricht, dort ein größeres Licht zu suchen, wo es schon längst entwichen ist.

I

Wer den Inhalt des vorliegenden Kapitels studiert,

muß zunächst deutlich verstehen, daß das Universum
nicht nur ein Organismus oder eine organische Wesenheit ist, in der jeder Teil jedem anderen Teil entspricht, und zwar in spiritueller und in intellektueller,
in magnetischer und sogar in physischer Hinsicht, sondern daß die äußere 'Schale' der Natur, die wir wahrnehmen, nur das Gewand unermeßlicher innerer, un-
sichtbarer Welten und Sphären ist und daß deshalb das
gesamte Sonnensystem nachdrücklichst in keiner Weise
das ist, wofür moderne Astronomen es halten - für
Leere, mit Ausnahme vielleicht eines sehr hypothetischen "Äthers", der die zwischenplanetarischen Räume
erfülle -, sondern daß es in jedem Sinn des Wortes
Fülle ist, ein Pleroma, wie die alten Gnostiker lehrten. Mit anderen Worten, das Sonnensystem ist nicht
bloße "Leere" mit der Sonne und einigen Planeten, die
durch den sie umgebenden "leeren Raum" herumwirbeln, sondern es ist *fest* - "fest" in dem Sinne, daß es
mit Substanzen und Kräften in vielen Graden und Phasen der Aktivität angefüllt ist, die alle zusammenwir-
ken, sich gegenseitig beeinflussen und auf diese Weise
ein wahrhaft lebendiges Wesen oder eine Wesenheit
zusammensetzen.

Wäre unser Sehorgan geeignet, andere Vibrationen
aufzufangen als diejenigen, die wahrzunehmen es durch
Evolution gelernt hat, mit anderen Worten, andere Vibrationen, oder was auf dasselbe hinausläuft, Strahlun-
gen, als es empfinden kann, so würden wir sehen, daß
das, was zwischen unserer Erde und der Sonne sowie
zwischen der Erde und den äußersten Planeten als
"leerer Raum" erscheint, mit "Materie", Substanzen
und Kräften angefüllt ist. Gerade weil eine *actio in
distans* oder eine Handlung aus der Ferne ohne da-
zwischengeschaltete Vermittler unmöglich ist, sehen
wir in der obigen Darlegung des Sonnensystems als eines Organismus, der sichtbare wie unsichtbare Teile

enthält, Grund und Ursache dafür, daß Kräfte oder Einflüsse, Emanationen oder Ausstrahlungen zwischen den Himmelskörpern des Sonnensystems hin- und hergesandt werden können und tatsächlich auch gesandt werden. Zum Sonnensystem gehören aber nicht nur die wenigen Himmelskörper, die wir sehen, sondern auch eine große Anzahl anderer Planeten, die wir nicht wahrnehmen, weil sie sich auf anderen Ebenen des Sonnensystems befinden und unser Sinnesapparat sie daher nicht erkennen kann.

Gerade durch diese Fülle, sei es durch ihren kleineren Teil, den wir unsere Planetenkette nennen, sei es durch den größeren, den wir das gesamte Sonnensystem nennen, zieht die menschliche Monade ihre Bahn, wenn sie während ihrer Pilgerfahrt nach dem Tod den Stromwegen des Kosmos folgt. Wenn wir wollen, können wir diese als ein Netzwerk von Nerven bezeichnen, das das gesamte solare Reich zu einem einheitlichen Ganzen verbindet. Ebensogut können wir auch sagen, daß diese Stromwege des Kosmos die Kanäle sind, die die Lebensströme durch alle Teile des Sonnenreiches leiten, wie auch die Arterien und Venen im menschlichen Körper die Träger oder Bahnen des Blutes oder der Lebensflüssigkeit des Körpers sind.

Wie anderweitig bereits gesagt wurde, war und ist die Lehre vom essentiellen Einssein des Menschen mit dem Universum auf tatsächlich allen kosmischen Ebenen überall zu finden. Doch darf hinzugefügt werden, daß, wer immer diese Tatsache direkt feststellt, zumindest den dritten Einweihungsgrad durchschritten hat. Der folgende Auszug aus Vergils "Georgica", IV, Zeile 220-227, dient als Beispiel oder Illustration dafür, wie allgemein vertraut diese Vorstellung damals gewesen ist. Natürlich muß beachtet werden, daß die Lehre dem geleisteten Eid der Geheimhaltung zufolge in mehr oder weniger bildhafter oder metaphorischer Sprache dargeboten werden mußte, wenn sie öffentlich verkündet wurde; aber solche Sprache ist ja nur das Gewand, und der Leser sollte dem inneren Sinn nachspüren.

Vergil schrieb:

"Esse apibus partem divinae mentis et haustus
Aetherios dixere; deum namque ire per omnes
Terrasque, tractusque maris, coelumque profundum;
Hinc pecudes, armenta, viros, genus omne ferarum,
Quemque sibi tenues nascentem arcessere vitas;
Scilicet huc reddi deinde ac resoluta referri
Omnia; nec morti esse locum; sed viva volare
Sideris in numerum, atque alto succedere coelo."

"Sie haben gesagt, daß Bienen einen Teil des göttlichen
Denkprinzips haben und ätherische Ströme daraus empfangen;
daß die ganze Erde, die Weiten des Ozeans und die Tiefen des
Himmels von Göttlichkeit durchdrungen sind; daß Schafe, Rin-
der und Menschen sowie alle Arten Getier, jedes auf seine Weise, die feinen Lebensströme daraus ziehen; und weiter, daß alle
Wesen nach ihrer irdischen Auflösung zu ihrer göttlichen Quelle zurückkehren und daß der Tod nirgends eine Stätte hat, sondern daß die Wesen bewußt und lebendig zum hohen Himmel
emporsteigen, jedes zu seinem Stern" - oder Sternbild.

In den obigen Zeilen ist eine ganze Welt esoterischer Lehren
enthalten, die hier eingehend zu besprechen nicht möglich ist;
aber zwei oder drei Worte mögen vielleicht helfen und von
Nutzen sein. Vor allem ist es nun offensichtlich, daß, wie Vergil und nahezu alle größeren Denker des Altertums ausgesagt
haben, die gesamte Natur als lebendig und als ungeheurer Organismus oder organisches Wesen betrachtet wurde, das aus
Myriaden Familien und Bereichen von Wesen zusammengesetzt
ist. Wer sich in diesen Gedanken vertieft, zerstört sofort die
äußerst törichte und widersinnige Behauptung, die so oft von
spätchristlichen Schriftstellern aufgestellt wurde, daß die Alten - und die Verfasser nehmen in der Regel Bezug auf die alten Griechen und Römer - keine philosophische, tief religiöse
Vorstellung von einer spirituellen Fortdauer des Bewußtseins
nach dem Tod gehabt hätten. Keine Behauptung könnte von den
Tatsachen mehr abweichen.

Weiterhin ist es offensichtlich und in diesem Auszug von
Vergil auch geschildert worden, daß das nach dem Tod fortdauernde Bewußtsein nicht das kleine, schwache, oft törichte
Selbstbewußtsein des Durchschnittsmenschen ist, sondern das
sogenannte spirituelle oder monadische Bewußtsein. Dies geht
aus Vergils Worten deutlich hervor, die er hier als typischer

Eingeweihter seiner Zeit benutzt, wenn er sagt, daß nach der Auflösung "alle Wesen ... zu ihrer göttlichen Quelle zurückkehren", und zwar "bewußt und lebendig". Denn das nur unvollkommene menschliche Gemüt oder Selbstbewußtsein versinkt offensichtlich in das vorübergehende Vergessen des devachanischen Schlafes, weil es aufgrund seiner ungenügenden Entfaltung in der Evolution gänzlich ungeeignet wäre, sich mit dem Göttlichen wieder zu vereinigen; gerade so aber verhält sich die Monade, das rein spirituelle Wesen.

Eine dritte und letzte Bemerkung hierzu, die mancherlei Schwierigkeiten in sich birgt, soll noch folgen: Vergil bezieht sich im besonderen auf "Bienen", und es wäre eine ziemlich läppische Erklärung zu sagen, die Bienen seien lediglich infolge einer poetischen Grille besonders erwähnt worden. Auch in anderen Darstellungen alter Schriftsteller, die sich mit archaischer Tiermythologie beschäftigen, nehmen die Bienen eine Sonderstellung ein. In Rom wie auch in Griechenland ist "Bienen" eine gebräuchliche Bezeichnung für Jünger oder für Chelas, wie sie in Indien häufig genannt werden. In Griechenland war "Melissai" oder "Bienen" ein Titel, der in gewissen Fällen den Priesterinnen gegeben wurde, die bestimmte geheime Amtshandlungen auszuführen hatten, während einige alte Schriftsteller häufig "Honig" oder "Honigtau" als Zeichen oder Symbol göttlicher Weisheit oder der aus Lebenserfahrung gewonnenen Weisheit verwenden: Ebenso wie die Bienen den Nektar aus den Blüten sammeln, ihn verdauen und in Honig umwandeln, so sammeln die Menschen im Leben Wissen und verarbeiten es spirituell und mental zu Weisheit. Wir werden an "Ambrosia" und "Nektar" erinnert, die Speise der Götter, der spirituellen Weisen, die diese nährt.

Augenscheinlich hatte also Vergil für diejenigen, die ihn verstehen konnten, die soeben kurz umrissene Mysterienlehre im Sinn und hob darum die Bienen besonders hervor als Träger "eines Teiles des göttlichen Denkprinzips und ätherischer Ströme daraus".

Einige Zeilen weiter in Buch IV seiner "Georgica" führt Vergil eine Erzählung an, die für diejenigen, die ihre esoterische Bedeutung verstehen, nämlich wie Bienen aus dem toten Körper eines jungen Stieres erzeugt werden können, faszinierend interessant ist. Das hat nicht wenig Belustigung, ja möglicherweise Spott unter den Besserwissern der neueren Zeit hervorgerufen; ein wenig Kenntnis jedoch von der alten Tiermytholo-

166

gie und der esoterischen Lehre zeigt deutlich, worauf Vergil
Bezug nahm. Hier sollen nur einige Andeutungen gegeben werden: Wie das Pferd Sinnbild der Sonne oder der solaren Kräfte
war, so wurden der Stier und die Kuh universal als Sinnbilder
oder Symbole des Mondes sowie der sehr geheimnisvollen Rollen betrachtet, die letzterer in der Natur und auf der Erde allgemein spielt. Auch in der Erfahrung des Neophyten, der die
furchtbaren Prüfungen der Einweihung durchmacht, sind die
funktionelle Stellung und die Tätigkeiten des Mondes sehr
wichtig. Gleichfalls sei an das wohlbekannte Bild erinnert, das
nach allgemeiner Annahme Mithras darstellt, wie er den Stier
erschlägt - es ist eine Zusammenstellung esoterischer Anspielungen von tiefster Bedeutung. Hier ist erkennbar, was Vergil
mit den aus dem besiegten Stier geborenen "Bienen" meinte:
der Neophyt gewinnt, nachdem er "den Mond erschlagen" hat,
die Oberhand über die schrecklichen lunaren Einflüsse und geht
daraus als "Biene" hervor. *Verbum sapienti.*

Was wird nun also nach dem Ereignis, das wir Tod
nennen, aus der Monade, und wo befindet sich dann
die Monade, dieses unser essentielles Selbst? Fragen
nach dem örtlichen Verbleib sind im Augenblick ohne
besondere Bedeutung. Die Monade kann nach dem Tod
überall innerhalb eines gewissen begrenzten räumlichen Bereiches sein, der in jedem Fall abhängig ist
von den Pfaden, die sie den oben erwähnten Stromwegen entlang verfolgt. Wenn der Verfasser zu einer ge-
naueren Antwort genötigt wäre, würde er sagen, daß
der Gipfel oder die Hyparxis sich tatsächlich in den
Sternensphären befindet, oder besser noch, in einer
einzelnen Sternensphäre, denn die Monade ist in jedem
Fall in einem örtlich bestimmten Teil des spirituellen
Bereiches des Universums beheimatet. Sie ist ein
Hauch reinen Geistes; sie ist essentiell ein Bewußtseinszentrum und von Natur ewig, so daß sie während
unserer manvantarischen oder großen Evolutionsperio-
de selbst nie Tod oder Auflösung erfährt; sie besteht
tatsächlich so lange wie unser Universum, denn sie ist

an sich essentielle Bewußtsein-Substanz.

Daß die monadische Essenz in allen Menschen - aber auch in allen Wesenheiten im kosmischen Universum, ob groß oder klein - fundamental oder essentiell identisch ist, mit anderen Worten, daß wir mit dem spirituellen Universum essentiell eins sind, ist schon sehr früh von Menschen intuitiv erkannt worden und bildet eine wichtige Lehre in der Esoterischen Philosophie. Diese Lehre ist bei Eingeweihten und mystischen Schriftstellern in jedem Land der Erde und jeder Menschenrasse zu finden.

Unser essentielles Einssein mit dem Universum begründet auch die Lehre, daß der Mensch zumindest potentiell in seiner Konstitution alles das enthält, was das Universum in sich trägt, und ist von dem griechischen neuplatonischen Philosophen Plotin beispielhaft dargestellt worden. Er schrieb in seinen "Enneaden", "Über die Vorsehung", III, iii, 3, dem Sinn nach wie folgt:

> "Obwohl nun das Ego (die Monade) frei und ungehindert wählen kann, was es will, spielt es dennoch gerade durch diese Wahl seine Rolle in dem vollkommen geordneten Universum. Unsere Individualität tritt nicht von außen in den universalen Plan ein, sondern wir sind ein unbedingt dazugehöriger Bestandteil des Ganzen - wir selbst und unsere besondere Veranlagung."

Die Monade ist kein Kompositum oder etwas Zusammengesetztes, wie es unsere Körper sind. Sie ist ein Brennpunkt, ein Zentrum, ein Punkt aus reinem Geist, aus homogener Substanz. Tod ist nur Auflösung von Bestandteilen oder Zusammensetzungen, wie es der große Weise Gautama Buddha vor seinem Dahinscheiden seinen Jüngern als letzte Botschaft verkündet hat.

Die Monade ist folglich nicht der Mensch, sie ist auch nicht die 'Seele', denn weder der Mensch noch die 'Seele' können in irgendeiner Weise als reiner Geist oder reines Bewußtsein betrachtet werden. Nichtsdestoweniger ist die Monade die letzte Quelle von allem, was wir als Individuen sind. Jeder von uns *ist* in der Essenz seine eigene essentielle oder spirituelle Monade. Alles, was wir als Individuen sind, stammt von der Monade. So wie uns die Sonne unseres Sonnensystems neben der ungeheuren Menge anderer Ausstrahlungen Licht spendet und durch einen bestimmten Bereich dieser Ausstrahlungen auf der Erde Wärme erzeugt oder uns zumindest durch diese Ausstrahlungen indirekt mit Wärme versorgt, genauso können alle Kräfte und Substanzen der zusammengesetzten menschlichen Wesenheit, einschließlich einer Unmenge von Kräften und Attributen, Eigenschaften und Fähigkeiten, zurück oder aufwärts und nach innen verfolgt werden bis zur Monade als ihrer letzten oder ursprünglichen Emanationsquelle.

Die Monade ist an der Wurzel oder in der Essenz unseres Wesens wie eine spirituelle Sonne, die fortgesetzt und ununterbrochen, immer und vom Anfang unserer großen manvantarischen Periode bis zu deren Ende unaufhörlich Ströme oder Fluten von Intelligenz und Leben-Substanz ausgießt. Diese letzteren erzeugen durch ihre sich gegenseitig beeinflussenden und miteinander verwobenen Energien die verschiedenen schon erwähnten Bewußtseins-'Knoten' oder -Brennpunkte, die somit Abkömmlinge oder sozusagen Kinder der Elter-Monade sind.

Wo hat nun diese Monade ihren Aufenthaltsort oder Wohnsitz - ganz gleich, ob auf unsere zusammengesetzte Konstitution oder auf das Sonnensystem bezogen, dessen spiritueller Bewohner oder Einwohner sie zur Zeit ist? Wo befindet sie sich während des Erdenlebens? Wohin geht sie bei der Auflösung des physischen Körpers - beim Tod oder, mit anderen Worten, wenn die manifestierte siebenfältige Konstitution des Menschen auseinanderzubrechen beginnt?

II

Um die Wanderungen der Monade auf den Pfaden
des Universums, oder anders ausgedrückt, ihren Lauf
längs der Stromwege des Kosmos zu verstehen, ist es
zunächst einmal notwendig, von den Bewußtseinsberei-
chen der verschiedenen Wesenheiten - Egos oder 'Seelen' -, die den Menschen zusammensetzen, ein wenig
Kenntnis zu haben. Der göttliche Teil der Konstitution
des Menschen, der monadische Funke oder die göttliche monadische Flamme, reicht mit seinem Selbst-Bewußtsein und seiner funktionellen Tätigkeit über, durch
und in die ganze Galaxie, unser Heimatuniversum, und
damit ist alles gemeint, was die Milchstraßenzone umfaßt. Keineswegs aber wirkt er nur über und durch
den physischen Teil allein, denn ganz offensichtlich ist
und existiert die Monade funktionell auf den spirituellen oder spirituell-göttlichen Ebenen der Galaxie, und
somit erstrecken sich ihre ganz besonderen Bereiche
über, in und durch die inneren unsichtbaren Welten,
Ebenen und Sphären; tätig und wirksam ist sie jedoch
vor allem in ihrer eigenen Heimatsphäre oder -ebene,
der höchsten, der göttlichen. Von dieser göttlichen
Ebene oder Sphäre hängen die spirituelle, die intellektuelle, die ätherische oder astrale und die physische in
geordneter Reihenfolge "herab" wie Edelsteinanhän-
ger an einer Kette. Dieser göttliche Funke, diese
göttliche Flamme, ist bedingungslos unsterblich, solange unser galaktisches Heimatuniversum besteht. Bei
Beendigung dieses galaktischen Universums aber geht
die Monade oder der göttliche Funke oder die göttliche Flamme aufwärts und nach innen in noch höhere,
für uns unvorstellbar erhabene, übergöttliche Reiche
kosmischen Bewußtseins ein. Hier bleibt sie, bis das
galaktische Universum in seiner eigenen manvantarischen Manifestation wieder erscheint, wie es ja auch

jetzt in seiner gegenwärtigen Daseinsperiode eine Wiedererscheinung seiner vorhergehenden manvantarischen galaktischen Erscheinungen ist. Die jetzige ist die karmische Frucht, die Folge oder das Ergebnis jener früheren Manifestationserscheinungen.

Die zweite oder spirituelle Monade, ein spiritueller Strahl oder eine Ausstrahlung der göttlichen Monade oder Flamme oder des göttlichen Funkens, reicht ihrerseits über und durch unser Sonnensystem. Und ebenso wie die göttliche Monade so lange besteht wie die Milchstraße, so besteht die spirituelle Monade so lange wie das Sonnensystem. Am Ende der manvantarischen Manifestationsperiode des Sonnensystems 'steigt' dann die spirituelle Monade ihrerseits aufwärts oder geht nach innen in höhere Reiche abstrakten spirituellen Raumes und in einen Bewußtseinszustand oder -status, den wir *Paranirvâna* oder Supernirvâna nennen können. Dort verbleibt sie, bis das Sonnensystem nach dem langen solaren Pralaya seinerseits zur Manifestation in seiner neuen solaren manvantarischen Aktivitätsperiode wiedererscheint.

Das Höhere Ego oder die spirituelle Seele, die das wirkliche reinkarnierende oder sich wiederverkörpernde Ego eines Menschen und ein Strahl oder eine Ausstrahlung der spirituellen Monade ist, reicht in bezug auf Bewußtsein und funktionelle Tätigkeit über, in und durch die sieben Globen oder Unterplaneten unserer Planetenkette, d.h. der Kette unseres Planeten Terra, dessen physisches Vehikel oder Körper diese unsere Erde ist. Sie ist der vierte oder niedrigste der sieben Globen, die diese Kette bilden. Das Höhere Ego, die spirituelle Seele, wirkt so lange in selbst-bewußter funktioneller Tätigkeit in den sieben Globen und durch diese hindurch, wie die Planetenkette selbst währt. Am Ende der langen Lebenszeit dieser Kette geht oder steigt das Höhere Ego oder die spirituelle Seele aufwärts in ihr Nirvâna und bleibt in diesem relativ erhabenen Zustand abstrakten Bewußtseins, bis die Kette nach dem Ketten-Pralaya in ihrer nächsten Wiederverkörperung oder Manifestation in den ätherischen und den materiellen Reichen oder Ebenen des Sonnensystems von neuem erscheint. In der neuen Wiederverkörperung unserer Planetenkette tritt das Höhere Ego oder die spirituelle Seele, die nun bedeutend höher und über das hinaus evolviert ist, was ihr früheres 'Selbst' war, nunmehr in selbst-bewußte funktionelle Tätigkeit einer höheren Ordnung ein, und zwar als ein Individuum einer der höchsten Klassen der dhyân-chohanischen Heerschar, deren Schicksal untrennbar mit der Kette verbunden ist, in der sie lebt und durch die sie handelt.

Die menschliche Monade oder das menschliche Ego, das ein Strahl oder eine Ausstrahlung des im vorhergehenden Abschnitt erwähnten Höheren Egos ist, besteht so lange wie eine Inkarnation des Menschen, und ihre Wirksamkeit erstreckt sich über die Gefilde des gewöhnlichen menschlichen Bewußtseins und die selbstbewußte funktionelle Tätigkeit eines Erdenlebens. Am Ende dieses Erdenlebens steigt ihre höhere oder spirituellere Essenz empor oder geht in den Bewußtseinszustand oder -status ein, der Devachan oder Himmelswelt genannt wird - wohlgemerkt, die Essenz oder das 'Aroma' der menschlichen Monade -, und verweilt dort in dieser spirituell-intellektuellen Glückseligkeit und Ruhe, bis die Zeit für ihre nächste Reinkarnation auf Erden naht, d.h. bis zur folgenden Wiedererscheinung des inneren Menschen in einem physischen Körper auf diesem Globus.

Die äußerst schwierige, verwickelte geheime Lehre, die in den vier vorangegangenen Abschnitten enthalten ist, konnte notgedrungen nur im Umriß gegeben werden; doch der Verfasser setzt voraus, daß der gewissenhafte Schüler, der in seinem

Denken analogen Bahnen folgt, selbst einen Teil der Lehre er-
gänzen wird, die zu erläutern sonst Bände erfordern würde. Als
Hinweis sei noch gesagt, daß wir es hier mit den vier grundlegenden oder fundamentalen Teilen der zusammengesetzten
menschlichen Konstitution zu tun haben. Dies sind folgende:
erstens die göttliche Monade, deren Bewußtseinsbereich und
funktionale Tätigkeit sich über die Milchstraße hin und innerhalb derselben erstreckt; zweitens ihr Strahl, die spirituelle
Monade, deren Selbst-Bewußtseinsbereich und funktionale Tätigkeit sich über das Sonnensystem hin und innerhalb desselben
erstreckt; drittens die höhere oder spirituelle Seele, der Strahl
der spirituellen Monade, deren Selbst-Bewußtsein und funktionale Tätigkeit über die Globen der Planetenkette hin und innerhalb derselben wirksam ist; und viertens das menschliche
Ego, der Strahl der spirituellen Seele, dessen Selbst-Bewußtsein
und funktionale Tätigkeit zu unserer Erde gehören, und zwar
für die Dauer einer einzigen Inkarnation.

Die Begriffe "bestehen", "dauern" oder ähnliche Ausdrücke
bedeuten keinesfalls, daß die fortdauernde oder fortbestehende
Wesenheit ausgelöscht wäre, wenn die Zeit ihrer Tätigkeit endet. Vielmehr geht sie am Ende einer solchen Aktivitätsperiode
zu ihrer Ruhe und Erholung in innere, spirituelle Reiche ein. Aus
dieser glücklichen Ruhe kommt sie im Verlauf der zyklischen
Zeitalter zu ihrer Zeit wieder hervor, um eine neue "Lebens-
spanne" auf höheren Ebenen zu beginnen; dies alles wurde bereits mehr oder weniger ausführlich beschrieben.

Gleichfalls soll daran erinnert werden, daß jede dieser vier
fundamentalen oder grundlegenden Monaden der menschlichen
Konstitution ein Sprößling, Strahl oder Kind der Monade ist,
die hinsichtlich spiritueller Kraft und Entfaltung unmittelbar
'über' ihr steht, und daß jede dieser vier Monaden selbst eine
evolvierende Wesenheit ist und folglich in bezug auf ihre stets
sich entfaltende evolutionäre Entwicklung oder ihr Wachstum
ihre eigenen Pfade verfolgt. Wir haben also vier "gleichzeitig"
verlaufende Evolutionslinien, denen die menschliche Konstitution, als zusammengesetzte Einheit betrachtet, folgt: die göttliche, die spirituelle, die mânasische oder egoische und die
menschliche. Hinzugefügt zu diesen wird, nicht zu vergessen,
der physische Körper, der während der Inkarnation eines Menschen in einem sehr realen Sinn die 'Seele' oder der Träger all
der anderen Elemente der Konstitution ist. Dadurch kommt es,
daß auch der menschliche Körper selbst langsam evolviert, d.h.

sich dank des unaufhörlichen spirituellen, intellektuell-psychischen und astralen Dranges in ihm, der ihn auf dem evolutionären Pfad vorwärtstreibt, entfaltet. Gerade hier wird deutlich, daß der Schüler der Esoterischen Philosophie ein strenger Evolutionist im etymologischen Sinn dieses Wortes ist, da er unaufhörliches Wachstum, unaufhörliche Entfaltung durch Kräfte lehrt, die in dem Wesen von innen nach außen wirken. Richtiger oder vielleicht genauer wäre es aber, zu sagen, daß der Schüler der Esoterischen Philosophie ein Emanationist oder ein emanationeller Evolutionist ist - oder ein evolutioneller Emanationist, wenn das vorgezogen wird.

Derselbe universale Plan, dasselbe Schema von Manifestationsperioden mit nachfolgenden Ruheperioden, in die sich die Monade zurückzieht - wobei diese Perioden endlose Zeit hindurch aufeinanderfolgen -, gilt überall und ist im gesamten Universum wirksam, denn die universale Natur folgt in ihrer Tätigkeit einer allgemeinen Regel in jedem ihrer Bestandteile. Der Grund hierfür ist die uranfängliche Wirksamkeit der kosmischen Ideation, die den kosmischen Plan festlegt, und dieser gilt, soviel kann gesagt werden, im einzelnen ebenso wie im allgemeinen. Daher ist nicht nur jede Monade, wie Leibniz lehrte, ein Spiegel des Ganzen, sondern jede Monade und folglich jedes Wesen, jede Wesenheit oder einheitliche Individualität im kosmischen Raum muß auch den kosmischen Prozessen und Wirkungsweisen entsprechen, die in der kosmischen Ideation ihren Ursprung haben. Auf dieser Tatsache beruht das wundervolle Gesetz der Analogie und die daraus folgende analoge Beweisführung, die beide im Altertum so hoch geschätzt wurden, aber in unserem weit verblendeteren und weit weniger weisen Zeitalter so spärliche Aufmerksamkeit und geringe Beachtung erfahren. Unsere Verblendung liegt darin, daß wir die Kräfte unseres Gehirnverstandes überbewerten und diesen überzüchten. Als Folge daraus ergibt sich ein

Verlust an Spiritualität. Beide sollten zusammenwir-
ken, die Spiritualität als Meister und der gut geschul-
te, aktive Gehirnverstand als Diener.

In der modernen Literatur gibt es, wie kürzlich veröffent-
lichte wissenschaftliche Werke zur Genüge belegen, viele Anzeichen dafür, daß sich der gesamte Geist unserer modernen
Ära zu der alten Wertschätzung analoger Schlußfolgerung und
analogen Studiums zurückbewegt, wenn er sich mit Dingen be-
faßt, die sowohl das Universum wie den Platz des Menschen in
diesem betreffen. Derartige Zeichen der Zeit, die die Veränderung der mentalen Weltanschauung verdeutlichen, erscheinen
auf allen Gebieten. Ein solches Zeichen ist zum Beispiel ein
kleines Werk mit dem Titel "Herkunft des Atoms - Schöpfung
eines Laien" (Anonymus, 1934), das sowohl neu und in man-
cher Hinsicht erfreulich wie auch merkwürdig und interessant ist. Obgleich der Verfasser des Büchleins augenscheinlich
ein Laie und kein Fachgelehrter ist, hat er doch den Grundgedanken für das richtige Verstehen der Natur intuitiv erfaßt,
nämlich daß jedes Begreifen des Universums, das mehr als bloßes Mutmaßen sein soll, auf Analogie und analogen Schlußfolgerungen begründet sein muß. Auch wenn der Verfasser kein
Schüler der Esoterischen Philosophie ist, führt er dennoch gewisse Gedankengänge aus, die mit ähnlichen in der Esoterischen Philosophie recht genau übereinstimmen, und er hat gewisse Intuitionen von Wahrheiten, die sehr anerkennenswert
sind, auch wenn er selbst davon wahrscheinlich keine Ahnung
hatte. (Zahlreiche weitere Werke dieser Art sind bis in unsere
Zeit gefolgt. Besonders zu erwähnen wären hier der Amerika-
ner Fritjof Capra, ein Schüler des Physikers Heisenberg, und in
Deutschland Frederic Vester, die beide auf die Vernetzung des
Seins besonders hinweisen. Anm. d. Hrsg.)
Der kosmische Geist durchdringt die Konstitution aller Wesenheiten, seien es Atome oder Menschen, Sterne oder Planeten, Götter oder Elementale. Jede dieser Wesenheiten und alle
Wesenheiten irgendwo im grenzenlosen Raum haben ihren be-
scheidenen manifestierten Anteil an kosmischem Willen, an
kosmischer Intelligenz und kosmischer Substanz. Die Unterschiede ergeben sich nur aus den unterschiedlichen Graden der
evolutionären Entfaltung, und so kann mit vollem Recht gesagt
werden, daß selbst das Atom oder einer seiner Bestandteile,

ein Elektron, so viel 'Willen' oder gar 'freien Willen' besitzt, wie es aus der spirituellen Essenz in sich entfaltet hat.

Wenn hier dem Atom oder seinem Bestandteil, dem Elektron, ein gewisses Maß an 'Willen' oder 'freiem Willen' zugestanden wird, so soll dies keineswegs eine Billigung oder Anerkennung der modernen wissenschaftlichen Lehre oder Idee von der "Unbestimmtheit" bedeuten, die sich eine Zeitlang zumindest dem Anschein nach keiner geringen allgemeinen Gunst erfreut hat. Was auch immer die Wissenschaftler, die diese Idee in Umlauf setzten und für ihr Aufkommen verantwortlich sind, beim Gebrauch des Ausdrucks "Unbestimmtheit" im Sinn gehabt oder haben mögen, es sollte nicht vergessen werden, daß dieser Ausdruck Vorstellungen von rein materialistischem Charakter in sich birgt. Damit soll gesagt werden, daß ein solcher "Indeterminismus" (Lehre von der Willensfreiheit, d. Ü.) nicht so sehr bedeutet, dem Atom oder seinen elektronischen Bestandteilen einen geringfügigen Grad an Intelligenz oder einen winzigen Teil freien Willens zuzuschreiben; vielmehr scheint er eine vage und nebelhafte Vorstellung zu enthalten, daß die Handlungsweise des Elektrons, was auch immer ihre Ursache ist, irgendwie "zufällig" oder von ungefähr wäre. Wenn diese Schlußfolgerung richtig ist, was sicherlich der Fall ist, so ist die Theorie, daß die Bestandteile des chemischen Atoms unbestimmte Handlungen aufweisen, ganz offensichtlich nur der alte materialistische "Determinismus" (Lehre von der Unfreiheit des menschlichen Willens, d. Ü.) unter einem neuen Namen, mit einem neuen Gesicht.

Wille oder Intelligenz, die ja im makrokosmischen oder universalen Bereich wirksam sind und auch in den infinitesimalen Welten, sind besonders deshalb schwer zu beurteilen oder gar zu verstehen, weil einerseits der Bereich an Ausdehnung so groß ist, daß es menschlicher Intelligenz schwerfällt, den Prozessen des kosmischen Willens und der kosmischen Intelligenz in ihren wirkenden Einzelheiten zu folgen. Andererseits sind im infinitesimalen Bereich die am Werk befindlichen Kräfte so geringfügig, auf einem so kleinen Feld wirksam und mit einer solchen Geschwindigkeit in ihrer Funktion, daß die Einzelheiten uns verwirren und durcheinander bringen. Während die Natur des Willens oder der Intelligenz in allen Bereichen in der Essenz identisch ist, kann der menschliche Gehirnverstand im Großen die Bäume vor lauter Wald nicht sehen und im Kleinen den Wald nicht sehen vor lauter verwirrenden Einzelheiten, die

sein beobachtendes Auge umgeben. Darum zeigt sich gerade
hier der Wert des richtigen analogen Denkens, das auf allgemeinen, in der gesamten Natur anwendbaren Grundsätzen fußt
und als lichtvoller Führer dienen kann, obwohl gleichfalls gesagt werden muß, daß es auch so etwas wie falsche Analogie-
schlüsse oder falsches analoges Denken gibt, das sehr irreführend sein kann, weil es von allgemeinen Grundsätzen abweicht.
Hiervor sei ein jeder beständig auf der Hut!

Da nun jeglicher Himmelskörper im Raum das Vehikel oder der sich entfaltende Körper einer Monade
von hohem oder niederem Grad ist, die seinem spirituellen Herzen innewohnt, folgt er mit Notwendigkeit
und aufgrund des fundamentalen Planes und Gesetzes
der Natur denselben sich wiederholenden Bahnen in
abwechselnd aufeinanderfolgenden Perioden der Manifestation und des Zurückgezogenseins in innere und höhere Reiche, wie es jede Monade anderswo im Universum auch tut. Nicht nur einzelne Himmelskörper, sondern auch Gruppen von ihnen, als individuelle Einheiten
betrachtet, gehorchen zwangsläufig dem fundamentalen, unausweichbaren Geheiß der universalen Natur,
so daß nicht nur eine Sonne oder ein Stern, ein Nebel,
ein Komet oder ein Planet irgendeines Sonnensystems,
sondern auch Gruppen von diesen, etwa ein Sonnensystem, zum Beispiel unser eigenes, den gleichen Schicksalsbahnen folgen, und zwar in derselben sich wiederholenden Weise. Nicht nur unser Globus Terra, nicht
nur unsere Sonne, nicht nur jeder Planet in unserem
Sonnensystem, sondern auch das Sonnensystem als
Ganzes manifestiert sich in den sichtbaren Sphären,
und wenn seine Lebenszeit in der kosmischen Manifestation als Einheit oder körperliches Ganzes beendet
ist, 'stirbt' es, und seine inneren Prinzipien werden in
höhere, ätherischere oder auch spirituellere Reiche
zurückgezogen, um darin in paranirvânischen Zuständen auszuruhen, bis im Wirbel des kosmischen Lebens-

rades die Zeit für das betreffende Sonnensystem kommt, aus den inneren, ätherischeren und spirituelleren Reichen wieder hervorzukommen, um sich von neuem als Sonnensystem zu verkörpern - gleichsam ein kosmischer Phönix, wiedergeboren aus der Asche seiner karmischen Vergangenheit. Dieser Prozeß sich wiederholender Verkörperungen und sich wiederholenden Zurückgezogenseins von Gruppen von Wesenheiten, die durch karmisches Schicksal zu Einheiten verkettet sind, oder auch jeder einzelnen derselben währt von Ewigkeit zu Ewigkeit. Nach jedem solchen kosmischen Pralaya, d.h. nach jeder Periode des Zurückgezogenseins, kommt aber das System oder das Individuum wieder hervor, um eine neue Lebenszeit durchzumachen, aber auf Ebenen des Grenzenlosen, die etwas höher liegen als diejenigen, in denen es vorher beheimatet war. Durch diese wiederholten Wiederverkörperungen und das Sichzurückziehen aus der "Sichtweite" geht die Evolution oder Entfaltung durch endloses Wachstum von innen nach außen in ständigem Fortschritt die Ewigkeit hindurch weiter.

Wie schon erwähnt, hat unsere Planetenkette, die wir die Erdkette nennen können, wie auch ihr Kind, der Mensch, eine siebenfache Zusammensetzung, die aus sieben Globen besteht. Von diesen sieben Globen ist unsere physische Erde der einzige für unsere gegenwärtigen physischen menschlichen Sinne sichtbare und greifbare Globus; die anderen sechs sind für den menschlichen Sinnesapparat unsichtbar und nicht greifbar, und zwar aus dem durchaus verständlichen und natürlichen Grund, weil sie ätherischer und aus weniger materiellen Substanzen und Kräften zusammengesetzt sind als unsere grobe materielle Erde. Weil sie also auf anderen, 'höheren' kosmischen Ebenen existieren, können unsere armseligen, schwachen Sinnesorgane sie nicht wahrnehmen. Das wiederum liegt daran, daß un-

sere physischen Sinne und ihre betreffenden ausfüh-
renden Organe einzig und allein zum Zweck der Wahrnehmung von Kräften und Substanzen auf den kosmischen Ebenen entwickelt worden sind, auf und in denen unsere Körper leben und in denen sie beheimatet
sind.

Damit durch den Wortlaut des Abschnittes, dem der vorliegende Einschub angehängt ist, keine Verwirrung auftritt und
der Leser nicht annimmt, die anderen sechs Globen der Erdplanetenkette seien die anderen sechs 'Prinzipien' oder 'Elemente'
unserer physischen Erdkugel, wird der Leser gebeten, sich zu
vergegenwärtigen, daß jeder der sieben Globen der Erdplanetenkette ein vollständiges siebenfaches Individuum an und für
sich ist, d.h., daß jeder von den sieben Globen seine eigenen
sieben Prinzipien hat genauso wie der Mensch. Diese sieben individuellen Globen bilden zusammen das, was eine Planetenkette genannt wird, und liefern damit ein Beispiel für eine der
Gruppen, Aggregate oder Vereinigungen, von denen im vorigen
Abschnitt die Rede war, in dem die wiederholten Verkörperungen aller Wesen im Universum angesprochen wurden.
Demnach besteht zwischen den sieben Globen einer Planetenkette und den sieben Prinzipien eines jeden Globus eine gewisse Analogie, von einem Aspekt aus sogar eine sehr starke,
und zwar deshalb, weil jeder der sieben Globen der Planetenkette mithilft, die Zusammensetzung eines jeden Globus aufzubauen oder zu bilden, indem jeder allen anderen mithilft und
alle jedem einzelnen mithelfen. Die Analogie zur eigenen siebenfachen Konstitution des Menschen ist ebenfalls außerordentlich stark, denn geradeso wie es in der Konstitution des Menschen sieben Prinzipien oder Elemente gibt, in denen tatsächlich sieben Monaden oder monadische Zentren wirksam sind,
und zwar jedes für jedes andere und in verschiedenen Graden
evolutionärer Entfaltung, so repräsentiert jeder der sieben Globen einer Planetenkette eine Globus-Monade, und alle sieben
Globen zusammen verbinden sich auf diese Weise miteinander,
um die siebenfache Konstitution der Planetenkette hervorzu-
bringen.
Trotz dieser Analogien darf aber eine Wahrheit nicht vergessen werden, die schon in diesem Einschub aufgezeigt wurde,
daß nämlich jeder Globus einer Planetenkette an und für sich

ein einzigartiges Individuum ist und daher jeder seine eigenen sieben Prinzipien hat.

Die Sache ist wirklich ziemlich verwickelt, und ohne sorgsames Nachdenken und Studieren auf analogen Bahnen ist es kaum möglich, auch nur einen Umriß des Gesamtbildes zu erfassen.

Wir hoffen aufrichtig, daß der Leser nicht entmutigt wird, wenn wir zudem feststellen müssen, daß ohne ein angemessenes Studium ein klares Verständnis der Zusammenhänge nur schwer zu gewinnen ist, und zwar vor allem deshalb, weil die erwähnten 'sieben Prinzipien', ob sie sich nun auf Globen oder auf irgendein einheitliches Individuum wie den Menschen beziehen, nur die manifestierten Teile der Konstitution sind. Strenggenommen und wahrheitsgemäß gibt es aber zwölf Globen in einer Planetenkette und ebenso zehn (oder zwölf) Prinzipien in der Konstitution eines Menschen. Da jedoch die obersten fünf Globen einer Planetenkette auf kosmischen Ebenen existieren, die zu verstehen für einen gewöhnlichen menschlichen Intellekt fast unmöglich ist, und da dieselbe Bemerkung auch in Hinblick auf die Prinzipien der menschlichen Konstitution zutreffend ist, bleiben die höchsten Teile, ob Globen oder menschliche Prinzipien, die zu den 'unmanifestierten' Teilen einer vollständigen Wesenheit gehören, in exoterischen oder populären Schriften normalerweise unerwähnt. Sollte der Leser an weiteren, wirklich sehr interessanten Einzelheiten dieser komplizierten Zusammenhänge interessiert sein, sei er auf diesbezügliche Hinweise verwiesen, die in den "Grundlagen der Esoterischen Philosophie", dem grundlegenden Werk des Verfassers, zu finden sind.

III

Kehren wir nun zu der Betrachtung des monadischen Elementes in der menschlichen Konstitution zurück. Die Monade, jede Monade, ruht niemals, weil sie eine Kraft oder Energie der Geist-Essenz ist, mit anderen Worten, eine spirituelle Wesenheit oder ein Bewußtseinszentrum. Aufgrund dieser Tatsache befindet sie sich nie im Zustand der Ruhe, zumindest nicht während der langen Periode des kosmischen Manvantaras. Das Zurückziehen eines Strahles der Monade aus der physischen Inkarnation hat keinen Einfluß auf die Monade selbst. Sie ist ein spirituelles Leben, das sich immer in Bewegung befindet. Diese Bewegung ist nicht nur unaufhörlich, sondern ist auch von der wahren Substanz kosmischer Intelligenz. Vom Augenblick des Todes eines Menschen auf Erden an, während der nachtodlichen und devachanischen Periode sowie auch das nächste Leben hindurch bleibt die Monade völlig selbst-bewußt in ihrer eigenen erhabenen Sphäre, bis wiederum der physische Tod eintritt, und damit beginnt eine neue Phase ihrer endlosen Aktivität. Überdies wechselt die Monade, wenn die nachtodliche Existenz für den Menschen begonnen hat, in ihrer ständigen Aktivität von Sphäre zu Sphäre und geht auf ihren endlosen Wanderungen während des Manvantaras die Runden aufs neue durch. Sie durchläuft die Sphären nicht nur, weil sie in ihnen beheimatet ist und deshalb durch die eigenen magnetischen Anziehungskräfte und Impulse zu ihnen hingezogen wird, sondern auch, weil sie selbst es will, denn freier Wille ist etwas Göttliches und ein eingeborenes, untrennbares Attribut der Monade.

Plotin schreibt in seinen "Enneaden" in dem Teil, der mit "Unser Schutzengel" betitelt ist (III, iv, 5), über eine Phase des nachtodlichen Schicksals der menschlichen Monade, des Egos oder der Seele, wobei er gleichzeitig die charakteristischen Funktionen der spirituellen Monade mit im Auge behält. Diese schwierige Stelle soll im folgenden wiedergegeben werden:

"Unsere Seelen haben ihre jeweiligen Schicksale gemäß ihren verschiedenen Fähigkeiten und Kräften. Eine jede Seele wird, wenn sie von diesem Leben befreit ist, in einem Himmelskörper (oder Planeten) wohnen, der ihrer Sinnesart und ihren Fähigkeiten, die in ihrem Aggregat den charakteristischen Grundzug der Individualität jeder Seele ausmachen, entspricht und diesen angepaßt ist.

Wahrhaft befreite Seelen sind die, die sich über die Grenzen der Persönlichkeit erhoben haben und daher auch über alle Verhängnisse des Erdenlebens und alles, was zur materiellen Welt gehört."

Der große griechische Neuplatoniker nimmt im zweiten Abschnitt dieses Zitats auf das Bezug, was die Esoterische Philosophie "befreite Monaden" oder *Jîvanmuktas* nennt.

Was aber sind nun diese soeben erwähnten Sphären? Wir wollen einen Augenblick die wichtigeren inneren oder unsichtbaren Reiche beiseite lassen und den Pfad der Monaden durch die materielleren Welten betrachten, durch die 'sieben heiligen Planeten' der Alten. Diese sieben wurden heilig genannt, weil sie so eng mit unserer Erde, ihrem Ursprung und Schicksal und ihrer Menschheit verbunden sind, daß selbst die äußeren Beziehungen, die sie zu Erde und Menschen haben, nur in den erhabenen Mysterien in ihrer Vollständigkeit gelehrt wurden, und auch nur von Mund zu Ohr und mit dem Finger auf den Lippen. Diese sieben heiligen Sphären der Alten sind die sieben Himmelskörper, die sie in ihren astronomischen und mystischen Werken erwähnen. Die Alten kannten zweifellos noch andere 'Planeten' unseres Sonnensystems außer diesen sieben heiligen, aber nur diese sieben wurden 'heilig' genannt, weil sie mit unserer Erde schon seit den ersten Anfängen des Sonnensystems in schicksalhafter Verbindung stehen und aus dem vorhergehenden Sonnensystem herübergekommen sind, von dem unser gegenwärtiges die karmische Frucht oder das karmische Ergebnis ist. Ihre Namen sind bereits genannt worden: Saturn, Jupiter, Mars, Venus, Merkur sowie Sonne und Mond. Was nun Sonne und Mond betrifft, so sind diese Stellvertreter für zwei andere Planeten, die der modernen Astronomie unbekannt sind. Von einem Stand-

punkt aus ist diese Charakterisierung von Sonne und
Mond als Stellvertreter vollkommen richtig, von einem
anderen Standpunkt aus jedoch sind sie keine Stellvertreter, und aus diesem zweiten Grund wurden Sonne
und Mond 'Planeten' genannt, denn sie bilden einen
Teil einer siebenfachen Kette, einer Kette von sieben
"Gliedern", von denen jedes ein Planet ist. Diese durchläuft die Monade auf ihrer kosmischen Wanderung aufwärts, durch diese kehrt sie auch wieder zurück, wenn
die neue Reinkarnation des Höheren Egos wieder auf
Erden stattfinden soll.

Die Mysterien in bezug auf den Mond, den Satelliten der Erde, sind sehr zahlreich und besonders geheim. Unser Satellit,
den die Dichter als bleiche Göttin der Nacht oder als den In-
spirator menschlicher Zuneigungen usw. gepriesen haben - wobei sie gänzlich verfehlten, die Rolle zu erkennen, die er in
der gesamten Natur auf Erden spielt -, ist innig verbunden mit
allem, was auf der Erde vor sich geht, und zwar nicht nur als
Vermittler, sondern in der Tat sehr oft als direkter Verursa-
cher. Diese Bemerkung läßt sich nicht nur auf viele meteorolo-
gische Phänomene und ähnliches anwenden, sondern auch auf
die verschiedenen Wurzelrassen der Menschheit und noch auf
vieles andere mehr, wie zum Beispiel das physische und sogar
das moralische Wohlbefinden der Menschen, im einzelnen wie
in der Gesamtheit.
Der Einfluß des Mondes ist zwiefältig: einmal positiv und
einmal negativ, je nach den Umständen und etwaigen Ursachen.
Wir können verstehen, warum die Alten, zum Beispiel die Römer, ihn sowohl *Deus lunus*, den Mondgott, als auch *Dea luna*,
die Mondgöttin, nannten.
In der Tat ist sein Einfluß auf die Erde so groß und in der
Regel so übel - auch wenn die lunaren Emanationen für Dinge
wie das Wachstum durchaus förderlich sind -, daß die Geheimnisse um den Mond in den esoterischen Schulen immer äußerst
sorgsam gehütet wurden. Gleichzeitig sind aber auch gerade
diese Geheimnisse den Schülern, die sich einer spirituellen
Schulung unterzogen, als erste zur vorbeugenden Warnung mit
großer Sorgfalt erklärt worden.

Einstmals stand der Mond der Erde viel näher als jetzt und war auch sehr viel größer als heute. Seitdem zieht er sich allmählich von der Erde zurück, wenn auch außerordentlich langsam, und löst sich nach und nach in seine ihn zusammensetzenden Lebensatome auf. Bevor die Erde ihre siebente Runde erreicht hat, wird unser Mond gänzlich verschwunden sein, da die Prozesse des molekularen und atomaren Verfalls stetig fortschreiten.

Die Planeten sind auch die 'sieben Sphären' der Alten, die in weit entfernten Zeiten in nunmehr längst vergessener Geschichte den Tagen der Woche ihren Namen gaben. Es ist von großem archäologischen und historischen Interesse, daß die Wochentage seit unvorstellbaren Zeiten die gleichen Namen hatten, und zwar in den alten europäischen Ländern ebenso wie in Babylon, Persien, Assyrien, Hindustan und überall, wo die Sieben-Tage-Woche in Anwendung war. Auch die Frage, wie und warum die Woche in dieser Weise gebildet wurde, ist außerordentlich interessant, doch würde uns die Beschäftigung mit ihr in unserem vorliegenden Studium zu weit führen. *)

Während der Pilgerfahrten durch die 'sieben heiligen Planeten' der Alten folgt die besagte Monade zwangsläufig den Pfaden, Stromwegen oder Bahnen des geringsten Widerstandes, die die Esoterische Philosophie mit 'Zirkulationen im Kosmos' oder einem ähnlichen Ausdruck benannt hat. Diese Stromwege im Kosmos sind ganz reale, wirkliche Verbindungswege zwischen zwei Punkten, Orten oder Himmelskörpern, wie sie im sichtbaren sowie im unsichtbaren struktu-

---

*) Zur weiteren Information hinsichtlich der Sieben-Tage-Woche, ihrer Geschichte und Ursachen wird der interessierte Leser auf die "Grundlagen der Esoterischen Philosophie" verwiesen, in denen das Thema recht ausführlich behandelt ist.

rellen Gefüge des Universums existieren. Diese 'Stromwege' sind nicht etwa eine bloße poetische Metapher
oder ein bildlicher Ausdruck; sie sind in der inneren
praktischen Tätigkeit der sichtbaren wie unsichtbaren Welt des Universums ebenso real wie die Nerven
und Blutgefäße, die Arterien und Venen im menschlichen physischen Körper. Geradeso wie die letzteren
die Kanäle, Wege oder Pfade für die Übertragung intellektueller, psychischer und nervlicher Impulse und
Anweisungen sowie der vitalen Blutflüssigkeit liefern,
so liefern auf gleiche analoge Weise die Zirkulationen
im Kosmos die Kanäle, Stromwege oder Pfade, denen
die auf- und absteigenden Lebensströme folgen. Diese
setzen sich aus dem nie endenden Strom wandernder,
pilgernder Wesenheiten aller Klassen zusammen und
verlaufen rückwärts und vorwärts, hierhin und dorthin,
"auf" und "nieder" durch das gesamte universale Ge-
bäude.

Es besteht natürlich kein Zweifel daß, geradeso wie
das menschliche physische Körpergewebe völlig durchdrungen ist von sprudelnder Nerven- und Blut-Vitali-
tät, ebenso auch der strukturelle Bau des Universums
ganz und gar durchflutet wird von analog gleichen
Strömungen der vitalen Essenz. Wie schon mehrmals
im vorliegenden Werk gesagt wurde, ist das Universum
tatsächlich ein riesiger Organismus, der in allen seinen Teilen lebendig und vom höchsten bis zum niedrigsten von Vitalität durchdrungen und überflutet ist,
so daß alles, was in dem universalen Körper vereint
ist, auf diese Weise in Lebensessenz gebadet und von
kosmischer Intelligenz beseelt ist.

Alle die verschiedenen Phänomene der universalen
Natur können somit dem Ursprung nach bis auf ihre
spirituellen, intellektuellen, psychischen und astral-vitalen Ursachen im kosmischen Organismus zurückverfolgt werden. Diese 'Phänomene' schließen die soge-

nannten "Naturkräfte" mit ein wie auch alle Substanzen und Materien - die sieben untereinander wirkenden und miteinander verschmolzenen Prakritis -, die, wie wir beobachten können, um uns herum als verkörperte Intelligenzen wirksam und tätig sind. Als treffendes Beispiel kann die Gravitation herangezogen werden, deren Ursache der modernen Wissenschaft bis heute noch völlig unbekannt ist und über die seit den Tagen des großen Engländers Newton sehr viel geschrieben wurde. Doch von dieser Zeit bis zur Gegenwart hat kein wissenschaftlicher Philosoph oder philosophischer Wissenschaftler auch nur die Andeutung einer richtigen Erklärung dafür gegeben, was Gravitation *an sich* ist.

Was ist Schwerkraft? Wir geben zu und tun es mit Freude, daß Newton und jene Wissenschaftler, die ihm folgten, vollkommen recht haben mit der Behauptung, daß die Gravitation eine Kraft ist, die im gesamten Universum tätig ist und auf alle Materie einwirkt, und daß ihre funktionelle Aktivität ausgedrückt werden kann als das Produkt der Masse von zwei oder mehreren Körpern und sich an Intensität im umgekehrten Verhältnis zu dem Quadrat der Entfernung ändert, die Körper von Körper oder Körper von Körpern trennt. Dies ist ganz richtig oder fast richtig, doch die Aussage über das sogenannte "Gesetz der Schwerkraft" beschreibt nur ihre Tätigkeit oder Wirkungen, erklärt aber in keiner Weise, was sie *an sich* ist. Wir sehen das Phänomen oder die Phänomene, die sie hervorbringt, und große Wissenschaftler haben ihre Tätigkeit in dem wohlbekannten, kurz skizzierten Gesetz zusammengefaßt; darüber hinaus aber ist nichts über sie bekannt. Niemand weiß, was sie *an sich* ist oder woher sie als Ursache der wohlbekannten Phänomene der gravitationellen Anziehung ihren Ursprung hat. Auch ist nicht genau bekannt, inwiefern sie sich vom Magnetis-

mus unterscheidet - einer anderen noch ungeklärten
Naturkraft -, dem sie in gewisser Hinsicht sehr stark
ähnelt und von dem sie in anderer Hinsicht so ver-
schieden ist.

Die Esoterische Philosophie erklärt: Was Schwerkraft oder die universell empfundene und beobachtete
Wirkung der Anziehungskraft zwischen den Körpern
genannt wird, ist anscheinend im gesamten unbegrenz-
ten Raum wirksam. Als Noumenon, d.h. in ihrer kausalen Essenz oder in ihrem kausalen Selbst, ist sie
das, was wir - indem wir eine vertraute menschliche
Analogie anwenden - vitalen Magnetismus nennen. Genau das ist Gravitation: vitaler kosmischer Magnetismus, d.h. das Ausströmen oder der Ausfluß kosmischer
Vitalität aus dem Herzen der Himmelskörper, in denen
ihre Aktivität ihre Gegenwart am leichtesten erkennbar macht. Sogar das Atom, ja die verschiedenen sub-
atomaren Partikel und winzigen Wellen, heute Elektronen sowie Protonen usw. genannt, stehen ebenso-
sehr unter der Herrschaft dieser kosmischen Vitalität
wie der dichteste oder der am wenigsten dichte der
makrokosmischen Körper, die in glänzender, scheinba-
rer Isolierung über die Gefilde des unendlichen Raumes und innerhalb derselben ihre Bahnen ziehen. Diese
vitale Elektrizität oder dieser vitale Magnetismus im
kosmischen Bau ist es, der nach allen Richtungen hin
seine Anziehung ausübt und auf diese Weise alles in
dem ungeheuren gemeinsamen Körper des Kosmos vereint. Ferner wird eines Tages entdeckt werden, daß
diese kosmische magnetische Lebenskraft ein Element
der Abstoßung in sich birgt oder enthält, das ebenso
mächtig und großartig wirkt wie das der Anziehung,
und daß sich hinter all ihrem phänomenalen Wirken,
tatsächlich hinter und in ihm, die noch höheren und
unvergleichlich mächtigeren Prinzipien oder Elemente des inneren und unsichtbaren Universums befinden,

die somit ihre Tätigkeit überall unfehlbar lenken.

Es ist vielleicht auch gut, kurz auf gewisse moderne speku-
lative Theorien hinzuweisen, zumindest auf eine von ihnen, die
wissenschaftliche Berühmtheit erlangt hat, und zwar dank des -
zumindest in einer Hinsicht - bewundernswerten Werkes Einsteins über die Relativitätstheorie. Der Verfasser hat mehr als
einmal seine aufrichtige Bewunderung für die manchmal intuitiven, aber immer mehr oder weniger metaphysischen mathematischen Arbeiten dieses bedeutenden Wissenschaftlers zum
Ausdruck gebracht, der nicht nur ein außerordentlich fähiger
Mensch, sondern auch von wahrhaft gütigem und altruistischem
Charakter war. Was aber nun Dr. Einsteins erschienenes Werk
über die Natur der Schwerkraft betrifft, so muß gesagt werden, daß es sich von der Lehre der Esoterischen Philosophie
weit entfernt. Ganz ohne Zweifel ist der Grundgedanke in Einsteins Relativitäts-Hypothese, nämlich die relative Natur aller
existierenden Dinge, jedes zu jedem und alle zu allen, völlig
richtig, und keines der Naturphänomene hat absoluten Charakter. Das ist auch einer der Grundsätze in den Lehren der Esoterischen Philosophie. Einsteins mathematische Beweise oder
Studien jedoch sind etwas ganz anderes und müssen gemäß den
Intuitionen oder dem mathematischen Scharfsinn anderer angenommen oder abgelehnt werden. Besonders seine Ideen in bezug
auf die Natur der Schwerkraft scheinen - falls der Verfasser
des vorliegenden Werkes den Grundgedanken richtig erfaßt hat,
daß nämlich der Raum in der Nähe von materiellen Körpern
gekrümmt oder verzerrt wird - weiter nichts als eine mathematische Träumerei zu sein. Zweifellos machen sie aber der
mathematischen Fähigkeit und Gewandtheit Einsteins im Um-
gang mit diesem Werkzeug, dem menschlichen Denken, alle
Ehre.
Die Mathematik selbst kann - dies darf nicht vergessen werden - die Wahrheit nicht zeigen oder demonstrieren, wenn die
ursprüngliche Idee nicht schon im Gemüt des Mathematikers
existiert. Mit anderen Worten, der mathematische "Computer"
bringt nur das heraus, was in ihn hineingesteckt wird. Die Mathematik kann Wahrheit weder erfinden noch hervorbringen,
denn sie ist ein Werkzeug, um Beziehungen und Zahlengrößen
in richtiger logischer Reihenfolge zu demonstrieren oder darzustellen; etwas anderes kann sie nicht. Außerdem ist es eine lo-

gische Ungereimtheit anzunehmen, daß der Raum - ein abstrakter Begriff - "gekrümmt" oder "verzerrt" sein könnte, denn wir müssen stets im Sinn behalten, daß nur materielle Wesenheiten oder Dinge selbst eine Krümmung oder Verzerrung erleiden können.

Die vorstehenden Schlußbemerkungen bedeuten nun nicht, daß räumliche Ausdehnung, die Dr. Einstein zweifellos eher im Sinn hatte als den abstrakten Raum, nicht beeinflußt werden könnte; sie kann sogar ungeheuer stark beeinflußt werden, wenn sie das "Feld" oder die "Umgebung" einer Anhäufung kosmischer Materie bildet, wie etwa einer Sonne oder eines Planeten, denn solche "räumliche" Ausdehnung ist selbst Materie. Bereits an anderer Stelle im vorliegenden Werk ist gesagt worden, daß der sogenannte "leere Raum" alles andere als leer ist. Er ist durchaus voll, er ist "fest" in der bereits erklärten Art. Natürlich wird eine Sonne, ein Planet oder irgendein anderer Himmelskörper entsprechend den Gesetzen der Schwerkraft und der elektro-magnetischen Kräfte alles in seiner unmittelbaren oder entfernteren Nachbarschaft äußerst stark beeinflussen. Doch die Behauptung, diese durch vitalen Magnetismus oder durch Schwerkraft hervorgebrachte Wirkung sei die Schwerkraft selbst, ist ein logisches *Hysteron-Proteron:* die Wirkung wird irrtümlicherweise für die Ursache gehalten.

Schließlich, selbst wenn führende Wissenschaftler die Einsteinsche Hypothese annehmen sollten, daß die Schwerkraft *an sich* nicht existiert, sondern ihr Erscheinen nur verursacht wird durch das "Krümmen" oder "Verzerren" des Raumes in der Nähe eines Aggregats von materiellen Körpern, so würden wir dann sofort einem alten Problem unter einer neuen Maske gegenüberstehen: Warum sollte ein Aggregat von Stoff eine "Krümmung" oder "Verzerrung" hervorbringen, wenn es nur scheinbare Schwerkraft hervorruft? Die Einsteinsche Theorie ist also weit davon entfernt, die Natur der Schwerkraft zu enträtseln oder zu erklären, und ersetzt lediglich etwas Reales durch einen neuen Begriff, der nur mit anderen Worten umschreibt, was wir schon wußten. Es bedarf eines zukünftigen Einstein, sie zu erklären. Und wie lange wird diese Theorie bestehenbleiben?

IV

Wer mit den religiösen und philosophischen Systemen anderer Länder und anderer Zeitalter vertraut ist, kann sehr leicht überall dieselben, im wesentlichen gleichen Lehren finden, die in den vorhergehenden Abschnitten kurz umrissen sind. Der Orient, das alte Indien zum Beispiel, hat und hatte religiöse und philosophische Systeme, die mit den gleichen und sehr ähnlichen philosophischen und religiösen Spekulationen - und Wahrheiten - durchsetzt sind. Auch die das Mittelmeer umgebenden Länder hatten natürlich ihre eigenen Schulen, in denen dieselben oder sehr ähnliche Spekulationen aufgestellt und allgemein angenommen wurden. Ein Beispiel für ein solches religiöses System war der Mithraismus, der in allen Ländern, die die Herrschaft Roms anerkannten, einstmals einen sehr weitreichenden und tiefen Einfluß ausgeübt hat.

Das folgende Zitat des Kirchenvaters Origenes, der die von dem großen heidnischen Philosophen Celsus geschriebene Kritik am Christentum zu widerlegen suchte, ist ein klarer und treffender Beweis dafür. Celsus hatte in seinen Schriften die Mithras-Religion mit dem frühen Christentum verglichen und zweifellos die Aufmerksamkeit auf viele ähnliche und gleiche Punkte wie auch auf zahlreiche abweichende und unterschiedliche Punkte zwischen den beiden Glaubensbekenntnissen gelenkt. Origenes schrieb in seiner Abhandlung "Gegen Celsus" wie folgt:

"Celsus behauptet wie Plato, daß der Pfad der Seelen von der Erde zum Himmel und vom Himmel zur Erde durch die sieben Planeten geht...
Diese Lehre war laut Celsus bei den Mithraisten Persiens heilig und wurde in den Mysterien des Gottes Mithras in symbolischer Form dargestellt. In

diesen Mysterien, so sagt Celsus weiter, hatten die Mithraisten verschiedene Symbole, die die sieben Planeten ebenso wie die Sphären der sogenannten Fixsterne darstellen und auch den Pfad, den die Seelen durch diese acht Sphären einschlagen. Folgende symbolische Darstellung war verbreitet: Sie stellten sich eine Leiter vor, die von der Erde zu den Himmeln reichen sollte. Diese Leiter wurde in sieben Stufen oder Stationen eingeteilt, auf jeder dieser Stufen befand sich ein Eingangs- und Ausgangstor. Am oberen Ende der Leiter gab es ein achtes Tor, das zweifellos den Durchgang in die Sternensphären hinein und aus diesen heraus darstellte.

"Contra Celsum", Buch VI, Kap. 21, 22

Origenes spielt dann noch auf die "Jakobsleiter" an, die in der hebräischen Bibel im Buch "Genesis" erwähnt wird (Genesis XXVIII, 12). Die Jakobsleiter ist dort beschrieben, als reiche sie von der Erde bis zum Himmel und als stiegen ständig sogenannte "Engel" auf ihr auf und nieder.

Jenes Zitat des Origenes und dessen Angaben bezüglich des Mithraismus sind hier keineswegs deshalb angeführt, weil etwa die Schüler der Esoterischen Philosophie moderne Mithraisten sind. Diese Vermutung ist gänzlich unberechtigt. Der Mithraismus ist vielmehr deshalb für uns interessant, weil er in den Tagen des frühen Christentums ein so wichtiger Glaube gewesen ist. Er war in dieser Epoche sogar in seiner weitesten Verbreitung, zumindest in bezug auf eine gewisse Anzahl früher Mysterienlehren, die seit unvorstellbaren Zeiten im Nahen und Fernen Osten verbreitet waren, einer der treuesten Vertreter desselben archaischen Weisheitssystems, das heute Esoterische Philosophie genannt wird. Mit anderen Worten, der Mithraismus erwies sich zu seiner Zeit als eine mehr oder weniger erfolgreiche Form, gewisse Lehren der archaischen Weisheitslehre in annehmbarer Weise darzustellen, so daß er den fortschrittlicheren Denkern und tieferen Intellekten jener Ära griechisch-römischer Geschichte zusagte. Daher ist es nicht verwunderlich, daß die Berichte, die heute noch über die Lehren des Mithraismus vorhanden sind, in gewisser Hinsicht eine nahe und interessante Analogie zu den Lehren der heutigen Esoterischen Philosophie aufweisen. Dies gilt für ihre öffentlichen Schulen ebenso wie für ihre esoterischen.

Die Mithras-Religion hatte im dritten Jahrhundert der christlichen Ära eine derartige Entwicklungsstufe erreicht, daß sie beinahe die führende Staatsreligion des damals weitausgedehnten Römischen Reiches geworden wäre. Sie besaß tatsächlich in der Lehre wie auch in gewissen Formen so vieles, was dem frühen Christentum ähnlich war, daß sich alle intelligenten Schriftsteller jener Zeit, und zwar christliche wie "heidnische", über diese Tatsache ausließen. Dennoch gewann das Christentum aufgrund einer Anzahl interessanter Verursachungen schließlich die Oberhand über den Mithraismus als vorherrschendes religiöses System in Europa. Dabei wurde der Mithraismus anfangs sogar vom kaiserlichen Hofe vorgezogen und genoß kaiserliche Unterstützung, er war der führende Glaube in Armee und Flotte und auch unter den wohlhabenden Klassen, ja sogar unter den Sklaven. Doch seine formale Darstellung - und dies scheint, zumindest nach heutiger Ansicht, der Hauptgrund für den christlichen Erfolg zu sein - wies für das Publikum jener Epoche einen sehr ernsten psychologischen Mangel auf. Was war dieser Mangel? Der Mithraismus war, ähnlich der modernen Freimaurerei oder wie von ihr teilweise angenommen wird, im wesentlichen eine mystische Religion für Männer, weniger aber für Frauen. Zudem richtet jede formelle Religion, jedes formelle System, d.h. jede Religion mit zeremoniellem Charakter und formellem Typ, wie es das Christentum immer gewesen ist, stets einen größeren gefühlsbetonten Appell an die große Masse der Bevölkerung als jene Religion, die einen gewissen Grad abstrakten Denkens sowie das Erforschen mit dem Herzen verlangt wie der Mithraismus.

Im Mithrassystem gab es im Verlauf der Unterweisungen sieben Grade der Einweihung, denen sieben Stufen oder Grade der Stellung in der mithraischen Bruderschaft entsprachen. Im folgenden wird jeweils zuerst der ursprüngliche, überlieferte griechisch-lateinische Name angegeben, dann die Übersetzung: Der erste und niedrigste Grad wurde *Corax, der Rabe,* genannt und bedeutete den Grad des *Dieners;* der zweite Grad der Initiation in der mithraischen Bruderschaft, der etwas höhere Corax, war *Cryphius, der Okkulte,* und kennzeichnete den *Neophyten;* der dritte Grad war *Miles, der Soldat,* und bedeutete *der Arbeiter;* der vierte wurde *Leo, der Löwe,* genannt, und mit diesem Grad begann die tiefere, mystischere Unterweisung; der fünfte Grad wurde *Perses, der Perser,* genannt und bedeutete *der Mensch;* der sechste Grad wurde *Heliodromus, der Läufer oder Bote der Sonne,* genannt; der siebente und letzte Grad wurde *Pater, der Vater,* genannt und bezeichnete den Stand eines *vollständig Initiierten,* den Stand der *Meisterschaft.*

Nun waren die verschiedenen Lehren, die offenen wie die geheimen, die exoterischen wie die esoterischen, die das umfaßten, was als Mithraismus bekannt und was Mithraismus tatsächlich gewesen ist, nicht einzig und allein im Besitz jenes philosophisch-religiösen Glaubenssystems, denn dieselben Lehren können in mehr oder weniger offener Darstellung an vielen Stellen der alten Literatur gefunden werden. Dennoch dürfte es richtig sein, zu sagen, daß jede griechische oder römische Schule, ob philosophisch oder religiös oder religiös-philosophisch, ihre eigene Methode oder Art besaß, um die gleichen allgemeinen Naturwahrheiten zu lehren. Ein Beispiel hierfür ist Macrobius, der griechisch-römische Schriftsteller, der vom 'Aufstieg' und 'Abstieg' der Monade durch die Sphären schreibt. Hinweise dieser Art sind zum Beispiel in seinen "Saturnalia" und in seinem "Kommentar zur Vision des Scipio" zu finden.

Diese "Vision" ist in "Der Staat", einem Werk des großen römischen Redners und Staatsmannes Cicero, am Anfang des sechsten Buches zu finden. Es darf beiläufig gesagt werden, daß dies einer der interessantesten und mystischsten Überreste des griechisch-römischen Altertums ist, der wohl verdient, von jenen sorgfältig gelesen, ja studiert zu werden, die nicht nur an dem Thema interessiert sind, sondern auch an der Art und Weise, wie initiierte griechische oder römische Schriftsteller in ihren öffentlichen Werken mystische Themen behandelt haben, die sie in einer veröffentlichten Schrift nicht vollständig ausarbeiten konnten, weil sie Schweigen gelobt hatten. Der Eid der Verschwiegenheit wurde sorgfältig gehalten.

Es sei darauf hingewiesen, daß Macrobius zwar in allem, was er schrieb und öffentlich zu sagen wagte, die Wahrheit sprach, daß aber viele seiner Äußerungen in ihrer Bedeutung mehr oder weniger dunkel waren. Jenen, denen die sehr strengen Regeln bekannt sind, die das Enthüllen oder Preisgeben einer der in den Mysterien gelehrten Lehren verboten, ist völlig verständlich, daß Macrobius nicht anders hätte schreiben können. Aufgrund seines Eides der Verschwiegenheit, den er bei der Einweihung geleistet hatte, war es ihm nicht möglich, alles zu sagen, was er hätte sagen könne.

Es ist wirklich interessant, hier festzustellen, wie

nahezu vollkommen die Geheimnisse der Mysterien be-
wahrt wurden, selbst in einer so späten und entarteten
Zeit wie derjenigen, in der Macrobius lebte. Zwar ist
der Zeitabschnitt, in dem er erfolgreich war, nicht bekannt, doch geht aus den äußeren und den inneren Hinweisen in seinen Schriften deutlich hervor, daß er ge-
raume Zeit nach dem Anfang der christlichen Ära gelebt hat, möglicherweise sogar im dritten oder vierten
Jahrhundert unserer Ära. Diese Verschwiegenheit wurde nicht nur von Einzelpersonen so gut gewahrt und so
universell respektiert, sondern auch von den verschiedenen griechischen und römischen Staaten. Selbst in
heutiger Zeit, in der den Gelehrten modernste Mittel
zur Information zur Verfügung stehen und ihr scharf-
sinniger Intellekt sie oft unterstützt, muß festgestellt
werden, daß nahezu nichts von wirklich informativem
Wert über die alten Mysterien bekannt ist. Wir wissen
nur um die Tatsache, daß sie existiert haben, einen
gewaltigen, weitreichenden Einfluß auf das antike po-
litische und soziale Leben ausübten und daß vor der
Einweihung jedem Neophyten der Eid der Verschwiegenheit abgenommen wurde. Jahrhundertelang ist em-
sig darüber nachgegrübelt worden, welche der Lehren
denn eigentlich in den Mysterien gelehrt wurden, aber
auch heute weiß niemand oder kann auch nur andeutungsweise sagen, welche diese Lehren wirklich waren. Insgesamt wurde von verschiedenen Gelehrten
viel Törichtes über die alten Mysterien geschrieben.
Der Verfasser bewertet es als töricht, weil diese Spekulationen wenig mehr sind als Theorien einzelner, die
durch Wiederholung und Nachdruck in die Klasse posi-
tiver Darlegungen oder Erklärungen erhoben wurden.
Und es erscheint doch sicherlich als töricht, eine persönliche Meinung über das, was dem Betreffenden
gänzlich unbekannt ist, anders zu nennen als "Spekula-
tion", denn sie verdient keinen anderen Namen.

Was auch immer die alten Mysterien gewesen sein mögen und welche Lehren auch immer in ihnen erteilt wurden - wir wissen, daß sie tiefgehend und universell verehrt wurden und daß die größten Männer, die das Altertum je hervorgebracht hat, sich praktisch ohne Ausnahme unter denen befanden, die in größerem oder geringerem Ausmaß die verschiedenen Grade der Einweihungsriten durchgemacht hatten. Demzufolge ist der größere Teil des Gebietes alten esoterischen, mystischen Denkens in den Schriften des Macrobius nicht offen behandelt worden, bestenfalls wurde nur darauf angespielt. Wie gesagt wurde, ist diese Verschwiegenheit in bezug auf die in den Mysterien ausgegebenen Lehren in allen mystischen Schriften der Alten zu finden, und infolge dieser Verschwiegenheit haben moderne Gelehrte jene Überbleibsel der alten mystischen Schriften schon immer gründlich mißverstanden. Dafür sind sie natürlich nicht zu tadeln, denn wie könnten moderne Gelehrte etwas richtig und vollständig verstehen, wozu ihnen jegliche Art Schlüssel fehlt und an dessen Existenz sie nicht selten formell und intellektuell nicht glauben.

Natürlich ist offensichtlich, daß die Lehren über die Wanderungen oder Pilgerfahrten der Monade, so wie sie bei den griechischen und römischen Schriftstellern zu finden sind, nicht nur dem griechischen oder lateinischen Genius entsprungen sind, denn dieselben Lehren sind im wesentlichen identisch in der ganzen Welt vorhanden, wenn auch der Wortlaut oder die philosophischen oder religiösen Formen, in die sie gekleidet sind, sich notwendigerweise entsprechend der Rasse, dem Zeitalter und dem Land geändert haben. Woher kam denn, läßt sich mit Recht fragen, diese Universalität der einen uranfänglichen Weisheitserkenntnis, wenn es nicht ursprünglich eine prähistorische, alte Religion, eine uranfängliche Philosophie und

esoterische Wissenschaft von weltweiter Gültigkeit gegeben hat?

V

Kehren wir nun zum Hauptthema des vorliegenden
Kapitels zurück: Die durch den Tod des Menschen befreite und erlöste Monade, in deren Schoß die menschliche Seele alles zurückgegeben oder vielmehr übergeben hat, was an ihr das Edelste, Beste, Reinste und
Heiligste war, und die, somit mit dem 'Aroma' der
menschlichen Seele beladen, die spirituelle Seele genannt werden kann, diese Monade beginnt nun ihr wunderbares nachtodliches Erleben, das ihre Pilgerfahrt
zu den sieben heiligen Planeten der Alten und durch
diese hindurch in sich schließt. Diese Pilgerfahrt oder
Wanderung der Monade umfaßt die Ankunft und den
jeweiligen Aufenthalt oder Umlauf auf einem jeden
dieser sieben heiligen Planeten, einem nach dem anderen in regelmäßiger Reihenfolge, gemäß den festgeleg-
ten und vorherbestimmten Pfaden, die den Bahnen der
kosmischen Kräfte oder Energien, den Zirkulationen
im Kosmos, genau folgen und von diesen geregelt werden.
Es ist wichtig, zu verstehen, daß keine Monade jemals auf ihren nachtodlichen Wanderungen oder Pilgerfahrten "ihre eigenen Wege gehen" kann, denn jede
Monade kann nur jenen bestimmten Kanälen oder Stromwegen der vitalen Zwischenverbindungen zwischen den
Himmelskörpern des Sonnensystems folgen, die dieselbe Rolle im Bau des Sonnensystems spielen wie die
Nerven und Blutgefäße im menschlichen Körper.
Ferner sollte auch nicht vergessen werden, daß die
verschiedenen Ebenen, Welten oder Sphären und ihre jeweiligen Unterabteilungen durch unzählige Ver-

bindungszentren oder -punkte miteinander verknüpft
sind, durch die die Kräfte und Substanzen einer Ebene
oder Sphäre aufwärts oder abwärts in die nächstfolgende Ebene, Welt oder Sphäre steigen. Das sind die
Layazentren, die in einem früheren Kapitel mehr oder
weniger ausführlich beschrieben worden sind. Gerade
hier ist etwas Wichtiges zu beachten, nämlich, daß jede Himmelskugel, d.h. jede Sonne, jeder Planet und
jedes Atom, in ihrem Herzen oder im zentralen Kern
ihrer Essenz solch ein Layazentrum, einen solchen
Punkt individueller Verbindung, besitzt, der der Ver-
bindungspfad des Individuums mit der nächstfolgenden
inneren Ebene, Welt oder Sphäre ist, und zwar in jeder der beiden Richtungen, 'aufwärts' wie 'abwärts'.

Von oben oder von den höheren Plänen aus kann
durch diese Layazentren, ob sie nun zu einem Himmelskörper oder einem Menschenwesen oder einem
Atom usw. gehören, die unterste oder dichteste Materie jener besonderen *höheren* Ebene oder Welt abwärts
in die nächsttiefere oder -niedrigere Ebene oder Welt
wandern und sich auf diese Weise auf und in dieser
niedrigeren Ebene oder Welt als deren ätherischste
Kraft oder Kräfte manifestieren. Wenn wir unsere eigene Welt oder Ebene als Beispiel heranziehen, so
entspricht jene Kraft oder entsprechen jene Kräfte
hochätherischer Substanz oder Materie, was sogar auch
die moderne Wissenschaft lehrt. Nehmen wir unsere
eigene Welt oder Ebene als passende Illustration: Unsere ätherischste Kraft oder Substanz kann in analoger Weise durch diese Layazentren oder -punkte auf-
wärtswandern in die nächsthöhere Ebene, Welt oder
Sphäre, und das tut sie auch. Was bei uns am ätherischsten, weil am höchsten ist, tritt, wenn es durch ein
solches Layazentrum hindurchgeht, in die nächsthöhere Ebene ein und wird eins mit deren dichtester Substanz.

So verläuft die Wanderung von Ebene oder Welt zu Ebene oder Welt, und zwar nicht nur nach dem Tod, sondern auch während des Lebens - was wir "Leben" nennen, wenn wir die gewöhnliche menschliche Sprache benutzen.

Nachdem die Monade diese siebenfache Erdkette verlassen und den nächsten Planeten in der Reihe erreicht hat, erzeugt oder bildet sie während ihrer Wanderung durch diese Planetenkette und innerhalb derselben einen Strahl oder eine Strahlung aus sich selbst, einen psycho-mentalen Apparat oder eine 'Seele' von vorübergehender Existenz, die sich dort als Folge davon zeitweilig in einem entsprechend geeigneten Körper oder Vehikel verkörpert. Der so entstandene Körper ist von spiritueller oder ätherischer, astraler oder physischer Art. Der von der Monade ausgesandte Strahl, der auf dem Planeten beheimatet ist, auf dem er sich manifestiert, durchläuft nun seine verschiedenen zyklischen Lebensperioden und lernt dabei durch Erfahrung und nimmt zu an Verständnis, bis diese neue Manifestation der monadischen Aktivität auf diesem Planeten das Ende ihrer zyklischen Lebenszeit erreicht hat. Dann wird dieser Strahl seinerseits, wie es auch vorher geschah, in den Schoß der Monade zurückgezogen, wo er in seinem Devachan in der Glückseligkeit dieser seiner Himmelswelt ausruht. Inzwischen sind die höheren Prinzipien, die von der fundamentalen Monade sozusagen herabhängen, von neuem erlöst, um nun zu noch einem anderen Planeten fortzuschreiten, zu dem sie durch die psycho-magnetischen karmischen Anziehungen ihrer eigenen Substanz getragen werden. Dabei folgen sie den Pfaden, die in den Stromwegen des Kosmos für sie festgelegt sind.

So schrieb auch Oliver Wendell Holmes:

"Stattlicher, o Seele, baue dir

die Wohnungen im schnellen Lauf der Zeiten!
Den Kerker laß zurück, der einst dich hielt!''

"The Chambered Nautilus"

Selbst aus dieser kurzen Skizze der nachtodlichen
Wanderungen der Monade ist der übliche Wandel, der
Fortschritt und die evolutionäre Entfaltung zu erkennen, die jede Tätigkeit der Monade mit sich bringt.
Wo ist der "Tod" zu finden als etwas Absolutes, was
eine völlige Vernichtung oder Auslöschung des essentiellen Seins einer Wesenheit bedeuten würde? Die
Lehre, die diesen Studien entnommen werden kann, ist
neben vielem anderen äußerst Interessanten und Faszi-
nierenden die, daß überall Leben vorhanden ist, das
sich in lebenden Wesen manifestiert, die sich in fortgesetzter, ewig währender Bewegung befinden, zumindest während des kosmischen Manvantaras.

Wenn also die Monade ihre zyklische Lebenszeit
auf diesem Planeten vollendet hat, geht sie zu dem
nächsten in der Reihe über und wiederholt auf ihm
den üblichen Lauf ihrer evolutionären Tätigkeit. Auf
diese Weise ist sie auf jedem und durch jeden der sieben heiligen Planeten der Alten tätig, bis sie schließlich den letzten erreicht. Hierauf wird die Monade,
die nunmehr ihren äußeren Zyklus vollendet hat, zu
ihrer Zeit in die psycho-magnetische Bahn gezogen,
die sie auf den Stromwegen des Kosmos zur Erdplanetenkette zurückführt.

Die in den vorangehenden Abschnitten gegebene
Lehre bezieht sich auf die 'Äußeren Runden', wie diese technisch genannt werden; sie dürfen nicht ver-
wechselt werden mit den 'Inneren Runden', denn die
letzteren handeln lediglich vom Auf und Absteigen der
Monade und all der Scharen ähnlicher Monaden innerhalb der sieben (oder zwölf) Globen *einer* Planetenkette, zum Beispiel unserer Erdkette. Die Schwierig-

keit, die Lehre hinsichtlich der beiden Arten von Runden zu skizzieren, liegt zunächst in der Tatsache, daß beide, die Inneren und die Äußeren Runden, in Analogie einander gleich sind. Während dies einerseits eine große Hilfe ist, besteht andererseits die große Gefahr, daß dadurch bei dem unaufmerksamen Schüler Verwirrung entsteht. Eine andere wirklich große Schwierigkeit liegt darin, daß die nachtodliche Wanderung der Monade eines Menschen notgedrungen denselben Bahnen oder Pilgerwegen folgt, die die Monade im Verlauf der Äußeren Runden benutzt, aber in unvergleichlich kürzeren Zeitabschnitten, indem sie sozusagen nur vorübergehend an den verschiedenen planetarischen "Stationen" anhält.

Der Schüler muß sich also bewußt sein, daß sich der Ausdruck 'Äußere Runden' auf zwei verschiedene Dinge beziehen kann, auch wenn sie einander sehr ähneln: Erstens ist der Vorgang gemeint, der die große Äußere Runde genannt werden kann. Er umfaßt die gesamte Zeitdauer eines Sonnen-Manvantaras, in dessen Verlauf die spirituelle Monade in jeder Planetenkette einen Aufenthalt hat. Zweitens bezieht sich der Ausdruck auf die andere Tatsache, daß die nachtodliche Wanderung der Monade diese ebenfalls zu jeder der sieben Planetenketten bringt. Doch in diesem Fall ist ihr Aufenthalt in einer solchen individuellen Kette nur zeitweilig, dauert also nur verhältnismäßig kurze Zeit, und auch das Aussenden ihrer verschiedenen Strahlen, die einem jeden der jeweiligen Planeten zugehören, ist ebenfalls kurz und nur vorübergehend. Diese letztere kann die zeitlich geringere oder kleine Äußere Runde genannt werden.

Zumindest die beiden folgenden Feststellungen sollten also immer vergegenwärtigt werden: a) Die Äußeren Runden handeln von den Wanderungen der spirituellen Monade von Planetenkette zu Planetenkette, und zwar siebenmal, und durch das Sonnensystem, wobei diese sieben Planetenketten die sieben heiligen Planeten der Alten sind; b) die Inneren Runden beziehen sich auf den manvantarischen Aufenthalt einer Monade in einer dieser Planetenketten. Während dieses Planetenketten-Manvantaras unternimmt die Monade ihre äonenlangen Wanderungen auf, in und durch die sieben (oder zwölf) Globen jener Planetenkette.

Somit sollte deutlich geworden sein, daß die geringeren oder kleinen Äußeren Runden von der pilgernden Monade nach dem Tod des Menschen durchlaufen werden. Ihr Aufenthalt auf und in jeder anderen Planetenkette als der Erdkette ist von verhältnismäßig kurzer Dauer, und ihre Emanation des Strahles, der jeder "neuen" Kette, die sie besucht, entspricht, ist nur von vorübergehendem, zeitweiligem Charakter.

Die Monade durchläuft nach dem Tod die verschiedenen Planetenketten, was ihr ermöglicht, sich auf jeder Planetenkette von der Hülle, dem Kleid oder Vehikel zu befreien, das zu der vitalen Essenz der betreffenden Planetenkette gehört. Nur auf diese Weise kann die Monade die verschiedenen 'Gewänder', eines nach dem anderen, abstreifen, in die sie sich während ihrer langen Evolutionsreise eingehüllt hat. Hat sie sich dann von allen sieben 'Hüllen' befreit, ist sie, weil frei und rein und 'unverhüllt', zum Eintritt in ihre natürliche spirituelle Heimat bereit. Wenn nun die Rückkehr zur Erdplanetenkette beginnt, wandert die Monade wieder durch alle diese gleichen sieben Planeten, jedoch nun in umgekehrter Reihenfolge wie bei ihrem Aufstieg durch diese. Auf jedem dieser Planeten, die sie in der umgekehrten Reihenfolge auf der Rückwanderung zur Erdplanetenkette besucht, liest sie Lebensatome auf, nimmt sie wieder an oder bekleidet sich mit ihnen. Dies sind gerade die Lebensatome, die die 'Hüllen' bildeten, die die Monade vorher jeweils auf

einem dieser sieben Planeten abgestreift oder abgeworfen hatte. Während ihres Aufstieges zur spirituellen Freiheit entkleidete sie sich also; auf ihrem Abstieg aber oder ihrer Rückwanderung zu den Reichen
der niederen Manifestationssphären bekleidet sie sich
wieder mit ihren alten Lebensatomen und ist somit
bereit und imstande, die karmischen Folgen oder Ergebnisse abzuarbeiten, die als unentschieden aufge-
schoben wurden, als damals in ihrem letzten Erdenleben der Tod über den Menschen kam.

So also legt die Monade ihren Weg durch die gesamte Planetenkette eines jeden der sieben Planeten
zurück und verweilt nacheinander und in regelmäßiger
Reihenfolge auf einem jeden, und zwar lange genug,
um dort eine Anzahl zeitweiliger oder vergänglicher
Verkörperungen des zuständigen spirituellen Egos auf
jeder solchen Planetenkette aus sich zu entwickeln.
Dieser Vorgang findet auf jedem der sieben heiligen
Planeten statt, bis die kleinere Äußere Runde durch
die sieben heiligen Planeten die Monade auf ihrer
wunderbaren zwischenplanetarischen Pilgerfahrt wieder zu unserer Erdplanetenkette zurückbringt. Hier
auf dieser unserer Planetenkette fährt sie fort, im
wesentlichen genau das zu tun, was sie auf den anderen Planetenketten getan hat. Weil aber die Monade
eines Menschen gegenwärtig an die Erdplanetenkette
"gebunden" ist, so ist auch ihr Aufenthalt in dieser
Planetenkette bedeutend länger als ihr zeitweiliges
Verweilen auf den sieben heiligen Planeten während
ihrer nachtodlichen Pilgerfahrt.

Das sich wiederverkörpernde Ego, das in dieser
Erdplanetenkette evolviert, emaniert oder hervorgebracht wird, ist das sich wiederverkörpernde Ego oder
die Seele, die in dieser Planetenkette 'beheimatet' ist,
und zwar deshalb, weil ein solches sich wiederverkörperndes Ego das geeignete und passende Vehikel ist,

durch das sich die spirituelle Monade auf und in den
Globen unserer Planetenkette zum Ausdruck bringen
kann, mit anderen Worten, in dieser besonderen Mannigfaltigkeit von Substanzen und Energien des Kosmos,
die wir unsere Erdplanetenkette nennen.

So erzielt die Monade, unser spirituelles Selbst, unser essentielles Selbst, das dem höchsten Teil in uns,
dem Brennpunkt der göttlichen Monade, des göttlichen
Funkens oder der göttlichen Flamme am nächsten
steht, auf jedem der sieben heiligen Planeten eine neue
Ernte an Seelenerfahrungen, die nur auf jedem einzelnen dieser Planeten gewonnen werden können. Eine jede solche 'Ernte' besteht aus den von der spirituellen
Monade erworbenen angehäuften Erfahrungen in der
Verkörperung, die infolge der essentiellen Charakter-
eigenschaften von Substanz und Energie zu den jeweiligen Planeten gehören. Wie könnte die spirituelle Monade sonst überhaupt eine Ernte einbringen, wenn es
keine geeigneten, passenden Zwischenglieder zwischen
Ihr und den verschiedenen Planetenketten gäbe? Das
sich wiederverkörpernde Ego, das in und auf jeder
Planetenkette von der Monade hervorevolviert wird,
ist eines dieser geeigneten, passenden Zwischenglieder. So evolviert die Monade, wird im Verlauf der
Zeit größer und folgt ihrem eigenen Entwicklungsweg
durch die Sphären und trägt dabei ihre Last individueller Bewußtheiten mit sich, von denen jeder Strahl oder
jedes Individuum die mannigfaltigen Erträge einer jeden Inkarnation auf Erden oder Verkörperung auf anderen Planeten enthält.

Was kurz über die Wanderung der Monade zu den einzelnen
sieben heiligen Planeten gesagt wurde, ist natürlich nur eine
Skizze, ein sehr kärglicher Umriß einer wahrhaft unbeschreib-
lich wunderbaren philosophisch und religiös bedeutungsvollen
Lehre. Der Autor ist sich der Tatsache durchaus bewußt, daß
ein so kurzer Umriß all den kritischen Angriffen verschieden-

ster Art ausgesetzt ist, denen jede Skizze ausgeliefert ist; aber das liegt nicht an ihm.

Ein Hauptanliegen ist jedoch, die Aufmerksamkeit des Lesers darauf zu lenken, daß es über dieses Thema einen ungeheuren Schatz von Informationen gibt, die in der Esoterischen Philosophie zusammengefaßt sind, aber vor öffentlicher Preisgabe zurückgehalten werden, und zwar nicht aus irgendwelchen selbstischen Gründen, sondern lediglich deshalb, weil ihre tieferen Gebiete ohne vorhergehendes angemessenes Studium unmöglich zu verstehen sind.

Es erscheint ratsam, auch noch die folgende Bemerkung hinzuzufügen: Was an exoterischen oder veröffentlichten Abhandlungen oder Büchern von modernen theosophischen Schriftstellern, die den Lehren H. P. Blavatskys gewissenhaft gefolgt sind, über Theosophie herausgebracht wurde, entspricht exoterisch der Wahrheit. Was im vorliegenden Werk enthalten ist, sollte auf keinen Fall so verstanden werden, als wolle es die früheren exoterischen theosophischen Gedanken, die zuerst aus H. P. Blavatskys Feder kamen und von ihren treuen Anhängern verbreitet wurden, umstürzen oder ihnen widersprechen. Der Verfasser dieses Werkes ist ständig bemüht, in jedem seiner Bücher einen etwas umfassenderen und vollständigeren Teil aus derselben Quelle zu geben, aus der H. P. Blavatsky ihre Lehren schöpfte. Folglich ist alles, was er je schriftlich oder mündlich geäußert hat, eine Erweiterung, aber in keiner Hinsicht ein Ersatz dieser Lehren. Die früheren theosophischen Lehren, deren Herausgabe H. P. Blavatsky mit der Veröffentlichung von "Isis Entschleiert" begann und bis zu ihrem Tod im Jahre 1891 fortsetzte, waren für das Zeitalter, dem sie vorgetragen wurden, eine wirkliche Offenbarung, und noch immer enthalten sie dieselben edlen Wahrheiten wie damals, dies ist offensichtlich genug. Aber etwa 40 Jahre (1935) sind seit ihrem Tod vergangen, und was für die Generation, für die sie schrieb, neu war, ist der Generation oder den zwei Generationen, die seitdem gelebt haben, ziemlich vertraut geworden. Der Verfasser des vorliegenden Werkes bemüht sich daher mit der Esoterischen Philosophie, zu untermauern und zu erweitern.

Die Wanderungen der spirituellen Monade durch die Sphären sind mehreren Ursachen zuzuschreiben, von denen einige schon skizziert worden sind. Eine der wichtigsten unter ihnen ist die Tatsache, daß "Gleiches Gleiches anzieht", um die Worte eines alten Sprichwortes zu gebrauchen. Diesem Gesetz zufolge ziehen die höheren Sphären oder Welten sozusagen den ihnen verwandten höheren Teil der menschlichen Natur an oder zu sich herauf, während dieser höhere Teil selbst einen entsprechenden inneren Drang dorthin empfindet. So steigt also die Monade durch Welten und Sphären immer höher empor, weil mit jedem Schritt aufwärts die Anziehung zu noch höheren, noch spirituelleren, noch bewußtseinsähnlicheren Welten oder Sphären immer stärker wird. Die Monade durchläuft eine jede von ihnen auf ihrer Wanderung aufwärts und verweilt ein wenig auf und in jeder dieser Welten oder Ebenen, etwa so, wie ein Reisender für eine Nacht in ein Gasthaus einkehrt. Wenn die Monade die höchste Ebene, Sphäre oder Welt erreicht hat, zu der ihre Anziehungen sie hingezogen und ihre eigenen inneren Impulse und Aspirationen sie getrieben haben, dann bleibt die Monade für eine Weile dort, bevor sie das Ziel sozusagen umkehrt und ihren Wiederabstieg durch dieselben Welten, Ebenen oder Sphären beginnt, die sie vorher beim Aufstieg durchwandert hat. Dabei sind die eben erwähnten Aspirationen und Impulse Ergebnisse oder Folgen der angehäuften spirituellen und intellektuellen Gedanken und Gefühle der menschlichen Wesenheit während der Inkarnation.

Wohlgemerkt, es ist keine äußere Macht, die der evolvierenden Monade diesen Entwicklungsgang vorschreibt, sie dazu antreibt oder nötigt. Vielmehr werden ihre eingeborenen Anziehungen zu diesem oder jenem oder zu einer höheren Welt oder Ebene, die nach dem Tod in Tätigkeit treten, hervorgerufen aus dem Gewebe oder 'Stoff' der Essenz der Monade selbst, der während des Aufenthalts des Menschen im Erdenleben gebildet wurde. Somit werden sie verursacht durch die spirituelle und die intellektuelle Aktivität des Menschen während seines Lebens auf Erden.

Ferner kehrt die Monade deshalb um und verfolgt ihre Schritte zurück, weil die Anziehungen und zwingenden inneren Aspirationen, die zuvor das Emporsteigen der Monade durch die Sphären veranlaßt hatten, nun ihre Energien erschöpft haben. Aufgrund ihres eigentlichen Ursprungs in materiellen Sphären beginnen nun die latenten Samen des Denkens und Fühlens, die durch Imagination, spirituelles Sehnen und erhabenes intellektuelles Streben im vorhergehenden und in früheren Erdenleben in der Monade aufgespeichert wurden, diese nach unten zu ziehen oder sie anzuziehen. Das sich wiederverkörpernde Ego, der Strahl oder die Ausstrahlung der Monade, findet in seinem Drang zur Erde dann eine günstige Gelegenheit, seinen eigenen inkarnierenden Strahl in einen karmisch geeigneten menschlichen Samen oder Keim zu projizieren, der mit der Zeit zum Körper des neugeborenen Kindes heranwächst.

Es wurde bereits festgestellt, daß jede kosmische Ebene, Welt, Sphäre oder auch jeder Planet seine ihm angemessenen Körper oder Vehikel für den Selbst-Ausdruck der Scharen wesenhafter Monaden, die sich den Stromwegen des Kosmos entlang aufwärts- und vorwärtsbewegen oder -pilgern, hat, oder besser, liefert. Folglich können diese Körper oder Vehikel, die ihrer eigenen Welt oder Sphäre entsprechen, die Ebene, Sphäre oder den Planeten, zu dem sie gehören, nie verlassen. Wie also Tod das Fallenlassen oder Abwerfen von Körpern oder Vehikeln bedeutet, so bedeutet Geburt die Wiederannahme dieser Vehikel. Alle derartigen Körper oder Vehikel sind aus Lebensatomen aufgebaut, von denen die meisten die psycho-spirituellen Nachkommen des jeweiligen Individuums sind, so daß sich die Monade in ihre eigenen lebenden Ausströmungen ein-

hüllt, die ihre Gewänder oder Vermittler zum Zweck
ihres Selbst-Ausdrucks bilden. Als Folge davon sind alle diese Scharen von Lebensatomen auf den verschiedenen Plänen der menschlichen Konstitution karmisch
und für alle Zeit aufs engste mit der spirituellen Monade, ihrem ursprünglichen Elter, verbunden. Wenn
aber die Monade am Ende ihrer langen nachtodlichen
Pilgerfahrt zur Erde zurückkehrt, zieht sie dieselben
Lebensatome, die sie zuvor fallengelassen oder abgeworfen hatte, zu sich zurück und formt sich mit ihrer
Hilfe von neuem zwar nicht die gleichen Gewänder
oder Körper, die sie zuvor hatte fallenlassen, aber
solche aus den Lebensatomen, die zuvor diese Gewänder oder Körper gebildet hatten. Mit nur wenig Über-
treibung könnte somit behauptet werden, daß das sich
wiederverkörpernde Ego tatsächlich "aufersteht" oder
in den alten Körpern - den intellektuellen, psychischen,
astralen und physischen -, die es in seinem letzten
Erdenleben als völlig verkörpertes menschliches Wesen
besessen hatte, von neuem lebt. Diese wundervolle,
äußerst anregende Tatsache bildet die esoterische Erklärung für die Lehre der christlichen Kirche von der
"Auferstehung des Fleisches". So lächerlich diese in
ihrer orthodoxen Darbietung auch ist, so vollkommen
logisch und natürlich wird sie, wenn sie im Licht der
Esoterischen Philosophie richtig verstanden wird.

So erreicht die Monade auf ihrer Runde durch die
Sphären während ihrer zwischenplanetarischen Pilgerfahrt schließlich die spirituell-magnetische 'Atmosphäre' der Erdplanetenkette. Zu diesem Zeitpunkt und an
dieser Stelle des Raumes beginnt dann das vorher erwähnte sich wiederverkörpernde Ego, das bis dahin in
seiner ihm eigenen Himmelswelt des Bewußtseins seinen langen devachanischen Schlaf gehabt und glückse-
lig im Schoß der spirituellen Monade geruht hat, aufgrund des Einflusses der magnetischen Atmosphäre der

Erdplanetenkette ein - wenn auch anfangs außerordentlich schwaches und diffuses - wiederauflebendes
Eintreffen alter Erinnerungen, früherer Neigungen und
Instinkte zu empfinden - falls dies das geeignete Wort
dafür ist. Diese letzteren hatten während des Deva-
chans geschlummert und wirken jetzt, obschon noch
von hochspiritueller Art, nichtsdestoweniger gerade aus
diesem Grund auf das Ego in seinem derzeit verhältnismäßig hohen spirituellen Zustand ein. Von diesen in
seinem Bewußtsein nebelhaft wiederauflebenden alten
Erinnerungen unbewußt angetrieben, sucht es die psycho-magnetischen Kontakte mit seinen früheren Sphären, den Globen unserer Erdplanetenkette, wieder zu
erneuern. So wird das Ego zu dieser Kette hingetrie-
ben oder von ihr angezogen, etwa wie ein Mensch, der
lange im Ausland gelebt hat, sich nach der Heimkehr
sehnt und sein Herz stärker schlagen fühlt, wenn er
die vertrauten Bilder und Schauplätze früherer Tage
wiedersieht und die alte Atmosphäre der Vergangenheit von neuem empfindet.

Unbestimmte, flüchtige Erinnerungen an die früheren Schauplätze auf der Erde, die das nach innen gezogene sich wiederverkörpernde Ego einst kannte und
liebte, beginnen nun panoramagleich über den Bereich
seines Bewußtseins dahinzuziehen. Diese aus dem vorhergehenden und den früheren Erdenleben erwachen-
den Erinnerungen ziehen das Ego gemeinsam stetig zu
den anderen Sphären, die es früher bewohnte, und es
beginnt, durch alle Zwischensphären, -ebenen oder
-welten zu diesen 'hinabzusteigen'. Mit dem Nieder-
sinken der Monade werden diese Impulse im Verlauf
der Zeit immer stärker, bis die Monade schließlich zu
unserem Globus Erde hingezogen ist, und nun ist sie
bereit und vorbereitet für ihre neue Wiederverkörperung ins Erdenleben.

Die Ursache für die Reinkarnation auf Erden ist

'Durst' nach materieller Existenz, eine erworbene Gewohnheit. Dieser 'Durst' wird in Indien schon zeitalterlang तृष्णा (trishnâ) genannt, ein technischer Sanskritausdruck, der "gieriges Verlangen" bedeutet, wie ja
auch einen Menschen 'dürstet', der nach Wasser Verlangen hat. Dieser Durst ist eine vielfach zusammengesetzte instinktive Gewohnheit - gleich allen Gewohnheiten, wie Selbstanalyse zeigt. Er ist eine Zusammensetzung aus Liebes- und Haßgefühlen, aus Neigungen verschiedener Art, aus magnetischen Anziehungen der Scharen von Lebensatomen, die des Menschen sichtbare wie auch unsichtbare Konstitution bilden, und aus mancherlei Verlangen und Begehren. Sie
alle sammeln sich während der verschiedenen Lebenszeiten auf Erden in der menschlichen Seele und im
menschlichen Denken an; deshalb werden sie 'Gedan-
ken-Niederschläge' genannt, d.h. emotionale, mentale
und psychische Neigungen und Tendenzen. Sie alle sind
Energien, die stets entweder aktiv sind oder sich im
Ruhezustand befinden; sie versehen das Schicksal der
reinkarnierenden Wesenheit mit Energien, bis Evolution, erweitertes Bewußtsein und Reinigung durch Leiden schließlich das Bewußtsein des Menschen als individuelles Wesen auf höhere Ebenen oder Sphären versetzen als die, die hier bekannt sind. Wenn das
schließlich geschieht, dann wird die menschliche Wesenheit diese höheren und übergeordneten Pläne, Welten oder Sphären bewohnen.
  Nun findet der 'Abstieg' des sich wiederverkörpernden Egos zur Inkarnation auf Erden durch die verschiedenen Ebenen oder Welten der Planetenkette Terra statt, wobei jede Ebene oder Welt zunehmender
Materialität ist. Hier liegt also ein natürlicher 'Abstieg' des sich wiederverkörpernden Egos durch die Globen des absteigenden Bogens dieser Planetenkette vor.
Auf jedem der Globen, und es sind einige, hält sich die

Monade zeitweilig und vorübergehend auf, um die jeweiligen Lebensatome wieder einzusammeln, die sie
zuvor bei ihrem Aufstieg abgeworfen hatte und die ihrerseits zeitalterlang umhergepilgert sind.

Kein Schritt auf der Wanderung darf oder kann aus-
gelassen werden. Geradeso wie das sich wiederverkörpernde Ego am Ende seines vorhergehenden Erdenlebens zur spirituellen Monade 'aufstieg', indem es den
aufsteigenden Bogen entlangschritt, der aus mehreren
Globen unserer Planetenkette Terra besteht, so muß
nun jede Zwischenebene oder -welt durchschritten
werden, um den Abgrund zwischen den inneren Welten
und dieser unserer physischen Erde zu überbrücken.
Ein Reisender kann auch nicht irgendwohin gehen, ohne die für die Entfernung notwendigen Schritte zu
machen oder ohne das nötige Verkehrsmittel zu benutzen, das ihn dorthin bringt. Jeder Zoll auf der Erde
oder in der Luft muß durchlaufen werden, das Prinzip
ist in beiden Fällen das gleiche. Hierzu paßt auch das
alte lateinische Sprichwort, das so oft von Wissenschaftlern zitiert wird, deren große Leistungen unser
Denken so stark beeinflussen: "Natura non facit sal-
tum." "Die Natur macht keine Sprünge." So erlaubt sie
auch keinem Individuum, zur Reife zu gelangen, ohne
die Jahre zwischen Kindheit und Erwachsensein durchgemacht zu haben.

Die Lebensatome, die das sich wiederverkörpernde
Ego auf dieser Stufe seines Abstiegs zur Erde in seine
Konstitution wiedereinkörpert, warten tatsächlich schon
auf den Globen A, B und C, denn diese gehören zu
den drei Ebenen, die von dem zuvor aufgestiegenen
Ego durchschritten wurden und auf denen das bewußte
Ego die Lebensatome hatte fallen lassen. Auf diese
Weise baut sich das sich wiederverkörpernde Ego, d.h.
der zukünftige Mensch, der zu physischer, materieller
Geburt gelangt, von neuem eine Konstitution von sie-

ben Elementen oder Prinzipien auf. Diese Elemente und Prinzipien sind jedoch identisch mit denen in der Konstitution des Menschen im vorhergehenden Erdenleben, und zwar aufgrund der wieder vereinigten Lebensatome, die auf diese Weise erneut aufgenommen wurden.

Dieses Wiederaufnehmen oder Wiedereinbauen der schon vorher im letzten Erdenleben benutzten Lebensatome in sein Gewebe bewirkt, daß das reinkarnierende Ego im Grunde genommen in jeder Hinsicht der gleiche Mensch wird, der er vorher gewesen ist, tatsächlich die gleiche zusammengesetzte Konstitution, aber veredelt, gebessert und verfeinert durch die Lektionen, die das Ego auf den höheren, den unsichtbaren, mehr spirituellen Globen unserer Erdplanetenkette gelernt hat. Und das Ego schreitet nicht zuletzt deshalb fort, weil es die Lektionen und Erfahrungen des vorangegangenen Erdenlebens sozusagen absorbiert und verdaut hat. Diese spirituelle Assimilation oder Verdauung fand statt, während das Ego in seiner devachanischen Himmelswelt im Schoß der Monade ruhte und träumte. So wird die sich wiederverkörpernde Wesenheit bei ihrem 'Abstieg' auf dem Rückweg zu physischer Inkarnation auf Erden durch die Zwischenpläne und -globen des absteigenden Bogens unserer Erdplanetenkette wieder von neuem zu einem zusammengesetzten Bündel von Kräften und Substanzen. Schließlich erreicht sie wieder unsere Erdebene, und hier beginnt sie dieselben Lebensatome wieder anzunehmen oder aufzunehmen, die sie früher auf dieser Ebene physischer Materie zurückgelassen hatte, nachdem sie in ihrem letzten Erdenleben ihren physischen Körper zusammengesetzt hatten. Nach angemessener Zeit wird dann auf der Erde ein Kind geboren, das karmisch dazu bestimmt ist, die Pflichten wieder aufzunehmen, die es beim Tod des früheren physischen Körpers niedergelegt hatte. Es trägt in der Tat alle die Energien, Kräfte und Substanzen wieder in sich, die es einst zu dem gemacht hatten, was es war, und die es jetzt zu dem machen, was es nun ist. Wie es früher erntete, was es gesät hatte, so bereitet es sich nun vor, wieder die Ernte dessen einzubringen, was es zuletzt selbst gesät hat. Durch die psycho-magnetischen Wechselwirkungen zwischen dem Feld des Lebens selbst und dem eigenen Charakter der menschlichen Monade wird es zu Gefilden des Lebens hingezogen, auf denen die Saat jener Ernte gesät worden war.

Der große Plotin, dessen Bemerkungen hier zusammengefaßt wiedergegeben werden, schrieb:

"Jede einzelne 'Seele' folgt in Übereinstimmung mit ihrem eigenen Charakter einem unausweichbaren und beherrschenden Gesetz, dahin zu treiben, wohin ihre Neigungen (oder ihr Charakter) sie drängen, d. h. zu der Art (oder dem Bild) ihrer Konstitution und ihrer Präferenz. Keine äußere Macht, kein äußerer Gott bringt sie in die für sie geeignete Verkörperung. Jede 'Seele' hat die ihr bestimmte Stunde, und wenn diese Stunde schlägt, fällt sie hinab und tritt in den für sie geeigneten Körper ein; sie gehorcht dabei einem instinktiven Drang. So tritt denn Gleiches immer in Gleiches ein. Eine steigt jetzt nieder, eine andere erst später."

"Enneaden", "Über die Seele", IV, iii, 13

VI

Welche spirituellen, intellektuellen und moralischen Schlußfolgerungen sollten nun zwangsläufig aus den Lehren gezogen werden, die im vorliegenden und in den vorhergehenden Kapiteln umrissen worden sind? Zunächst einmal sollte die Frage, was nach dem Tod aus denen wird, die wir liebten, für die Zurückbleibenden keinen Schmerz verursachen. Die große Mutter Natur sorgt für alles in höchst wundervoller und schöner Weise. Wenn der Tod zu uns kommt, was er ganz gewiß einmal tut, so bedeutet das Befreiung, mehr Leben, ein weit umfassenderes Leben, ein unaussprechlich wunderbares Erleben, in dem alles bei weitem faszinierender ist als irgend etwas, was dieser große Globus Erde uns geben kann. Es bedeutet die Wanderung den Stromwegen des Kosmos entlang zu anderen Wohnungen des Universums, den unentrinnbaren Zirkulationen oder Pfaden entlang, denen von Anfang des Manvantaras an die Monaden aller vergangenen manvantarischen Zeit während des Verlaufs ihrer wunderbaren Pilgerfahrten gefolgt sind.

Die zweite Schlußfolgerung, die hieraus nutzbringend gezogen werden kann, ist die, daß keineswegs für jeden auf Erden geborenen Menschen eine neue Seele "erschaffen" wird. Jede menschliche Wesenheit, die inkarnierend in die Erscheinung tritt, d.h. jede 'menschliche Seele', die in einem menschlichen Körper erscheint, ist weiter nichts als eine Reinkarnation eines menschlichen Egos, das sich seit Ewigkeiten inkarniert und reinkarniert hat. Hieraus kann außerdem die nicht unwichtige Folgerung gezogen werden, daß wir selbst, die heute Lebenden, die Reinkarnationen der Alten sind. Wir sind in Wahrheit die Alten, die in dieser gegenwärtigen Zeit existieren, geradeso wie jene Alten zu ihrer Zeit und zu anderen, noch weit früheren Zeiten existiert haben. Die alte theologische Vorstellung, daß der "allmächtige Gott" für jeden neugeborenen Kindeskörper eine menschliche Seele erschaffe, trägt in sich die Folgerung der göttlichen Verantwortlichkeit. Diesen Irrtum beginnen heute sogar christliche Theologen zu sehen und zu erkennen. Und wenn sie ihren Irrtum erkennen, möchten sie in vielen Fällen nicht länger mehr an dieser Idee festhalten. Ferner ist die menschliche Familie als monadische Gruppe eine Unter-Hierarchie oder eine "Schar von Seelen", von denen nur etwa ein Hundertstel durch die zu irgendeiner Zeit auf Erden lebenden Menschen repräsentiert wird. Millionen über Millionen befinden sich in den unsichtbaren, inneren Welten und durchwandern sozusagen die Weltenrunden, wobei sie zyklisch evolvieren, indem sie die verschiedenen Ebenen der inneren Natur besuchen.

Eine dritte und vielleicht die edelste Schlußfolgerung, die wir zu ziehen genötigt sind, ist die, daß das gesamte Werk der Evolution darin besteht, den selbstbewußten, den selbst-bewußt wahrnehmenden und fühlenden Teil von uns dahin zu bringen, sich der höheren und höchsten Teile unserer Konstitution immer vollständiger selbst-bewußt zu werden, mit anderen Worten, uns langsam dahin zu bringen, daß wir uns selbstbewußt mit dem höchsten Teil des individuellen Bewußtseinsstromes oder -flusses, der ein jeder von uns essentiell ist, vereinigen, anstatt hier unten im Schmutz der Erde, im Dunkel und Schlamm materieller Existenz herumzukriechen. Denn dort leben die meisten von uns noch, und ihr Denken, Fühlen und Wollen ist auf Dinge konzentriert, die sich nicht so sehr von denjenigen unterscheiden, denen die Tiere verantwortungslos nachgehen. Das Geheimnis dieses evolutionären inneren Wachsens oder Entfaltens besteht also darin, unser Bewußtsein selbst-bewußt von Niederem auf Höheres zu übertragen und dort zu verankern. Es sei daran erinnert, die Zeit für den Beginn dieser Arbeit ist immerdar: J E T Z T !

Der Mensch ist in seiner innersten Essenz eine göttliche Monade, ein göttlicher Funke oder eine göttliche Flamme und somit unbedingt unsterblich, und seine Funktion und sein aktives Selbst-Bewußtsein sind von kosmischer Reichweite. Als siebenfache Wesenheit umfaßt die Konstitution des Menschen Willenskraft und

Intelligenz, zwei wundervolle spirituelle Werkzeuge, mit denen der Mensch sich ein sehr erhabenes Schicksal meißeln kann, ein Schicksal, das ihn, wenn er will, dahin führt, in ferner Zukunft ein selbst-bewußter Gott zu werden. Er ist dazu berufen, in wesentlich weiter entfernten Äonen der Zukunft sein Selbst-Bewußtsein mit seiner ihn 'überschattenden' spirituellen Monade, seinem essentiellen Selbst, zu vereinigen. Das Schicksal der Monade aber ist, in noch weit fernerer Zukunft - einer Zeit, die wir mit kosmischen Zahlen berechnen müssen - eins zu werden mit *ihrem* Elter, der göttlichen Monade oder Flamme, also ihr Selbst-Bewußtsein mit dieser göttlichen monadischen Flamme zu vereinigen und von da an als höherer Gott selbst-bewußt teilzunehmen an dem großartigen kosmischen Werk des galaktischen Universums.

KAPITEL VI

GEBURT UND VOR DER GEBURT

Im vorliegenden Kapitel soll versucht werden, eine mehr ins einzelne gehende, vollständigere Beschreibung der Art und Weise zu geben, in der das sich wiederverkörpernde Ego auf Erden Körper annimmt. In einigen der vorangehenden Kapitel ist in mehr allgemeinen Denkbahnen die Absicht verfolgt worden, statt eines detaillierten einen universalen Überblick über das zu geben, was dem sich wiederverkörpernden Ego nach dem Tod und auch vor seiner Wiedergeburt widerfährt. In diesen Kapiteln mußte notgedrungen sehr viel außerordentlich interessantes Material fortgelassen werden, damit nicht durch eine Überfülle von Einzelheiten Verwirrung beim Leser hervorgerufen wird. Nun soll aber die Darstellung der diesbezüglichen Lehre der Esoterischen Philosophie vervollständigt werden. Die Aufmerksamkeit wird noch auf besondere Phasen der Rückkehr der Monade ins Erdenleben gelenkt sowie auf die Art und Weise, in der sie wieder ein körperliches Vehikel annimmt.

I

In wiederholten Verkörperungen oder Wiederverkörperungen, die einander während einer Periode kosmischer Manifestation oder eines Manvantaras regelmäßig folgen, durchläuft das evolvierende und revolvierende Wesen, die Wesenheit, oder genauer und bestimmter, die sich wiederverkörpernde Monade die ganze Reihe ihrer zyklisch in Erscheinung tretenden

Existenzen in der Manifestation. Dies gilt nicht während der Intervalle ungeheuer langer kosmischer Ruhe, die mit dem Sanskritwort 'Pralaya' bezeichnet werden und in denen die Monade in ihrem eigenen reinen, essentiellen Sein im Schoße des kosmischen Hierarchen ruht.

Jeder dieser 'Abstiege' in einen Körper oder in Körper, oder anders ausgedrückt, jede der Verkörperungen oder Einkerkerungen in den verschiedenen Welten der Materie bildet einen Schleier oder Mantel, eine Hülle oder ein Gewand. Dieser Schleier ist teils von der Monade mit Kräften und Substanzen aus ihrer eigenen inneren Essenz evolviert, teils aus Scharen von Lebensatomen aufgebaut worden, die aus dem allgemeinen Reservoir der Welt, Sphäre oder Ebene herangezogen wurden, auf der sich die Monade während der Zeit oder Dauer individueller Verkörperung oder Einkörperung gerade aufhält. Nun sind diese Lebensatome für die individuelle sich wiederverkörpernde Monade, das Ego, aber keineswegs Fremde. Denn obwohl sie selbst nachdrücklichst lebende Wesen, Wesenheiten oder auch evolvierende und revolvierende 'Atome' sind, wurden sie nichtsdestoweniger in der vorhergehenden kosmischen Manifestationsperiode von der Essenz der sich wiederverkörpernden Monade, des Egos, abgeworfen. Bei der Rückkehr des sich wiederverkörpernden Egos haben die Lebensatome sich dann wieder mit ihm vereinigt, und zwar sozusagen durch andauernde psycho-magnetische Anziehung. So kommt es, daß diese Lebensatome - die aus der monadischen Essenz oder dem sich wiederverkörpernden Ego emaniert oder hervorevolviert worden sind und von denen sich das Ego 'befreit' hat, als es sich am Ende des kosmischen Manvantaras mit seinem kosmischen Elter wieder vereinigte - sozusagen "im Raume hängen", und zwar jedes in seinem eigenen Zustand individuel-

len Nirvânas während der gesamten Periode des Pralayas, das auf das kosmische Manvantara folgt. Wenn
aber das neue kosmische Manvantara ein neues Drama
kosmischen Lebens eröffnet, dann erwachen eben diese bisher ruhenden Lebensatome in ihren eigenen Sphären und im Rahmen ihres Zustandes der Aktivität wieder zu neuem Leben. Steigt dann die sich wiederverkörpernde Monade von ihrem kosmischen Elter zu
neuen Wanderungen durch die Sphären und Welten 'herab', werden diese Lebensatome unwiderstehlich zu ihr
als ihrem Elter zurückgezogen, und indem sie sich an
das sich wiederverkörpernde Ego heften, helfen sie
ihm, seine verschiedenen Gewänder oder Hüllen aufzubauen.

Hier zeigt sich im Großen der gleiche Prozeß der
Wiederverkörperung der Lebensatome, der im Kleinen
von dem sich wiederverkörpernden Ego wiederholt
wird, wenn es aus seiner devachanischen Ruhe erwacht und wieder einmal zur Inkarnation auf Erden
'herabsteigt'. Der einzige Unterschied besteht darin,
daß die Lebensatome zwischen den Erdenleben des
sich wiederverkörpernden Egos, das sie erzeugte, nicht
ruhen. Sie befinden sich unaufhörlich auf Wanderschaft - ausgenommen während der Pralayas - und
evolvieren und revolvieren nicht nur als Einzelwesen,
sondern auch als Aggregate. Während dieser Wanderungen befinden sich die Lebensatome in einem fort-
gesetzten, nie endenden Fluß oder Strom, der in die
Körper weiter fortgeschrittener Monaden hinein- und
wieder aus ihnen herausfließt. Auf diese Weise helfen
sie, die Vehikel oder Körper dieser Monade auf den
verschiedenen kosmischen Ebenen aufzubauen.

Ein vertrautes Beispiel aus dem menschlichen Leben mag den Zusammenhang vielleicht verdeutlichen:
Ein menschlicher Elter emaniert den menschlichen Lebenskeim oder bringt ihn aus seinem Körper hervor, und

dieser Keim entfaltet sich in geeigneter Umgebung zu einem neuen Menschen, der somit das Kind seines Elters ist. Im Anfangsstadium dieses Prozesses ist der Lebenskeim offensichtlich ein Lebensatom; seine Bestimmung ist es jedoch, ein Mensch zu werden. Nehmen wir nun einmal an, dieser Elter hätte mehrere Kinder, von denen jedes einzelne von einem Lebenskeim im Körper des Elters geboren wurde. Zu gegebener Zeit stirbt dann der Elter, und sein sich wiederverkörperndes Ego erlebt nach dem Tode sein devachanisches Zwischenspiel von vielen Jahrhunderten, bis es schließlich in die Inkarnation zurückkehrt. Während dieser ganzen Zeit von vielen Jahrhunderten tragen die Kinder des in Frage kommenden Elters und deren Kinder und Kindeskinder usw. viele Generationen hindurch den speziellen atomaren Lebensfluß der psychomagnetischen und physisch-vitalen Flut weiter oder setzen ihn fort als ununterbrochenen Lebensstrom, den der Elter natürlich nicht als erster erzeugte, jedoch - in unserem Beispiel - in physische Existenz brachte. Wenn nun dieser Elter - dem Beispiel folgend - wieder zu physischer Existenz gelangt, dann wird das sich wiederverkörpernde Ego von dem *Milieu* oder der Familie angezogen, zu der es die stärksten Bindungen hat.

Der Leser möge bitte die folgenden Worte mit größter Aufmerksamkeit lesen: Wären die menschlichen Urkunden alt genug, so könnte diese Familie in regelmäßigen, ununterbrochenen genealogischen Stufen direkt oder indirekt zurückverfolgt werden bis zu jenem anfänglichen Zeugungsakt des 'Elters', der Gegenstand unseres Bildes ist. So nimmt das sich wiederverkörpernde Ego dieses Elters tatsächlich einen von seinen eigenen Nachkommen geborenen Körper an. Wenn es nicht in direkter, ununterbrochener genealogischer Linie geschieht, was übrigens viel häufiger vorkommt, als gemeinhin angenommen wird, dann doch in der verwandtesten Seitenlinie, die ebenfalls eine Fortsetzung desselben Lebensstromes ist, obwohl vielleicht stärker vermischt, so wie es die vielen dazwischenliegenden Generationen von Nachkommen in direkter Linie oder in Seitenlinien ermöglichen. Es ist tatsächlich sehr selten, daß eine Familie völlig ausgelöscht wird, so daß nicht ein einziger Seitenzweig und nicht eine blutsverwandte Linie verbleibt. Mit "Seitenlinien" sind hier Seitenverzweigungen gemeint, die von dem direkten Stammbaum zuweilen abgehen und daher auch ihren eigenen Anteil an der ursprünglichen "erblichen" spermatischen Linie enthalten. Wird diesem Beispiel, sei es auch unvollkommen und skizzenhaft, etwas Nachdenken gewidmet, so wird es sich nichtsdestoweniger als geeignet erweisen, die wiederholte Rückkehr der sich wiederverkörpernden Monade, des Egos, zu ihren eigenen Lebensatomen aus früheren Verkörperungen zu erklären.

Die im vorangehenden Abschnitt enthaltenen Bemerkungen bilden einen Aspekt, wenn nicht die gesamte Grundlage des sogenannten "Ahnenkultes" vieler orientalischer Völker wie der Chinesen, Japaner usw.

Der Leser sollte bitte ebenfalls sorgsam beachten, daß infolge des zeitalterlangen sozialen Verkehrs zwischen Menschen, Familien, Volksstämmen, Nationen und sogar Rassen - dieser Verkehr kann in bezug auf die persönlichen Beziehungen in "licet" und "illicet" ("es ist erlaubt" und "es ist nicht erlaubt") unterteilt werden - die Vermischung oder Rassenmischung von Familie mit Familie und von größeren Einheiten mit größeren Einheiten beständig vor sich geht. In unserer Zeit tatsächlich ununterbrochenen persönlichen Verkehrs sowie weitreichender Kontaktaufnahme und Verständigung schreitet die Blutvermischung im kleinen wie im großen Maßstab schnell voran - ob uns der Gedanke der Rassenmischung nun sympathisch ist oder nicht. Wenn wir also eine einzelne Rasse als Beispiel nehmen, dann hat wahrscheinlich heute jeder einzelne in dieser Rasse - ob hoch- oder niedrigstehend, ob Patrizier oder zum gemeinen

Volk gehörig, ob Prinz oder Bauer - eine ganz vermischte Ahnenreihe. Ja, mit hoher Wahrscheinlichkeit fließt das gleiche Blut durch die gesamte Rasse, in den Adern von Patriziern und von Plebejern, mit Unterschieden, die allein auf dem verschiedenen Ausmaß der Bei- oder Vermischung beruhen.

Wenn die Rassenmischung in der Zukunft ebenso schnell vorwärtsschreitet wie während der letzten zwei- oder dreihundert oder mehr Jahre, dann wird in der Tat die Zeit kommen, da alle Völker auf Erden, welcher Rasse sie auch angehören mögen, als Blutsverwandte angesehen werden können, und zwar in dem Sinne wie bei der gerade erwähnten typischen Rasse.

Wer die Natur der wiederholten Wiederverkörperungen studiert, darf auf keinen Fall die Aufmerksamkeit zu stark auf die vehikulare oder körperliche Seite richten, sondern muß versuchen, das sich wiederverkörpernde Ego *als einen Brennpunkt oder ein Zentrum von Bewußtsein* zu betrachten und sein wiederholtes Kommen und Gehen zu verfolgen. Natürlich ist es richtig, daß sowohl die körperliche Seite als auch die Bewußtseinsseite zumindest bis zu einem gewissen Grad studiert und verstanden werden muß. Doch die wichtigere von beiden ist die Bewußtseinsseite.

Als *Bewußtsein* betreten wir durch das Tor der physischen Geburt das Erdenleben und spielen hier, auf der Bühne physischer Existenz, als Schauspieler im Drama des Lebens unsere verschiedenen und mannigfaltigen Rollen. Danach verlassen wir die Bühne des Erdenlebens wieder, und zwar durch das andere Tor, das wir Tod nennen. Es ist also offensichtlich, daß das, was wir das Leben auf Erden nennen, nur ein Akt im Drama manifestierter Existenz ist, und dieses Drama hat - seltsam genug - in Wirklichkeit weder Anfang noch Ende. Es erstreckt sich zurück in die Ewigkeiten der Vergangenheit und vorwärts in die Ewigkeiten der Zukunft. In diesem wunderbaren Lebensdrama tritt ein jeder von uns als Akteur auf.

"Aufstieg für Aufstieg schwinden die Erscheinungen hinter mir,
Weit unten sehe ich das gewaltige anfängliche Unbeschreib-
bare,
Ich weiß, ich war sogar dort,

. . .

Unermeßlich sind die Vorbereitungen für mich gewesen,
Getreu und freundlich waren die Arme, die mir halfen.
Zyklen setzten meine Wiege über, immerfort rudernd wie
fröhliche Bootsführer,
Um Raum für mich hielten sich die Sterne beiseite in ihren
eigenen Bahnen,
Sie sandten Einflüsse, um für das zu sorgen, was mich hal-
ten sollte.
Bevor ich aus meiner Mutter geboren wurde, haben Genera-
tionen mich geführt,
Mein Embryo war nie unumsorgt, nichts konnte ihn nieder-
drücken.
Für ihn zog sich der Nebel zu einem Körper zusammen,
Sammelten sich die ausgedehnten schwerfälligen Schichten,
um ihn darauf zu betten.

. . .

Alle Kräfte wurden ständig gebraucht, mich zu vervollständigen und zu erfreuen.
Hier stehe ich nun mit meiner starken Seele."

Walt Whitman: "Grashalme", "Gesang von mir selbst".

So besteht also für jede Wesenheit ein fortgesetzter, ununterbrochener, anfang- und endloser Existenz-
strom in vielfältigen Formen der Manifestation. Der
Mensch zum Beispiel erscheint hier auf dieser Stufe
der Erdenexistenz als ein selbstbewußtes, denkendes
Wesen, das sich sein zukünftiges Schicksal selbst gestaltet. Dabei ist er all den kosmischen Mächten, Attributen und Kräften ausgesetzt, die auf ihn einwirken, und so ersteht sein zukünftiges Schicksal immer
auf der Grundlage der Vergangenheit. Diese Einwirkung beeinflußt ihn und somit sein Denken, Fühlen und

Handeln mit gewaltiger Kraft und bestimmt auch all
das sogenannte automatische, nicht selbstbewußte Denken, Fühlen und Handeln, das von ihm selbst und seinem physischen Körper ausgeht. Dennoch bahnt er
sich dank der magischen Kraft seines freien Willens -
der eine spirituelle, fast göttliche Fähigkeit ist, die
wie ein goldener Faden durch sein ganzes Wesen hindurchläuft - seinen eigenen Schicksalsweg durch endlose Zeit, und zwar so, wie er dies will und kann oder
auch nicht will.

Es sei noch einmal wiederholt: Für jedes Sein und
jede Wesenheit im Universum gibt es einen ununterbrochenen, beständigen Strom von Existenz. Jenes spirituelle psycho-mentale monadische Ego, das nach Beendigung der letzten Erdenexistenz durch das Tor des
Todes ausgeströmt ist in eine andere Existenz in ätherischeren Reichen, wird aufgrund der karmischen Faktoren unweigerlich wieder zu dieser Erde zurückgezogen. Erholt, erfrischt und neu gestärkt durch seine
Periode devachanischer Ruhe und Seligkeit, erwacht
das menschliche Ego wieder für eine neue Zeit selbst-
bewußter Aktivität auf unserem Globus Erde. Doch
schon lange vor der Wiedergeburt auf Erden hatten
die psycho-spirituellen Energien, die es in den Schoß
der spirituellen Monade hingezogen und dort festge-
halten hatten, das Ende ihrer Aktivitätsperiode erreicht. Gleichzeitig waren neue Anziehungskräfte zu
den niederen Sphären, wenn auch langsam, wirksam
geworden, die das Ego erdwärts trieben oder zogen.

Alte Erinnerungen an frühere Szenen des Erdenlebens waren dem Ego langsam ins Bewußtsein zurückgekehrt und hatten es, wenn auch verschwommen und
unbestimmt, an früher erlebte Ereignisse und Dinge
erinnert, an damals befolgte Ideale, an seinerzeit er-
fahrene Liebe, an die von ihm gehegten Aspirationen
und an Dinge, die es damals getan bzw. unterlassen

hatte. Dies alles waren Erinnerungen aus dem letzt-
vergangenen Leben und tatsächlich auch aus früheren
Erdenleben. Alles das arbeitet nun in seinem Bewußtsein mit zunehmender Kraft, bekommt immer deutli-
chere Umrisse und Konturen und absorbiert schließlich
den größeren Teil seiner Träumereien oder Vorstellungen. In fast automatischer Tätigkeit ziehen die Erinnerungen das Ego auf diese Weise wieder erdwärts
in die Bereiche niederer Materie und bringen schließlich seine Reinkarnation auf unserem Erdglobus zuwege. Die Anziehungskraft zieht es zum Spirituellen
oder auch zum Materiellen.

Diese psycho-mentalen und spirituellen oder psychologischen Funktionen des Bewußtseins sind für uns
durchaus nichts Einzigartiges oder auch nur Eigenarti-
ges oder Fremdes. Im gegenwärtigen Leben auf Erden
sind in jedem von uns dieselben spirituell-psychologi-
schen Funktionen unseres Bewußtseins in Tätigkeit. Es
ist offensichtlich, daß wir uns zu dem, was wir lieben,
hingezogen fühlen. So folgen wir oftmals - ohne uns
dessen bewußt zu sein - Bahnen, auf die wir geradezu
gezogen werden, und zwar manchmal leider von bloßen flüchtigen Irrlichtern der Einbildungskraft, zu anderen Zeiten aber auch von hohen Idealen und Bestrebungen sowie von Gedanken und von Sehnsucht oder
Verlangen der erhabensten Art. Hierbei ist das gleiche
Gesetz der Gedankenassoziationen anwendbar, das in
der modernen Psychologie bekannt ist. Dasselbe Gesetz und dasselbe Prinzip konstruktiver Einbildungskraft ist wirksam, wenn das reinkarnierende Ego auf
seinem Weg zur Wiederverkörperung auf Erden beginnt, in die Ebenen und Welten von weniger ätherischer Materie oder Substanz hinabzusteigen.

II

Die Ausführungen auf den vorhergehenden Seiten
dieses Werkes könnten den Anschein erwecken, es sei
die spirituelle Monade, die während des Verlaufes
ihrer Wanderungen zwischen den Sphären tatsächlich
die Zeit für die Rückkehr des reinkarnierenden oder
sich wiederverkörpernden Egos zur Erde bestimmt.
Muß daraus nun gefolgert werden, daß die Pilgerfahrt
der spirituellen Monade ihr Ende etwa genau zu der
Zeit erreicht, da das reinkarnierende oder sich wiederverkörpernde Ego die Anziehung der von der Erde
ausgehenden magnetischen Kräfte zum ersten Mal zu
fühlen beginnt? Dies ist in der Tat eine berechtigte
Frage und wohl wert, zumindest kurz erwogen zu
werden.
Zunächst einmal sollten die verschiedenen Reinkar-
nationszeiten wie auch die Anfangs- und Endphasen der
Pilgerfahrten der Monade nicht allzu mechanisch betrachtet werden. Wenn auch die Zeiten für diese verschiedenartigen Phasen oder Veränderungen ziemlich
bestimmt sind und die verschiedenen Ebenen und Welten oder Sphären, die die Monade durchwandert,
ebenso unvermeidliche wie karmisch festgelegte "Stationen" sind, so ist es dennoch richtig, daß das reinkarnierende oder sich wiederverkörpernde Ego nicht in
einen neuen menschlichen Körper auf Erden eintritt
bzw. eintreten kann, oder besser, einen solchen nicht
'überschattet' bzw. 'überschatten' kann, bevor die spirituelle Monade jenen Teil ihrer interplanetarischen
Wanderung erreicht hat, der sie der Erde wieder einmal am nächsten bringt. Bei diesem wirklich schwierigen Zusammenhang ist besonders ein wichtiger Punkt
zu beachten: Aufgrund der Naturgesetze sind diese
spirituellen und psychischen Prozesse einander so wunderbar und natürlich angepaßt, oder besser gesagt,

sie alle arbeiten so wunderbar und natürlich zusammen, daß mit fast unweigerlicher Konsequenz die spirituelle Monade genau zu der Zeit jenen Teil ihrer Wanderungen erreicht, der sie zum höchsten Globus der Erdkette bringt, nämlich zu Globus I, wenn das reinkarnierende oder sich wiederverkörpernde Ego seinen devachanischen Schlaf beendet hat oder gerade beendet. Ganz offensichtlich hat also ein Ego, ob es nun ein langes oder ein kurzes Devachan hat, in keinem Fall irgendwelche Schwierigkeiten. Denn die spirituelle Monade wird mehr oder weniger stark von der spirituellen Beschaffenheit oder Qualität des sich wiederverkörpernden Egos beeinflußt, das sie in ihrem Schoß trägt. So kommt es, daß die Pilgerfahrt der spirituellen Monade, besonders die Zeit, die die interplanetarische Pilgerfahrt in Anspruch nimmt, bis zu einem gewissen, oft hohen Grad gesteuert wird.

Gerade hier wieder greift in den Vorgang der interplanetarischen Pilgerfahrt der Monade ein sehr wichtiger Einfluß ein, dessen Erklärung in einem veröffentlichten Werk außerordentlich schwierig ist. Es erscheint daher als das beste, nur in einem Einschub kurz darauf Bezug zu nehmen, und zwar um so mehr deshalb, weil dieser besondere Einfluß mit Lehren zusammenhängt, die dem Wesen nach hoch esoterisch und daher offensichtlich für die Veröffentlichung in einem gedruckten Buch nicht geeignet sind. Der Verfasser will sein Bestes tun und so kurz wie möglich zumindest einige Hinweise zur Klärung der Frage geben, weshalb das 'schlafende' oder 'träumende' sich wiederverkörpernde Ego die spirituelle Monade in so hohem Maße lenken und die Zeitspanne der interplanetarischen Pilgerfahrt verkürzen oder auch verlängern kann.

Im vorigen Kapitel wurde auf den Unterschied zwischen den Äußeren und den Inneren Runden hingewiesen. Was dort gesagt wurde, kann den angedeuteten Zusammenhang erklären, wenn der Leser aufmerksam oder klug genug ist, ihn zu erfassen.

Die folgenden Bemerkungen werden dann hoffentlich von Nutzen sein. Das allgemeine Schema der Äußeren Runden schließt die Tatsache ein, daß die spirituelle Monade während des Verlaufes jeder Äußeren Runde - die Zeitspannen umfaßt, die nach Hunderten von Millionen Jahren zu berechnen sind - karmisch gebunden ist, in und auf jeder Planetenkette, die sie in der Äußeren Runde durchläuft, dieselbe zyklische Rolle zu spielen wie in und auf jedem Globus der betreffenden Planetenkette, an die sie zur Zeit ganz besonders durch Karman gebunden ist. Alle spirituellen Monaden, die für uns Menschen die spirituellen Selbste sind, durchschreiten gegenwärtig wie auch zeitalterlang in der Vergangenheit und in der Zukunft jene Phase der Äußeren Runde, in der wir jetzt unsere Tätigkeit ausüben, und dies bindet uns ganz besonders an die Planetenkette der Erde. Daher kommt es, daß, solange sich unsere Erdplanetenkette in ihrem gegenwärtigen Kettenmanvantara befindet, unsere spirituellen Monaden an diese Planetenkette ganz besonders gebunden sind, und das sich wiederverkörpernde Ego, das in der Erdplanetenkette *beheimatet* ist, hat aus diesem Grund einen besonders starken Einfluß auf die spirituelle Monade.

Wenn einmal unsere Erdplanetenkette ihren manvantarischen Lauf beendet haben wird und unsere Gruppe spiritueller Monaden dann zu gegebener Zeit während der gegenwärtigen großen Äußeren Runde zur nächstfolgenden Planetenkette übergeht, dann wird das sich wiederverkörpernde Ego, das in dieser nächstfolgenden Planetenkette *beheimatet* ist, auf die spirituelle Monade den stärksten Einfluß haben. Das sich wiederverkörpernde Ego aber, das in unserer gegenwärtigen Planetenkette beheimatet ist, wird sich dann in seinem manvantarischen Nirvâna befinden, und infolgedessen wird sein Einfluß auf die spirituelle Monade eher negativ als positiv aktiv sein. Dagegen wird der Einfluß des sich wiederverkörpernden Egos, das auf der nächsten oder folgenden Planetenkette beheimatet sein wird, positiv aktiv sein, und zwar geradeso, wie unser eigenes sich wiederverkörperndes Ego gegenwärtig in seinem Einfluß auf die spirituelle Monade positiv ist. *Verbum sapienti!*

Aus dem Vorhergehenden wird verständlich, daß die spirituelle Monade, deren Reichweite - daran sei erinnert - das Sonnensystem umfaßt, einen Strahl, eine Strahlung oder ein sich wiederverkörperndes Ego für jede Planetenkette aussendet, mit der sie karmisch verbunden ist. Mit anderen Worten, die spirituelle Monade sendet für jeden einzelnen der sieben (oder zehn oder zwölf) heiligen Planeten, die hier schon erwähnt und erklärt wurden, ein anderes sich wiederverkörperndes Ego aus. Die vorangehenden Bemerkungen enthalten den Grund dafür,

warum das sich wiederverkörpernde Ego eines jeden zur Erdkette gehörenden Menschen die spirituelle Monade ganz besonders beeinflußt und warum dieser Einfluß oft so stark ist, daß
er die Länge der interplanetarischen Wanderungen der spirituellen Monade wie auch ihren Rückzug von der Erde und ihr
Näherkommen zur Erde bestimmt oder lenkt.

Alle Naturvorgänge besitzen aufgrund vieler und
mannigfaltiger Kombinationen von Umständen eine gewisse Anpassungsfähigkeit in bezug auf ihre Arbeits-
weise. Ein Faktor ist zu einer Zeit sehr einflußreich
und sinkt zu einer anderen Zeit in relatives Gleichgewicht zurück, während ein anderer Faktor in der Glei-
chung folgt, der dann - zumindest für diese Zeit - die
Vorrangstellung einnimmt. Es ist notwendig, daran zu
denken, daß in den kausalen oder spirituell-intellektuellen Welten alles mit allem anderen zusammenarbei-
tet und daß auch die Wesenheiten, die zu den weniger
ätherischen und mehr materiellen Reichen gehören,
ebenfalls einen Einfluß auf die höheren Welten oder
Sphären ausüben, der im einzelnen Fall groß oder gering sein mag, und zwar aus dem Grunde, weil sie integrale, untrennbare Teile des individuellen Ganzen
sind. Alle leben und arbeiten für alle, und alles lebt in
allem und für alles.
Die spirituelle Monade lebt in ihren eigenen ätherischen oder spirituellen Reichen tatsächlich ungehemmt durch das, was ihrer 'Reflexion' oder ihrem
Körper auf Erden zustößt oder was sich in all ihren
niederen Vehikeln in den Reichen abspielt, die materieller sind als ihre heimatlichen Sphären. "Ungehemmt"
trifft schon zu, aber es bedeutet keineswegs unbeein-
flußt, denn offensichtlich wird eine Monade, solange
sie mit den niederen Reichen verbunden ist, bis zu einem gewissen Grad von diesen beeinflußt. Trotz derartiger von unten kommender Einflüsse verfolgt die
spirituelle Monade *an sich* nichtsdestoweniger ihre ei-

gene Evolution, und zwar in und durch ihre eigenen Ebenen und Welten. Auf diese Weise macht sie ihre eigenen wunderbaren spirituellen Erfahrungen in einer Hinsicht unabhängig von den niederen Reichen, mit denen sie andererseits dennoch verbunden sein mag, ja mit denen sie sicher verbunden ist. Dieses beeinflussende Band oder Glied wirkt daher tatsächlich bis zu einem gewissen Grad auf die eigene Evolution der spirituellen Monade ein, hemmt oder leitet sie jedoch nicht vollständig. Ebenfalls sollte beachtet werden, daß wir nur von unserem Standpunkt aus, nämlich als Menschen auf Erden, von der Wanderung der Monade mit dem schlafenden reinkarnierenden oder sich wiederverkörpernden Ego in ihrem Schoß sprechen können. In Wirklichkeit hat die spirituelle Monade noch viele andere Glieder oder Bande, die dafür sorgen, daß sie ihre Pilgerfahrt fortwährend durchführt. Die Ausstrahlung des sich wiederverkörpernden Egos und die daraus sich ergebenden Erfahrungen durch dieses Ego auf unserer Erdkette sind nur e i n e Phase ihrer ununterbrochenen Aktivität während des Wanderns. Aus dem Vorhergehenden sollte vielleicht ein wenig ersichtlich sein, wie die Aussage gemeint ist, daß das sich wiederverkörpernde Ego die Monade beeinflußt.

III

Während das sich wiederverkörpernde Ego seinen Strahl oder seine Strahlung nach unten hin in Bewegung setzt, wohin es durch alte Erinnerungen an das vorhergehende Erdenleben, die in ihm wieder erwachen, unwiderstehlich gezogen wird, wird es psychomagnetisch von den Ebenen angezogen, in und auf denen es früher gelebt hat. Gemäß derselben Anziehungsregel betritt das Ego schließlich den gröbsten

Teil der Erdplanetenkette, den Globus D, auf dem es früher schon im letzten Erdenleben als Mensch gelebt hat. Dieser "gröbste Teil" ist tatsächlich die atomare Welt oder der atomare Bereich von Globus D, und diese "atomare Welt" schließt auch ihre interatomaren und intraatomaren 'Äther' in sich ein.

Es wurde bereits oft darauf hingewiesen, daß Leben *an sich* überall und tatsächlich endlos ist. Ferner könnte das Leben selbst - um jetzt auf Einzelheiten einzugehen - auf jedem Globus oder jeder Sphäre in jedem Fall als eine Ansammlung oder Anhäufung von Monaden betrachtet werden. Folglich muß alle Materie, alle Substanz und auch alle Kraft so betrachtet werden, als sei sie in derselben distributiven oder ins einzelne gehenden Weise aufgebaut und zusammengesetzt. Daher kann auch mit Recht behauptet werden, daß selbst die wissenschaftlich bekannten Elektronen im atomaren Gefüge, die in ihrer Gesamtheit unseren Globus und natürlich auch unsere physischen Körper zusammensetzen, ihre Bewohner haben, Subinfinitesimale, die auf und in den infinitesimalen Sphären und dem interatomaren Leben wohnen. Infolgedessen sind die interatomaren und intraatomaren Welten oder Reiche dieser subinfinitesimalen Wesenheiten für die letzteren, solange sie sich in jenem Stadium oder Zustand der Verkörperung befinden, ebenso herrlich, wunderbar und erhaben, wie unsere Welt es für uns auf unserer gegenwärtigen Stufe physischer Verkörperung ist.

Nachdem der monadische Strahl, d. h. das sich wiederverkörpernde Ego, durch diese interatomaren und intraatomaren oder untersten Stufen oder Stadien seines 'Abstiegs' hindurchgegangen ist, wird er zu den für uns Menschen ungeheuer weiteren Bereichen oder Gefilden unseres physischen Erdenlebens hingezogen. Dabei ist immer sorgfältig zu beachten, daß diese Anziehungskräfte oder psycho-magnetischen Impulse in ihrer Gesamtheit einen Teil der Natur des Strahles bilden; dieser kann somit nicht anders und muß diesen Impulsen folgen, die aus seinem eigenen Innern hervorquellen. Das sich wiederverkörpernde Ego hat sich in vergangenen Äonen in diesen Kreislauf der Handlung karmisch eingespannt, der offensichtlich den Prozeß der Ver- und Entkörperung zur Folge hat. Die psycho-magnetischen Anziehungen zu den verschiedenen Stufen oder Sprossen der Lebensleiter, die anschaulich auch als "Rasthäuser" der interplanetarischen Laufbahn des Egos bezeichnet werden könnten, wie auch die in ihm selbst aufsteigenden Impulse beruhen auf alten, eingefleischten Erinnerungen und Instinkten seines vergangenen Lebens und seiner vielen früheren Leben auf dieser Erde wie auch auf anderen Sphären. Diese Impulse und Anziehungskräfte erwachen auf einer jeden solchen Stufe der Wanderung des Egos wieder zu neuem Leben und beginnen, ihre Existenz geltend zu machen.

Schließlich erreicht der von dem sich wiederverkörpernden Ego ausgehende Strahl - oder diese Strahlung - den kritischen Punkt oder die kritische Stufe in seinem 'Abstieg', auf der er zu der besonderen und bestimmten menschlichen Keimzelle hingezogen oder von ihr angezogen wird, deren Wachstum, sofern es nicht unterbrochen wird, einen physischen Körper hervorbringen wird. Die psycho-magnetischen Anziehungskräfte und inneren Impulse des sich wiederverkörpernden Egos haben es, wie oben beschrieben, karmisch zu der Zelle hingeführt, die unter einer Anzahl anderer möglicher Zellen die geeignetste ist, und vereinigen den Vater und die Mutter zur rechten Zeit, damit sie das geben können, was bildhaft das magische Glied vereinten "Lebens" genannt werden könnte. Wenn das geschieht, was auch bezeichnet werden könnte als

Vollendung der psycho-magnetischen Verbindungskette oder des psychischen Bindegliedes zwischen der Strahlung des Egos einerseits und der wachen, vitalen menschlichen Keimzelle andererseits, dann wird - sofern nicht verhängnisvolle Vorfälle dazwischenkommen - zur rechten Zeit ein Kind ins Erdenleben eintreten.

Diese Kombination von Umständen im menschlichen Leben - die an sich so wundervoll ist und mit einem Gefühl gewissenhafter Ehrfurcht betrachtet werden sollte anstatt in der leichtfertigen Weise, in der Männer und Frauen sie heute ansehen - bildet das heilige Mysterium der Geburt. Es darf hier noch hinzugefügt werden, daß die vom Vater gelieferte Keimzelle Träger des monadischen Strahlenpunktes ist, während die Mutter das menschliche Feld vitaler Substanz oder das Ei oder das Gefäß bereitstellt, in dem der ebenso vitale Strahl oder der Strahlenpunkt Aufnahme und Vereinigung findet.

Diese sozusagen psycho-magnetisch zustandekommende Kombination menschlicher Elemente ermöglicht es dem evolvierenden und revolvierenden Strahlenatom, das aus den inneren Reichen, speziell den Astralreichen, kommt, den letzten Schritt vorwärts in die menschliche Inkarnation zu machen.

Von diesem Augenblick an beginnt das lebende Protoplasma von innen nach außen zu wachsen und nach und nach das, was in ihm aufgespeichert ist, zur Manifestation zu bringen. Was aber ist lebendes Protoplasma? Wodurch unterscheidet es sich von den chemischen Elementen, in die die Chemie es zerlegen kann? Woraus besteht, chemisch ausgedrückt, das Protoplasma? Es ist eine Verbindung aus hauptsächlich vier der gewöhnlichsten Elemente, die der Chemie bekannt sind: Sauerstoff, Wasserstoff, Stickstoff und Kohlenstoff *). Wer diese chemischen Elemente zusammenstellt, hat aber doch noch kein Protoplasma,

234

keine wirklich lebende Substanz. Nur durch die Vereinigung mit dem monadischen Strahl und seinem vitalen Einfluß werden die rein chemischen Elemente zu
der vitalen Einheit - wie Wissenschaftler es nennen -
verbunden, d. h. zu der lebenden Zelle, die die Anlage
enthält oder die Aussicht in sich trägt, aus einem mikroskopisch winzigen menschlichen Fortpflanzungskeim
zu einem etwa 1,80 m großen Menschen heranzuwach-
sen, der nicht nur in seinem physischen Körper, sondern auch in seinem welterforschenden Denken und in
seinen spirituellen Intuitionen einige der wunderbar-
sten und interessantesten noumenalen Faktoren des
Universums zum Ausdruck bringt.

Doch das ist noch nicht alles. Das Protoplasma
oder die lebende Substanz ist ihrem Ursprung nach ein
Niederschlag aus dem Astralkörper der Eltern, und
zwar eines jeden der beiden Elternteile. Mit anderen
Worten, es ist eine Konkretion oder Verstofflichung
der vitalen Substanz des elterlichen Ätherkörpers oder
Modellkörpers, die somit die physikalische Verbindung
liefert, in die der monadische Strahl eintreten kann.
Durch dieses Eintreten veranlaßt er die vitale Einheit
oder den menschlichen Fortpflanzungskeim zu seinem
Weg des Wachstums in einen physischen Körper.

Viele moderne Wissenschaftler bemühen sich, künstlich eine lebende Zelle aufzubauen. Wir wissen, daß
alle Entwicklungsstufen auf dieser Erde von der Zelle
bis zum Menschen, einschließlich der großen Palette
von Wesen auf Erden, Abkömmlinge oder Früchte der
evolvierenden menschlichen Schar weit zurückliegender Zeitalter sind, da jene menschliche Schar selbst

---

*) Diese vier Elemente sind die Hauptbestandteile auch der
großen für die Zellfunktion so wichtigen Moleküle wie zum
Beispiel der Desoxyribonukleinsäure, kurz DNS genannt (Anm.
d. Hrsg.).

evolvierte und von Zeit zu Zeit niedere Stämme abwarf, und daß der Mensch Kriyâśakti-Kräfte besitzt (d. h. Kräfte des formativen Willens und der schöpferischen Phantasie), die anfänglich zu verschiedenen Zeiten diese niederen Seitenlinien oder Zweige lebender Wesen erzeugten. Angesichts dieser Tatsachen könnte gefragt werden: Sollte es einem Wissenschaftler nicht möglich sein, künstlich eine lebende Zelle aufzubauen?

Es wäre tatsächlich möglich, besäßen die Wissenschaftler das Wissen, die Weisheit und die Kraft, die sie befähigen könnten, das psycho-vitale Fluidum des monadischen Strahles mit der latent lebenden, aus rein chemischen Elementen zusammengesetzten Materie zu verbinden. Doch trotz aller Hochachtung vor Wissenschaftlern, die in chemischen Laboratorien und biologischen Versuchsräumen arbeiten, ist doch offensichtlich, daß damit zu viel von ihnen verlangt würde. In äonenferner Zukunft jedoch werden die Wissenschaftler der kommenden sechsten und siebten großen Wurzelrasse, wie es in der Esoterischen Philosophie ausgedrückt wird, zweifellos dazu imstande sein. Ob aber vor dieser Zeit ein menschliches Gemüt das Wissen oder die Kraft besitzen wird, eine derartige alchimistische Großtat echter, schöpferischer Magie zu vollbringen, dürfte sehr zweifelhaft sein. Sollte es in unserer Zeit je fertiggebracht werden, so wird es fast wie ein "Glückstreffer" sein, der wahrscheinlich nicht wiederholt werden könnte.

Hier erscheint es wieder notwendig, mit äußerster Zurückhaltung festzustellen, daß ein beträchtlicher Teil der Lehre der Esoterischen Philosophie nicht öffentlich in einem gedruckten Buch herausgegeben werden kann, weil diese Lehre zu den verborgensten und schwierigsten Gedankengängen der esoterischen Studien gehört, die den Wenigen vorbehalten bleiben.

Der Verfasser des vorliegenden Werkes möchte hier mit

Nachdruck, und zwar mit allem ihm zur Verfügung stehenden
Nachdruck erklären, daß weder die Aussage hinsichtlich gewisser esoterischer Lehren - die zu heilig sind, um der Öffentlichkeit übergeben werden zu können - noch andere, ähnliche im
Verlauf des vorliegenden Werkes geäußerte Bemerkungen in irgendeinem Sinn des Wortes als von ihm erhobene "Ansprüche"
auf "höheres" oder tieferes Wissen anzusehen sind. Der Verfasser weist nicht nur entschieden zurück, daß er die Absicht
habe, etwas zu "beanspruchen", vielmehr muß er darauf hinweisen, daß die bloße Feststellung, die Esoterische Philosophie
enthalte weite Bereiche von Lehren oder Doktrinen, die der
Öffentlichkeit nicht mitgeteilt werden können, durchaus nicht
bedeutet, einen "Anspruch zu erheben", sondern er stellt lediglich fest, was jedem Schüler der archaischen Weisheit bekannt
sein sollte.

Der Verfasser dieser Zeilen hegt große und tiefe Sympathie
für diejenigen, die mit Mißtrauen und Argwohn auf Menschen
blicken, die Anspruch auf angeblich okkulte Kräfte oder okkul-
tes Wissen erheben. Denn er ist sich ebenso wie andere des
Schadens und der Verwirrung bewußt, die solche Menschen in
die Theosophische Bewegung hineingetragen haben. Es gibt Vereinigungen, Gesellschaften oder Organisationen vieler verschiedener Arten, von denen einige behaupten, wunderbares mysti-
sches Wissen zu besitzen. Diese gruppieren sich im allgemeinen
um eine, zwei oder mehr Persönlichkeiten, und alle erheben
mehr oder weniger Anspruch darauf, über neue und größere Of-
fenbarungen zu verfügen, als H. P. Blavatsky sie der westlichen
Welt gebracht hat. In den meisten Fällen wird behauptet, daß
diese aus derselben Quelle stammen, aus der H. P. Blavatsky
ihr großes Wissen schöpfte. Derartige Gruppen stellen zudem
als Tatsache hin, daß sie und ihre jeweiligen Leiter ihre angeb-
liche "Weisheit" und sogenannte "geheime Lehre" aus einer
Quelle erhalten hätten, die noch höher als jene sei, aus der
H. P. Blavatsky geschöpft hat.

Trotz aller erdenklichen Nachsicht ehrlichen Schülern gegenüber, ob sie nun Anhänger der Esoterischen Philosophie sind
oder nicht, und ohne irgendeinen Wunsch, rücksichtslos oder
unfreundlich zu sein oder zu erscheinen, fühlt sich der Verfasser dieser Zeilen doch gezwungen zu sagen, daß seiner wohl-
überlegten Meinung nach tatsächlich alle diese verschiedenen
Ansprüche auf spezielle spirituelle Kräfte oder Privilegien be-
trügerische Täuschungen sind. Es ist sein individuelles wohl-

überlegtes Urteil in dieser Hinsicht, und er gründet seine Ansicht auf zwei Tatsachen: Erstens weichen im allgemeinen die
Behauptungen, Schriften, Beweisführungen oder "Ansprüche"
dieser besonderen Gruppen so weit von der archaischen Weisheit ab und enthalten so wenig von dem, was in dem vorliegenden Werk die "Esoterische Tradition" genannt wird und auf Erden die Zeitalter hindurch universal gewesen ist, daß ihnen somit sowohl esoterisch als auch exoterisch das erste Erfordernis
der Wahrheit fehlt, nämlich *Universalität*, und sie fehlt sowohl
in bezug auf den Inhalt wie auch in bezug auf die Form. Der
größere und wichtigere Test der wahren Esoterischen Philosophie ist also ihre Universalität, die zu allen Zeiten und in allen
Menschenrassen zu finden ist. Hiervon legt jene gemeinsame
Lehre Zeugnis ab, die alle großen Religionen und Philosophien
des Menschengeschlechts als ihre spirituelle Substanz beinhal-
ten. Und zweitens ist es tatsächlich unmöglich, eine esoterische Wahrheit irgendwie anders darzulegen oder zu veröffentlichen als durch den Hinweis auf das, was die großen Weisen und
Seher der verschiedenen Zeitalter als ihre Botschaft hinterlas-
sen haben.

Die Ursache für das Aufkommen dieser verschiedenen ver-
irrten Vereinigungen ist in jenem Einbruch psychischer Einflüsse zu suchen, der kurz bevorstehen sollte, wie H. P. Blavatsky
und ihre großen Lehrer von Anbeginn der modernen Theosophischen Bewegung an lehrten. Kein Teil der menschlichen Konstitution ist so unsicher und in seinen Prozessen so unberechenbar
wie der psychische Teil des Menschen, und deshalb ist es auch
so gefährlich, ihm als Führer zu folgen. Er ist für den Unbedachten voller Gefahren und Fallen, und es liegt eine tiefe
Tragik in der Tatsache, daß gerade diese Dinge mit psychi-
schem Gepräge und Charakter die heutigen Menschen so sehr
ansprechen. Psychismus in allen seinen Formen, ob relativ gut,
durch und durch schlecht oder indifferent, spricht unglückli-
cherweise gerade die Leichtgläubigen und die Unwissenden, die
Schwätzer und die Törichten direkt an. Aus diesem Grunde
sollte der ernsthafte Schüler der Esoterischen Philosophie niemals zögern, offen zu verkünden, daß einer der Hauptzwecke
für die Gründung der modernen Theosophischen Bewegung der
war, alles nur Mögliche zu tun, um die damals drohende und
nun bereits hereinbrechende psychische Flut in ihren verschiedenen Formen einzudämmen. Wo Psychismus auftritt, da fliegt
die Spiritualität gewöhnlich zum Fenster hinaus - vertrieben

von der Torheit der Menschen. Wo aber der Spiritualität gestattet wird, durch ihren segensreichen, inspirierenden Einfluß das Denken zu erleuchten und das Herz zu verfeinern, da schrumpft das Psychische in all seinen Formen zu einem Bündel von Illusionen zusammen, das es in Wirklichkeit auch ist.

Alle diese verschiedenen psychischen Körperschaften oder Gesellschaften erschienen zeitlich nach der Gründung der Theosophischen Gesellschaft 1875 in New York durch H.P. Blavatsky und andere. Einige von ihnen lösten sich von der Theosophischen Bewegung ab, während andere außerhalb ihrer Reihen entstanden. Obwohl sie alle jünger sind als die Theosophische Gesellschaft, erkennen sie selten - wenn überhaupt - die Verpflichtung an, die sie ihr gegenüber haben, da sie alle miteinander ihr die Lehren entnahmen, die alles Wertvolle in ihnen bilden. Da solche Gesellschaften keine Philosophie haben, die dieses Namens wert ist, abgesehen von dem, was den Veröffentlichungen der Theosophischen Bewegung entnommen wurde, und da sie eine nur unbedeutende religiöse Atmosphäre besitzen sowie eine Wissenschaft, die bloßes volkstümliches Geschwätz oder Schlimmeres ist, wendet man sich von einer ernsthaften Prüfung dieser Gesellschaften ab.

Doch selbst hier in diesen verschiedenen Bewegungen, von denen einige quasi-theosophisch sind, ohne es anzuerkennen, und einige offen anti-theosophisch, wessen sie sich rühmen, gibt es doch zweifellos eine Anzahl wohlwollender, guter Menschen, die bei ihrer Suche nach Wahrheit noch nicht an unsere Tür gekommen sind. Fraglos sollte der Schüler der Esoterischen Philosophie dieser Situation am besten mit großer Liebenswürdigkeit und ausdauernder Güte des Herzens wie auch des Verstandes begegnen und mit dem stets bereiten Wunsch, Wahrheitssuchern, von welcher Seite sie auch kommen mögen, den Teil der Alten Weisheit darzubieten, den wir uns schon erwerben durften.

Abschließend sei nochmals gesagt, daß der Verfasser des vorliegenden Werkes keinerlei "Ansprüche" erhebt noch je erhoben hat. Er hat in diesem Werk und in seinen früheren Büchern nur etwas von dem ausgegeben, was ihm selbst gelehrt worden ist; hiermit aber wird kein "Anspruch" erhoben, sondern es handelt sich einfach um eine Anführung von Tatsachen, die nach bestem Wissen und Gewissen anzunehmen oder abzulehnen der Leser die volle Freiheit hat.

Der Beweis für die Wahrheit einer Lehre oder einer Gruppe

von Lehren ist nicht und kann nicht gegründet sein auf "Ansprüchen", auch wenn sie von den hohen Göttern selbst gestellt worden wären, sondern allein auf den wirklichen inneren Werten besagter Lehre oder Gruppe von Lehren. Allein auf diesen Werten als Grundlage - auf Werten, die Universalität und Spiritualität, wechselseitige Kohärenz und logischen Gedankenaufbau in sich schließen - muß jede Lehre beruhen. Es ist schon richtig, daß große Namen und ein hervorragender Ruf einer Lehre Glanz verleihen und schon an sich Achtung gebieten; doch selbst ein hervorragender Ruf und große Namen sind noch kein unbedingter Beweis für die Richtigkeit einer jeden Lehre, die aus dieser Quelle stammt. Das gilt besonders für die Esoterische Philosophie, deren Lehren nur aufgrund ihres offenkundigen inneren Wertes und Verdienstes den Verstand überzeugen und das Herz bewegen. Damit allein müssen sie stehen oder fallen.

Mrs. Shelley, eine frühere englische Schriftstellerin von verdientem Ruf, schreibt in ihrem interessanten, tiefgründigen Roman "Frankenstein", wie ein Schweizer Medizinstudent Gräber, Friedhöfe und Sezierräume aufsuchte, um auf diesen unangenehmen Plätzen Stückchen oder Teile von Zellgeweben erst kürzlich verstorbener Menschen zu sammeln, die er dann wieder zusammenfügte und in menschliche Form brachte, und wie er auf diese Weise eine lebende menschliche Gestalt in vitale Aktivität versetzte, die im übrigen aber ein seelenloses Ungeheuer war, das Verwüstungen anrichtete und allem um sich herum den Tod brachte, bis es schließlich in den nördlichen Meeren umkam.

Paracelsus, einer der mittelalterlichen Mystiker, träumte, wie aus seinen Schriften hervorgeht, von der Erschaffung der Homunkuli, d.h. intelligenter "kleiner Menschen", lebender Wesenheiten menschlicher Art, mittels der Magie, und zwar aus den seinerzeit bekannten chemischen Elementen und der belebenden Kraft, die, wie er lehrte, universell in der Natur existiert. Damit zeigte er zumindest, daß er eine ziemlich klare Vorstellung von der wirklichen Natur des alldurchdringenden kosmischen Lebens besaß.

In verschiedenen Ländern haben andere Schriftsteller zweifellos mehr oder weniger in gleicher Weise fabuliert; doch kann diese Art "Erschaffung" - sozusagen "von unten her" versucht - niemals ausgeführt werden, bevor der Wissenschaftler unter Führung eines weit tieferen Wissens über die Natur, als es heute bekannt ist, imstande ist, die physikalisch-chemischen Elemente zu vitaler Einheit mit dem psycho-astralen Fluidum des monadischen Strahles zu verbinden und zu verschmelzen. Dann könnte er tatsächlich auch im Laboratorium eine lebende Zelle hervorbringen. Die Entwicklung dieser lebenden Zelle bis zur Reife würde dann gemäß der charakteristischen Natur des vitalen Samens oder der Lebenskraft vor sich gehen, die mit den chemischen Elementen verbunden oder verkettet ist, deren Aufgabe es ist, das erforderliche physische Vehikel zu liefern. Doch alle Ideen dieser Art sind auf der gegenwärtigen Stufe menschlichen Wissens bestenfalls nur Träumereien, und es ist hier allein um des abstrakten Interesses willen, das an dieser Idee besteht, darauf hingewiesen worden.

IV

Nach dieser kurzen Abschweifung kehren wir nun zum Hauptthema des Kapitels zurück. Bei dem Studium der Prozesse, die das sich wiederverkörpernde Ego ins Erdenleben bringen, sind wir an dem Punkt angelangt, da die reinkarnierende Wesenheit - nun wieder zu einem Bündel oder einem Aggregat von Substanz geworden - in der zuvor beschriebenen Weise magnetisch und psychisch zu der Familie oder zu dem besonderen menschlichen Schoß hingezogen wird, in dem entsprechende Vibrationsbedingungen existieren, die ihren eigenen sehr ähnlich sind. Wenn die geeignete Zeit gekommen ist, dann tritt ihre niederste, d.h. materiellere Kraft und Substanz durch ihr eigenes astral-vitales Fluidum psycho-magnetisch in Verbindung mit dem 'Layazentrum' eines menschlichen Fortpflanzungsteilchens. Vom Augenblick der Empfängnis an - "der geeigneten Zeit" - 'überschattet' die reinkarnierende Wesenheit jenes Teilchen, während letzteres von der Empfängnis an durch seine verschiedenen Lebensphasen innerhalb der Gebärmutter, der Geburt und Kindheit zum vollständig Erwachsenen heranwächst. Vor der Geburt aber und eine Anzahl von Jahren nach dieser wird das Kind von den höheren Prinzipien seiner Konstitution nur *überschattet*, während die niederen Prinzipien in den ersten Lebensjahren in bezug auf Funktion und Ausdruck am aktivsten sind.

Doch etwa um das 14. oder 15. Lebensjahr herum - der Zeitpunkt ist individuell unterschiedlich - kommt es zum ersten tatsächlichen Eintritt des höheren Teiles der inneren Konstitution des Kindes in bewußte Tätigkeit auf unserer physischen Ebene. Von dieser wunderbaren Stunde an wird das ganze Leben hindurch das wachsende Kind bzw. der Jugendliche fortgesetzt und stetig in die spirituell-vitale Aura des reinkarnierenden Egos eingehüllt, bis der junge Mensch erwachsen ist, und dies läßt erst kurze Zeit vor dem natürlichen Tod nach - zumindest sollte es so sein. Es würde tatsächlich auch in allen Fällen so sein, wenn nicht so viele Menschen ein unnatürliches, heftig erregtes und stark leidenschaftliches Leben führten, das die Organe des Körpers und deren volles und vollständiges Funktionieren schwächt.

Der Hauptgrund für diese schrittweise voranschreitende Manifestation der höheren inneren Kräfte ist die Tatsache, daß die Wiederannahme oder -aufnahme der Lebensatome, die früher einmal die innere und die äußere Konstitution des Menschen zusammengesetzt haben, nicht auf einmal, nicht *sprunghaft,* d. h. nicht in einem Augenblick in höchster Vollendung stattfindet und auch nicht so stattfinden kann. Die Wiederannahme früher besessener Lebensatome schreitet während der Jahre, in denen der Körper zur Reife heranwächst, unaufhörlich voran, sie wird sogar bis in das Greisenalter hinein fortgesetzt. Ferner ist zu bedenken, daß das reinkarnierende Ego oder die 'Seele' erst ziemlich kurze Zeit vor dem Tod des physischen Körpers wirklich vollständig inkarniert ist. Das besagt, daß ständig und unaufhörlich die Möglichkeit für psychische, mentale und spirituelle Entwicklung besteht, und zwar beinahe bis zur Zeit der Auflösung des physischen Körpers. Anders ausgedrückt, im fortgeschrittenen Alter ist der Mensch nicht, wie manchmal törichterweise angenommen wird, unfähig zu lernen. Es handelt sich nicht lediglich um einen trübseligen Zeitabschnitt im menschlichen Dasein, wo angeblich all das Beste vorbei ist und die Zukunft keine andere Hoffnung mehr in sich birgt als den Segen des Sterbens. Genau das Gegenteil ist der Fall, denn zumindest theoretisch *sollte* ein Mensch bis kurz vor der physischen Auflösung sowohl an spiritueller als auch an intellektueller Kraft und Fähigkeit stetig zunehmen. Trotz des oft geschwächten Körpers und den sich daraus ergebenden Unzulänglichkeiten, die im fortgeschrittenen Alter auftreten können, geht das innere Wachstum jener Teile, die imstande waren, sich relativ vollständig im menschlichen Körper zu manifestieren, stetig weiter.

Gelangt nun das reinkarnierende Ego durch seine in den menschlichen Körper projizierte Strahlung oder seinen Strahl wieder als kleines Kind zur Geburt auf Erden und wächst das Kind zur Reife heran, dann bil-

det das Ego den gleichen Menschen, der es vorher
war, und zwar in bezug auf die essentiellen Elemente. Denn wie schon gesagt wurde, haben sich die Lebensatome, die früher die Konstitution des menschlichen Wesens zusammensetzten, nun wieder in dieselben Vehikel eingebaut, die das Ego ehemals während
des Verlaufs seiner vorangegangenen nachtodlichen
Reise abgeworfen hatte. Dieser Vorgang beruht auf
vollkommener Gerechtigkeit. Der gleiche Mensch in
der gleichen Welt sieht sich den ehedem ungelöst gebliebenen Problemen und den seinerzeit unvollständig
gebliebenen Erlebnissen erneut gegenüber. So ist also
der 'neue Mensch', obwohl eine neue Schöpfung, in
Wirklichkeit doch der 'alte Mensch' des vergangenen
Lebens und der vergangenen Leben, denn es handelt
sich hierbei um ein Wiederzusammentreffen des früheren Egos mit den wieder versammelten Lebensatomen
auf allen Ebenen seiner Konstitution, mittels deren es
früher gelebt und seine Kräfte auf Erden zum Ausdruck gebracht hatte.

Nun könnte die Frage aufgeworfen werden: Wenn
der 'neue Mensch' der 'alte Mensch' ist, der von neuem wieder erscheint, gibt es dann etwa keine Vervollkommnung? Natürlich gibt es sie. (Sie erfolgt vor allem durch ein Anders- oder Umdenken im täglichen
Leben, d. Hrsg.) Es verbleiben ihm ja das Wissen und
die Weisheit, die Liebe und die erweiterten Sympa-
thien sowie auch die anderen Attribute und Fähigkeiten, die im letzten Leben ihre Entfaltungsperiode hatten. Hinzu kommt dann noch der große Zuwachs von
innen her, den die evolutionäre Entfaltung innerer Attribute und Fähigkeiten immer bewirkt. Dieser neue
Zuwachs wird verdaut und assimiliert und in die zusammengesetzte Struktur der Konstitution des 'neuen
Menschen' eingebaut; mit anderen Worten, er ist zu
einem integralen Teil seines menschlichen Charakters

gemacht worden.

Die gesamte Natur befindet sich in der Evolution und entfaltet sich von innen nach außen. Jede Bewegung des Wachstums ist auf Verbesserung ausgerichtet, auf Erweiterung, auch wenn unsere einzelnen Erdenleben einer Spirale gleichen, die manchmal aufwärts und manchmal abwärts verläuft. So wie ein Pilger einen Berg überquert und dann in ein Tal hinabsteigt, um einen noch höheren Berg zu besteigen, von dem aus er vielleicht noch herrlichere Ausblicke auf den vor ihm liegenden Pfad hat, genauso verläuft auch der Pfad innerer Entwicklung oder inneren Wachstums. Der Mensch veredelt sich mit jedem neuen Erdenleben, mit jedem ist er besser geworden - oder sollte es geworden sein. Es ist sein eigener Fehler, wenn dies nicht der Fall ist. Der nachtodliche Aufenthalt im Devachan, in der 'Götterwelt', 'im Schoß der Monade', hat seine Substanz - dem Einzelfall entsprechend - in größerem oder geringerem Maße zu etwas Höherem verarbeitet. Die innere Natur ist verfeinert und zumindest bis zu einem gewissen Grad geläutert worden. Es ist jedoch dasselbe Ich-Bewußtsein, das in den Vehikeln und durch diese wirkt, die aus den gleichen früheren Lebensatomen gebildet sind, die sich jetzt von neuem wiederverkörpern, um die gleiche alte allgemeine innere Konstitution aufzubauen, die einst war und jetzt wieder ist.

Ähnlich verbleibt ein Baum als Skelett mit kahlem Stamm und kahlen Ästen, wenn er sein normales Leben für eine Zeitlang im Herbst unterbricht. Wenn aber im Frühling der warme Regen niederfällt, dann sprießt im Sonnenschein ein neues lebendiges Blättergewand aus ihm hervor. Sollen wir dann sagen, das neue Grün, die neuen Blätter, die die Zweige mit dem neuen Glanz ihrer Erscheinung bedecken, wären die gleichen alten Blätter, die einmal da waren? Das werden wir kaum sagen; doch stammen sie alle aus dem gleichen Lebensvorrat, und es sind tatsächlich die gleichen Lebensatome, die die ehemaligen Blätter zusammensetzten. Ebenso verhält es sich beim Menschen: *Essentiell* ist er im neuen Leben der gleiche Mensch, der er im alten Leben gewesen ist. Trägt er nicht einen anderen Namen? Natürlich! Sein Name sei in einem Leben Hans Braun. Nach dem Tod macht er dann die mystische, wunderbare Pilgerfahrt des Egos durch und kehrt anschließend ins Erdendasein zurück. Ist er nun wieder derselbe Hans Braun? Was ist Hans Braun? Hans Braun ist ein Name. Jetzt heißt er vielleicht Wilhelm Schmidt. Ein Name ist ein Name und weiter nichts. Vielleicht wird er in einem anderen Erdteil 1000 oder 2000, 5000 oder gar 10000 Jahre von jetzt an gerechnet in einem Volk geboren, das er im gegenwärtigen Leben eine fremde Rasse nennen würde. Aber was macht das schon? Alles Wesentliche von ihm und seinem Körper ist dann das gleiche wie zuvor. Der innere Mensch ist der gleiche. Er trägt zwar einen neuen Namen, spricht eine andere Sprache, lebt auf einem anderen Teil der Erde und in einem anderen Zeitalter, hat eine andere Umgebung oder sieht vielleicht sogar die gleiche physikalische Umgebung in Gestalt von Meeren und Gebirgen, von Tälern und Ebenen; *er* aber ist essentiell derselbe Mensch. Der 'alte' Mensch ist der 'neue' Mensch, und doch ist er anders!

Wir wollen nun einmal durchschnittliche Gruppen von Menschen betrachten, deren devachanisches Zwischenspiel eine annähernd gleiche Durchschnittslänge hat. Voraussichtlich, ja aller Wahrscheinlichkeit nach wird der 'neue Mensch' dann im neuen Erdenleben anderen Menschen begegnen, die ihm mehr oder weniger ähneln und in seiner letzten Inkarnation auf Erden seine Freunde oder aber seine Feinde waren. Wie ließe sich

sonst jene starke Sympathie erklären, die wir einigen
Menschen gegenüber empfinden? Und wie ließe sich
andererseits die ebenso starke Antipathie erklären, die
wir leider manchmal anderen gegenüber fühlen? Nur
auf diese Weise, durch das Wiederzusammentreffen
von Egos, kann sich gegenseitige Gerechtigkeit auswirken. Wir behandeln Menschen mit Liebe und güti-
ger Rücksichtnahme, oder aber wir vergelten Böses
mit Bösem. Aber im Rahmen der unfehlbaren ausglei-
chenden Tätigkeit der Waage kosmischer Gerechtigkeit werden wir früher oder später wieder zusammen
auf Erden inkarnieren, und dann und dort nehmen wir
die alten Beziehungen zu denen, die wir ehedem kannten, wieder auf. In der neuen Umgebung und unter
neuen Umständen haben wir Einfluß auf sie, und sie
haben Einfluß auf uns, wobei sich alles gemäß der
karmischen Gerechtigkeit vollzieht. So kommt es, daß
wir als 'neuer' Mensch das geben und nehmen, was im
neuen Dasein auf Erden auf uns zukommt. Wir wa-
schen die Seiten vergangener Fehler rein und können
uns die Möglichkeit verschaffen, mit einer frischen,
sauberen Schicksalsseite von neuem zu beginnen. Dies
alles bringt die Auswirkung individuellen wie auch kollektiven Karmas mit sich, das unparteiische, von
Mitleid getragene Gerechtigkeit ist. Die mannhafte
Annahme dieser Gerechtigkeit ist erfüllt mit lichten
Hoffnungen und unsagbarem Trost. Denn wo wir Gutes
gesät, wo wir edel gewirkt und wo wir recht gehan-
delt haben, da wird uns auch Gutes und Rechtes zuteil. Andere bringen uns nicht nur den Erfolg und
Wohlstand zurück, zu dem wir ihnen einstmals verhal-
halfen, sondern sie bringen uns auch kollektiven Frieden und glückliche Verhältnisse.

Wir sprechen von den "gebrochenen Herzen" derer,
die wir zurücklassen, wenn uns der Tod ereilt. Dies
bezeugt nichts weiter als Unwissenheit, die eine di-

rekte Folge davon ist, daß die großen Naturkräfte und
-gesetze in ihrer Tätigkeit nicht verstanden werden. Sehen wir unsere Angehörigen niemals wieder? Gewiß doch!
Liebe an sich ist ein starker Magnet - wenn es wahre
Liebe ist und nicht etwas Niedrigeres. Auch Haß ist,
so seltsam es klingt, ein starker Magnet, wenn es
wirklicher Haß ist. Die Liebe hat unsagbares Glück im
Gefolge, der Haß unaussprechliches Elend. Aus diesem
Grunde haben die großen Weisen immer gesagt: Bedenkt, was ihr tut, denkt an die Gedankensamen und
die daraus erwachsenden Handlungen, die ihr auf die
Gefilde des Erdenlebens aussät! Denn ihr werdet sie
alle einmal ernten, bis zum letzten Körnchen, bis zum
letzten Impuls. Was auch immer ihr je gesät habt, was
es auch sein mag, wird auf euch zurückkommen, und
zwar als Segen oder als Fluch!
Steigt das sich wiederverkörpernde Ego, der Strahl
oder die Strahlung der spirituellen Monade, durch die
Sphären und Ebenen zur Erde hinab, dann sollte keinen
Augenblick lang der Vorstellung Raum gegeben werden, die Monade selbst stiege mit hinab. Dieser Gedanke wäre absurd, er wäre ebenso sinnlos wie die
Behauptung, die Sonne würde einem jeden aus ihrer
unvorstellbar großen Menge von Sonnenstrahlen in den
äußeren Raum folgen. Dieser Gedanke wird hier deshalb als sinnlos bezeichnet, weil er eine Unmöglichkeit zum Ausdruck bringt. Die spirituelle Monade ist
beinahe ein Gott, ein hochspirituelles Wesen, ein fast
göttliches Wesen, das nie um dieser niederen Bereiche
willen seine eigene Ebene verläßt. Sie ist während ihrer früheren evolutionären Wanderungen in weitver-
gangenen Äonen kosmischer Zeit durch sie alle hindurchgegangen, kennt sie daher jetzt durch und durch
und hat es nicht nötig, zu ihnen zurückzukehren. In
diesen Bereichen der Materie kann sie jetzt nichts
mehr lernen. Der Abstieg einer Monade zu den nied-

rigsten materiellen Reichen eines ganzen Sonnenmanvantaras würde für die Natur zwecklos sein. Ebenso
würde es ein Erwachsener, der seine Schuljahre hinter
sich hat, weder nützlich noch wünschenswert finden,
auf die Schulbank zurückzukehren, um noch einmal
das Abc zu lernen, denn er weiß das ja alles schon.
Mit gleicher Berechtigung könnte gefordert werden, er
müsse in demselben Leben wieder ein kleines Kind
werden und die kindlichen Bewegungen und Tätigkeiten des Säuglingsalters und der Kindheit noch einmal
ausführen. Ein solcher Gedanke ist sinnwidrig. Es
entspricht jedoch der Wahrheit, daß das reinkarnierende oder sich wiederverkörpernde Ego, der essentielle
Mensch, in einem neuen Leben seinen Strahl oder seine Strahlung tatsächlich in ein kleines Kind inkarniert,
damit dieser Strahl, das menschliche Ego, das eine
unentwickelte Monade ist, in anderer, neuer Umgebung und anderen Zeitaltern unter andersgearteten
Verhältnissen andere, neue Lektionen lernen möge.

Die Bemerkung im obigen Text, daß die Monade während des
Sonnenmanvantaras nicht wieder auf Ebenen hinabsteigt, die
ihrer eigenen Ebene untergeordnet sind, ist korrekt und stimmt
mit den Vorgängen in der Natur überein. Nichtsdestoweniger
darf der Schüler nicht vergessen, daß sich diese Aussage auf
das Sonnenmanvantara bezieht, in dem die kosmische Struktur
als das sieben- oder zwölffältige Gerüst des solaren Universums bereits von neuem errichtet ist. Die Bemerkung trifft
nicht vollständig zu auf den eigentlichen Beginn des kosmischen Dramas, wenn das lange Sonnenpralaya ein Ende genommen hat und die spirituellen Hierarchien und Substanzen sich
von neuem zu entfalten beginnen. Das Thema ist außerordentlich subtil und schwer zu erläutern und zeigt sehr gut, wie
sorgfältig bei der Darlegung einer Lehre der Esoterischen Philosophie vorgegangen werden muß, die ja, wie schon des öfte-
ren in dem vorliegenden Werke gesagt wurde, fast unzählige
Paradoxa enthält! Ein Paradox in dem hier gebrauchten Sinn ist
eine wahre Aussage, die Uneingeweihten aus Mangel an Ver-

ständnis als Widerspruch erscheint.

Tatsache ist, daß zu Beginn, während der ursprünglichen Eröffnung des neuen kosmischen Manvantaras - wenn sich alle Wesen, Kräfte und Substanzen noch im spirituellen Zustand befinden - jede Monade, ob sie auf der Evolutionsskala hoch oder niedrig steht, an der Vorbereitung für die Eröffnung des kosmischen Manvantaras beteiligt sein muß. So kommt es, daß bei diesen ersten Anfängen des kosmischen Dramas selbst die höchsten und entwickeltsten Monaden im Sonnensystem an der Errichtung des Fundamentes für das neue kosmische Manvantara den ihnen zukommenden Anteil nehmen. Dieses vorbereitende Werk schließt das Errichten sowohl der Unterstruktur als auch der Überstruktur der gesamten kosmischen Organisation in sich und betrifft die Art und Weise wie auch die Form.

Ist aber einmal der architektonische Plan ausgeführt - und an diesem Prozeß nehmen, wie schon gesagt wurde, alle Monaden ohne Ausnahme teil -, dann "zieht sich", wie sich Pythagoras, der Weise von Crotona, ausdrückte, "jede Monade in Schweigen und Dunkelheit zurück", das heißt in ihre eigenen Bereiche des Lichtes und der Spiritualität, die für uns Menschen unvorstellbar sind.

Da die Natur in ihrem ganzen Wesen in analogen Bahnen wirkt, so daß sich das Große im Kleinen widerspiegelt und das Kleine die Arten, Formen und Operationen des Großen wiederholt, mögen die obigen Beobachtungen und Überlegungen vielleicht noch etwas verdeutlicht werden, wenn wir uns an folgendes erinnern: Bei der Wiederverkörperung einer Planetenkette, während ihrer sogenannten ersten Runde, sind die höchsten Dhyâni-Chohans durch das Gesetz von Karman verpflichtet, mit den niedrigsten Elementalen und allen dazwischenliegenden Stufen von Wesen zusammenzuarbeiten, um die Struktur oder das Gerüst dessen zu errichten, was die besagte Planetenkette einmal werden soll. Mit anderen Worten: Die höchsten Dhyâni-Chohans, die wir die 'Architekten' nennen können, arbeiten mit dem ersten Elementalreich zusammen und schließlich mit allen anderen Zwischengraden evolvierender Monaden, die zu dieser Planetenkette gehören, damit die geeigneten Typen und Formen der sieben oder zwölf Globen dieser Planetenkette karmisch, das heißt richtig und genau aufgebaut werden. Dies geschieht während der ersten Runde, in der alle Familien oder Lebenswogen aufgrund karmischen Geschicks verpflichtet sind, durch und um die sieben oder zwölf im Raum wartenden Laya-

zentren herumzuwirbeln und auf diese Weise die verschiedenen
Globen der Kette in ihrer ersten "Erscheinung" als manifestierte Sphären um diese Layazentren herum aufzubauen.

Nachdem dann die erste Runde beendet und der architektonische Plan somit niedergelegt und die evolutionären Gleise ab-
gesteckt und gelegt sind, ändert sich die Methode in dieser
Hinsicht. Alle folgenden Runden, beginnend mit der zweiten,
verfahren anders als die erste Runde. Das liegt daran, daß die
erste Runde den Plan niedergelegt hat, dem die Monaden in
allen übrigen Runden nun einfach folgen. Dabei halten sie sich
an die regelmäßige Reihenfolge der Weiterentwicklung, die
ihnen als Familien oder Lebenswogen der gesamten zwölffälti-
gen Ketten-Hierarchie innewohnt.

V

Was geschieht nun in der Zeit, die einer menschlichen
Geburt direkt oder kurz vorangeht? Die Geburt ist ein
Mysterium, doch dieses Mysterium ist leicht zu lösen,
denn es ist ein Mysterium nur insofern, als es für den
Durchschnittsmenschen ein ungelöstes Problem ist. Für
die großen Lehrer, die Hüter der Esoterischen Philosophie, ist die Geburt nie ein Geheimnis gewesen, denn alle Geheimnisse unserer Planetenkette sind ihrem auf-
merksamen inneren Bewußtsein von den Dhyâni-Chohans
zugeflüstert worden. Überdies ist jeder einzelne Adept
verpflichtet, durch Initiation zu lernen, um dadurch für
sich selbst zu wissen, was ihm vor der Initiation als Tatsache und Theorie gelehrt wurde. Die Tatsachen hinsichtlich der menschlichen Geburt sind wirklich kleinere
Mysterien, wenn sie den weit größeren und unvergleichlich verwickelteren Wundern des Lebens selbst auf unserer materiellen Erdkugel gegenübergestellt werden.

Wenn das reinkarnierende oder sich wiederverkörpernde Ego, oder besser der Strahl oder die Strahlung
dieses Egos, die Ebene physischer Materie, also unseren Erdglobus, erreicht, auf welche Weise verstrickt

sich dann diese Strahlenwesenheit mit physischer Substanz? Sie steht ja aufgrund ihrer inhärenten Natur weit über der grobstofflichen physischen Materie, und dennoch geht sie eine Verbindung ein mit der vitalen menschlichen Einheit, der Fortpflanzungszelle. Diese Frage kann heutzutage wesentlich leichter beantwortet werden angesichts der enormen Fortschritte, die die wissenschaftliche Forschung beim Ergründen der Geheimnisse der Elektrizität, des Magnetismus und der Radioaktivität im allgemeinen errungen hat. Die oben erwähnte 'Verbindung' zwischen dem sich wiederverkörpernden Strahl und der lebenden Keimzelle kommt aufgrund elektro-magnetischer Affinität zustande, oder eher noch aufgrund psycho-magnetischer Affinität, was ein viel genauerer Ausdruck ist.

Jede Keimzelle, gleich ob sie menschlicher oder anderer Natur ist, ist der physische Ausdruck innerer, ätherischer und psycho-magnetischer Aktivitäten und eine Zusammenballung, ein Bündel oder eine Garbe innerer Kräfte und Substanzen, die sich vom Göttlichen über Zwischengrade bis hinab zum Astralen und Physischen erstrecken, und eben dies ist der Mensch selbst auch, jedoch in einem wesentlich größeren Umfang. Folglich ist jede Keimzelle, genau gesagt, der 'Niederschlag' oder die 'Projektion' einer inneren psycho-ätherischen Strahlung auf und in die physische Ebene oder Welt - wobei bei diesem Versuch, einen schwierigen Gedanken zu erläutern, eine allgemeine menschliche Redeweise benutzt wird. Eine Keimzelle ist somit, wie es anders ausgedrückt werden könnte, eine Inkarnation oder Verkörperung eines Strahlenendes in physischer Materie. Dieses Strahlenende stammt aus den unsichtbaren Welten und nimmt aufgrund psycho-elektrischer oder psycho-magnetischer Affinität Verbindung mit physischer Materie auf. Dadurch regt es ein geeignetes Teilchen oder ein Molekül lebender

physischer Substanz dazu an, zu einer sogenannten
Fortpflanzungszelle zu werden.

Das oben erwähnte Strahlenende des sich verkörpernden Strahles oder diese Strahlung darf jedoch
nicht für das sich wiederverkörpernde oder reinkarnierende Ego selbst gehalten oder als solches mißverstanden werden. Es sollte vielmehr als das Ende oder die
Spitze des projizierten Strahles verstanden werden,
der aus dem Schoß des sich wiederverkörpernden Egos
hervorgeht, wie aus den hier benutzten Ausdrücken
wohl auch recht deutlich wird. Wenn das sich wiederverkörpernde Ego, das ein Strahl oder eine Strahlung
aus der spirituellen Monade ist, den Schoß seiner elterlichen Monade verlassen hat und seine eigene Zwi-
schensphäre erreicht, dann 'steigt' es selbst nicht
mehr weiter 'hinab' in die Materie unterhalb dieser
Ebene. Doch sein ausgestrahlter Einfluß, sein psycho-
magnetischer Strahl, der eine stärkere Affinität zu
den materiellen Welten besitzt als das Ego selbst, dieser Strahl geht noch weiter hinab oder tiefer hinein in
die Materie und erweckt die Lebensatome auf jeder
einzelnen der verschiedenen Ebenen, die sich zwischen
dem sich wiederverkörpernden Ego und der gröbsten
Materie unserer physischen Erde befinden, zu aktiver
Tätigkeit.

Wenn ein solcher psycho-vitaler elektrischer bzw.
magnetischer Strahl - der Name mag beliebig gewählt
werden - schließlich in dem gröbsten Teil der physischen Materie auf dieser Erde ein besonderes Lebensatom berührt und zu kinetischem Leben erweckt, dann
wird dieses besondere Lebensatom sogleich stimuliert
durch den Kontakt oder das Eintreten dieses psycho-
vitalen Magnetismus, der von oben herabsteigt oder
von innen her kommt, denn auf diese Weise wird es
tatsächlich zu seinem eigenen Elter hingezogen. Dieses besondere, aufgrund von Affinität ausgewählte Le-

bensatom gehörte früher einmal zu dem Menschen,
der auf Erden gelebt hatte, also zu dem oben erwähnten 'alten Menschen', und ist dasjenige, das am unver-
züglichsten auf jenen eindringenden psycho-magnetischen Strahl reagiert, auf den Strahl der vitalen Elektrizität, den Kontrapunkt zu dem Ego.

Wie in einem vorhergehenden Abschnitt bereits gesagt wurde, ist dieses eine Lebensatom tatsächlich der
'Niederschlag' oder die 'Projektion' des Kontaktpunktes
des sich verkörpernden Strahles auf diese physische
Ebene. Jedoch hat ein solcher 'Niederschlag' oder eine
solche 'Projektion' möglicherweise, ja sehr wahrscheinlich, schon kurz vor dem Beginn des Einfließens
oder Einströmens der Energien stattgefunden, die
längs dieses Strahles von dem reinkarnierenden oder
sich wiederverkörpernden Ego herabkommen. Mit anderen Worten: dieses Lebensatom kann einwandfrei
selbst als der Kontaktpunkt des in den Bereich physischer Materie 'niedergeschlagen' oder 'projizierten'
sich verkörpernden Strahles betrachtet werden. Nun
wird die physische Materie in Form von Atomen rund
um diesen Kontaktpunkt angezogen, baut zuerst die
materielle Verkörperung des besagten Lebensatoms
auf und wird schließlich durch fortschreitendes Wachstum zur lebenden Keimzelle.

Es ist offensichtlich, daß die Keimzelle nicht unmittelbar zu einem menschlichen oder anderen Embryo heranwächst oder heranwachsen kann. Sie muß
vielleicht eine relativ kurze Zeit warten, bis das Einfließen oder Einströmen entlang ihres eigenen Strahles
sie zu der Tätigkeit des embryonalen Wachstums erwecken kann. "Unglücksfälle" - um ein vielleicht nicht
in allen Fällen zutreffendes Wort zu gebrauchen - er-
eignen sich ebenfalls häufig, so daß die Keimzelle
nicht befruchtet wird. Dann ist ein solcher Versuch
des psycho-magnetischen Strahles fehlgeschlagen, die

Keimzelle stirbt, und das Strahlenende oder der Strahlenpunkt beginnt sogleich, von neuem ein Lebensatom zu bilden.

Es ist sorgfältig zu beachten, daß die 'Transmigrationen' der zu irgendeiner Ebene gehörenden Lebensatome die Zeitalter hindurch ununterbrochen vor sich gehen und daß ihr 'Leben' oder ihre Lebenszeit außerordentlich kurz im Vergleich zur Zeitdauer des menschlichen Lebens ist. Das erwähnte "besondere" Lebensatom, d. h. das in jeder Hinsicht verwandteste und für die magnetische Vitalität des sich verkörpernden Strahles empfänglichste Lebensatom, ist dasjenige, das der besagte sich verkörpernde Strahl am stärksten zu sich hinzieht. Wenn es als Lebensatom in physischer Substanz von dem Strahlenende "gefangen" wird, dann ist es dort sozusagen "festgenagelt" und wird selbst zur Spitze oder zum Ende des Strahls. Vom Augenblick dieser "Festnagelung" an beginnt das Lebensatom sich wachsend zu entfalten und wird zu einer Keimzelle. Diese letztere wird dann entweder befruchtet und setzt ihr Wachstum durch die embryonalen Stadien fort, um ein menschliches Wesen zu werden, oder stirbt in der vorher beschriebenen Weise ab.

Dieses besondere Lebensatom war eines von den unzähligen Scharen von Lebensatomen, die den physischen Körper des sich wiederverkörpernden Egos in seiner letzten Inkarnation aufbauten. Wie die Eisenfeilspäne an den Magneten springen, so zittert das Lebensatom bei diesem Kontakt und erwacht zu vitaler Aktivität. Es wird sozusagen biologisch vitalisiert, ist von nun an ein lebender, wachsender Keim und beginnt - wenn alles gut geht -, die latente Individualität in der vom reinkarnierenden Ego herabgekommenen Strahlung nach außen hin zu entfalten und zum Ausdruck zu bringen. Diese Individualität oder dieses

Charakteristikum fließt, wie oben erklärt, entlang und durch den psycho-magnetischen Kanal des Strahles aus psycho-vitaler Elektrizität.

Der niedrigste Teil unseres Globus Erde - im Sinne des materiellsten - ist, was die Wissenschaft die chemischen Atome nennt und was frühere Wissenschaftler den intraatomaren Äther zu nennen pflegten.

Es könnte noch angemerkt werden, daß die Neigung der modernen Wissenschaft, sowohl einen intraatomaren als auch einen interatomaren Äther oder mehrere solcher Äther für Spekulationen zu halten, lediglich das Resultat der Tatsache ist, daß bis jetzt noch kein ausreichend zufriedenstellender chemischer oder physikalischer Beweis für die Existenz dieses Äthers oder dieser Äther gefunden worden ist. Der chemische und physikalische Beweis fehlt nur aufgrund der Unvollkommenheit der chemischen wie auch der molekularen Physik. Was dieser feine "Stoff", der die Räume in und zwischen den Atomen ausfüllt, auch sein mag, er existiert ganz bestimmt und ist die Ursache für die Weiterleitung oder Übermittlung von Kräften oder Energien durch den "leeren Raum", wie so viele Wissenschaftler ihn törichterweise nennen.

Es besteht kein Grund dafür, dieses "Etwas", diese außerordentlich feine Substanz, nicht "Äther" oder eher noch "die Äther" zu nennen, abgesehen von dem seit kurzem gefaßten wissenschaftlichen Vorurteil gegen diesen Namen. Jedoch ändert sich nichts an den Tatsachen, welchen Namen sie in Zukunft auch erhalten mögen. Denn ob die Chemie und Physik der Zukunft belieben, dem "Äther" und den "Äthern" unserer Vorfahren einen anderen oder andere Namen zu geben, wenn einmal deren Existenz wieder bewiesen sein wird, ist höchst gleichgültig. Entweder müssen wir die Existenz dieses Äthers oder dieser Äther zugeben, d.h. die Existenz dieser außerordentlich feinen ätherischen Substanz, die den gesamten Raum erfüllt - ob den interstellaren oder interplanetarischen, ob den interatomaren oder intraatomaren -, oder wir müssen eine *actio in distans* akzeptieren, also eine Tätigkeit in der Ferne ohne ein dazwischentretendes Medium oder Übertragungsmittel. Solch eine *actio in distans* aber ist für alle bekannten wissenschaftlichen Maßstäbe ein Ding der Unmöglichkeit. Vernunft, gesunder Menschenverstand und Logik sowie menschliche Erfahrung, ja wirklich all die vielen wissenschaftlichen Entdeckungen und Experimente zusammen, verlangen die Existenz eines solchen alles durchdringenden Mediums, welchen Namen wir ihm auch geben wollen und welche Eigenschaften es auch besitzen mag.

Die Esoterische Philosophie bejaht höchst nachdrücklich seine Existenz und ist vollkommen bereit, es mit dem alten klassischen Namen "Äther" zu bezeichnen. Gleichzeitig sagt sie jedoch, daß der 'Äther' nicht ein einheitliches Medium, sondern seinem Wesen nach siebenfältig oder siebenfach ist, oder was auf dasselbe hinausläuft, daß es mindestens sieben von diesen 'Äthern' gibt, von denen die Chemiker der letzten Generation nur den niedrigsten und materiellsten erfreulicherweise - wenn auch nur als Hypothese - annahmen, obwohl sie seine tatsächliche Existenz weder durch Messung noch durch Abwägen oder auf andere Art beweisen konnten. Ferner ist dieser Äther nur der niedrigste Bodensatz oder Niederschlag jener spirituell-substantiellen kosmischen Essenz, die in ihren hierarchisch höchsten Teilen von der Esoterischen Weisheit 'Akâśa' genannt wird oder manchmal auch von einem anderen Standpunkt aus und mit sogar noch abstrakterer Bedeutung 'Mûlaprakriti' oder Wurzelnatur.

Die in ihrer hierarchischen Struktur sieben- oder zehnfältige kosmische Essenz ist nicht nur ein Übertragungsmittel oder das verbindende kosmische Fluidum zwischen Körper und Körper, sondern ist tatsächlich die *prima materia* selbst, aus deren niedrigsten oder verfestigtesten Teilen das gesamte physische und materielle Universum aufgebaut ist.

Diese Atome und dieser intraatomare Äther wie auch der interatomare Äther stehen sogar noch unter der physischen Welt, über die uns unsere Sinne Auskunft geben. Wir Menschen - jetzt als bloße Körper aus physischem Fleisch betrachtet - stehen eine oder mehrere Stufen höher in der Rangfolge materieller Substanz als die chemischen "Elemente" selbst, obgleich natürlich unser Fleisch von denselben sogenannten chemischen Elementen aufgebaut und zusammengesetzt ist. Denn dank der verfestigenden Wirkung und der vereinigenden Anziehung, die in früheren Abschnitten be-

schrieben wurden, sind diese chemischen Elemente versammelt und zu unserem wunderbaren Kleid aus Fleisch
geformt worden.

Wenn nun das oben besprochene besondere und auserwählte Lebensatom, das sein existentielles Dasein in
der atomaren Welt hat, die vitale Einwirkung des Endes des Strahles vom reinkarnierenden Ego in der schon
beschriebenen Weise fühlt und dadurch sozusagen hin-
einspringt in den Beginn seines Wachstums- oder Ent-
wicklungspfades zur Keimzelle, dann wird diese Zelle
psycho-magnetisch zu dem individuellen Menschen hingezogen, der - physikalisch gesprochen - der Rate ihrer eigenen Vibrationsenergie am nächsten kommt, um
einen Ausdruck mehr oder weniger volkstümlicher Wissenschaft zu gebrauchen. Oder anders ausgedrückt, diese Lebensatomzelle wird aufgrund der Ähnlichkeit in
der Quantität wie auch der *physischen Qualität* der
atomaren Schwingungsfrequenz psycho-magnetisch zu
einem solchen Menschen hingezogen. Diese interessante Tatsache beruht darauf, daß dieser Mensch in seinem vergangenen Leben oder in einem noch früheren
Erdenleben mit demselben sich wiederverkörpernden
oder reinkarnierenden Ego, das jetzt durch seinen Strahl
oder seine Strahlung wieder ins Erdenleben eintritt,
eng verbunden oder verknüpft war.

Im Zusammenhang mit diesem Thema wird der Leser auf einen früheren Teil dieses Kapitels verwiesen, in dem die während vieler Generationen fortdauernde und ununterbrochene
Übertragung der besonderen Linie oder des Stromes eines
Keimzellenlebens kurz umrissen ist.

Die Anziehung der Keimzelle, die noch ein sich ent-
wickelndes Lebensatom ist, zu dem in Frage kommenden Menschen existiert aufgrund vorangegangener, ja
vielleicht weit zurückliegender Ursachen, die ihren Ur-

sprung haben in der engen Verbindung der beiden Wesen in einem früheren Erdenleben - sie mögen Brüder gewesen sein oder Elter und Sohn oder Tochter oder vertraute Freunde oder auch Ehemann und Ehefrau. So ist denn das besondere und auserwählte Lebensatom, das jetzt zur Keimzelle geworden, gekräftigt und belebt worden ist, in den Körper des Menschen eingetreten, zu dem es hingezogen wurde. Es ist in die aurische oder psycho-vitale magnetische Atomsphäre dieses Menschen, des zukünftigen Elters des kommenden Kindes, eingebaut oder ihr einverleibt worden. Denn jeder Mensch ist von seiner eigenen emotionalen und leidenschaftlichen wie auch psycho-vitalen substantiellen Atmosphäre umgeben.

In unserer modernen Zeit, in der Tröpfchen oder Brocken der Archaischen Weisheit zum mehr oder weniger allgemeinen Eigentum aller Menschen - Schwindler und Fanatiker einbegriffen - geworden sind, wird diese menschliche Atmosphäre volkstümlich "Aura" genannt. Gegen dieses Wort ist durchaus nichts einzuwenden, es ist an sich ein ganz ausgezeichnetes, gutes Wort. Jedoch ist es von Leuten, die sich selbst allerlei hochtrabende Namen und hochtönende Titel zulegen mögen, die aber in Wirklichkeit niemals unterrichtet worden sind oder nie ein echtes Studium dieser Dinge durchgeführt haben, derart mißbraucht und falsch angewandt worden, daß vorsichtige und verantwortungsbewußte Schüler der Esoterischen Philosophie fast gezwungen sind, diesen in der modernen Welt in Umlauf gebrachten Ausdruck aufzugeben oder nur mit einem unwilligen Protest zu benutzen, der von einer kurzen Erklärung wie der vorliegenden begleitet ist.

Jedes menschliche Wesen ist von einer solchen psycho-magneto-elektrischen Atmosphäre umgeben, die tatsächlich eine vitale Strahlung ist und von innen hervorströmt, von einer wahren 'Aura' oder psycho-vi-

talen Wolke, die den Menschen umgibt und der die
charakteristischen Merkmale der Individualität dieses
Menschen eingeprägt sind. Sie ist eine vitale Ausdün-
stung oder Atmosphäre, sie umgibt auch seine physische Person und ist tatsächlich eine Emanation oder
Ausströmung von und aus der Kraft-Substanz des unsichtbaren astral-ätherischen Modellkörpers des Menschen, der in der Esoterischen Philosophie *Linga-śarîra* genannt wird. Wir können diese Aura mit unseren physischen Augen nicht sehen, außer in seltensten
Fällen, und auch dann nur unbestimmt. Dies ist jedoch
kein Argument gegen ihre Existenz, denn wir können
ja nicht einmal die Luft sehen, die wir einatmen, oder
die Atmosphäre, die die Erde umgibt. Dabei wissen
wir, daß diese Atmosphäre ein sehr dichtes, grobes
und schweres Gas ist oder eher noch ein Gemisch von
Gasen, das tatsächlich so grobmateriell ist, daß es einem wahrnehmenden Wesen, wenn es auch nur etwas
ätherischer ist als wir, wahrscheinlich als so dicht,
schwer und dick wie zähflüssiger Leim erscheinen würde, sofern es unsere gewöhnliche die Erde umgebende
Atmosphäre überhaupt sehen könnte. Auch das elektrische Fluidum, das uns von allen Seiten so eng einhüllt,
können wir nicht sehen.

Nach dem, was in den vorhergehenden Abschnitten
gesagt wurde, sollte nun klar genug ersichtlich sein,
wie das Lebensatom oder die Keimzelle in ihren embryonalen Stadien den Weg in den Körper eines Menschen männlichen Geschlechtes findet. Der übliche
Pfad für ein solches Eintreten ist die Nahrung, die ge-
gessen oder getrunken wird. Denn die feste wie die
flüssige Nahrung besteht bekanntlich aus sogenannten
chemischen Elementen, was nur ein anderer Ausdruck
ist für Atome. Wie schon dargelegt wurde, sind physische Atome nichts weiter als die physisch-materielle
Manifestation der Kraft und Leben spendenden Le-

bensatome in und hinter den Atomen, die der physikalischen Chemie bekannt sind.

Nun sind die verschiedenen Tätigkeiten der ausgestrahlten Lebensatome kurz vor der sogenannten Empfängnis eines menschlichen Wesens - oder eine gewisse kurze Zeit vor dieser - sehr wichtig. Lebensatome
aller Art können zum Zweck der gegenwärtigen Be-
sprechung in zwei allgemeine Klassen eingeteilt werden, die sich nicht hinsichtlich der Art, sondern nur
im Zustand unterscheiden, nämlich in latente oder
schlummernde Lebensatome und kinetische oder aktive
Lebensatome. Kein einziges Lebensatom befindet sich
lange in einem der beiden Zustände. Wie alle Wesen in
der Natur abwechselnd Perioden der Aktivität und solche der Ruhe durchmachen, so hat auch ein Lebensatom Perioden aktiver Bewegung und solche der Ruhe
oder des Schlafzustandes. Im Vergleich mit unseren
gewöhnlichen menschlichen Zeitperioden ist jedoch die
Zeitspanne dieser Perioden für das Lebensatom immer
außerordentlich kurz.

Die Fortpflanzungskeime, wie sie in einem Mann,
ja auch in allen anderen sogenannten tierischen und
pflanzlichen Wesenheiten zu finden sind, sind Lebensatome beider Art, aktive oder schlummernde. Die
menschlichen Fortpflanzungszellen oder Eizellen, wie
sie in der Frau zu finden sind, sind ebenfalls beider
Art. Bevor wir nun weitergehen, darf hier noch gesagt
werden, daß die "natürliche" oder inhärente Funktion
oder der Zweck dieser Fortpflanzungszellen die Fort-
pflanzung der Gattung ist, sie jedoch noch eine neben-
geordnete, aber dennoch außerordentlich wichtige Rolle spielen beim Aufbau und bei der Kräftigung des Körpers beider Geschlechter, in denen sie sich vielleicht
gerade aufhalten, wenn sie nicht für ihren eigentlichen biologischen Zweck gebraucht werden.

Nachdem also die Ähnlichkeit in der psychischen

Schwingungsfrequenz zwischen dem künftigen Vater und dem keimhaften Lebensatom vorhanden ist - das letztere ist, wie gesagt, etwas von dem psycho-vitalen Fluidum des Strahles aus dem reinkarnierenden Ego -, sollte offensichtlich sein, daß dieser Strahl, der von der Aura oder vital-magnetischen Atmosphäre des Mannes angezogen wird, in diese Aura hineingleitet oder eintritt, vorübergehend darin eingekörpert ist und das besondere schlummernde Lebensatom in dem spezifischen Organ des lebenden Mannes sozusagen automatisch, zumindest aber psycho-magnetisch aussucht oder findet oder zu ihm hingezogen oder von ihm angezogen wird. Und dieses Lebensatom ist dasjenige, das am genauesten auf die Vibrationsrate des eintretenden psycho-vital-magnetischen Strahles antwortet. So haben wir also den Strahl, der sein besonderes Lebensatom belebt hat, das in Wirklichkeit sein eigenes Strahlenende ist, und das bisher "schlummernde" Keimzellen-Lebensatom des lebenden Mannes. Diese beiden vereinigen sich aufgrund der schon beschriebenen Anziehung sogleich und erwecken die schlafende Keimzelle des lebenden Mannes, damit sie eine aktive Wesenheit werde.

Lebt der Mann im Zölibat, so ist der Fortpflanzungskeim oder das stimulierte Lebensatom außerstande, seinen Wachstumsgang durchzuführen, und wird dann nur dazu benutzt, in der kurz beschriebenen Art und Weise den Körper des Mannes aufzubauen und zu kräftigen. In diesem Fall sieht der Strahl seinen Zweck vereitelt, wird fast sofort zurückgezogen und versucht nun anderswo, seine Bahn durch ein anderes Keimwachstum zu verfolgen. Wenn andererseits aber das belebte Keim-Lebensatom mit der weiblichen Fortpflanzungszelle Vereinigung erlangt, dann finden sogleich die ersten Wachstumsschritte des werdenden Kindes statt, und es kommt zu seiner Zeit zur Geburt des Kindes, wenn keine Unfälle dazwischenkommen.

VI

Wie bereits festgestellt wurde, verfolgt jede einzelne der verschiedenen Klassen von Lebensatomen, die die mittleren Hüllen oder Vehikel der Konstitution eines Menschen bilden und nach dem Tod von dem exkarnierten, aufwärtswandernden Ego abgeworfen werden, dann seine individuelle und besondere metempsychotische Reise durch die verschiedenen Naturreiche und setzt diese jahrhundertelang fort, bis wirklich alle diese wandernden Lebensatome wieder zusammengefügt werden - hinein in die Konstitution des nunmehr 'herabsteigenden' reinkarnierenden oder sich wiederverkörpernden Egos. Auf diese Wanderungen der Lebensatome bezogen sich die alten Ägypter in ihren Lehren über die Pilgerfahrt von Wesenheiten. Darüber erzählt uns Herodot in seinem zweiten Buch, Kap. 123, das auf einer anderen Seite zitiert wird. Nach Herodots Angaben glaubten die alten Ägypter, ein Teil der menschlichen Wesenheit gehe nach dem Tod durch die Sphären oder Welten von Luft, Wasser und Erde und durchlebe während seiner Wanderungen eine Folge von Erlebnissen oder Erfahrungen, die eine Zeitspanne von etwa 3000 Jahren in Anspruch nehme - so zumindest wurde Herodot belehrt. Da diese Wanderungen durch alle Naturreiche gehen, ist es einleuchtend, daß möglicherweise und tatsächlich jedes Lebensatom - zusammenfassend also natürlich alle Lebensatome - in Gestalt oder im Gewand von Speise und Trank oder auch durch Einatmung von Luft in die Lunge in einen menschlichen Körper eingebaut wird. Dies geschieht ebenfalls im Rahmen der verschiedenen subtilen, unsichtbaren und ungreifbaren Zirkulationen der Lebens-

atome durch Osmose, die sich vielleicht besonders in
den beständigen elektrischen und magnetischen Strömungen der uns umgebenden Welt zum Ausdruck bringen, die mehr oder weniger ununterbrochen in den
menschlichen Körper ein- und ausgehen. Es sei daran
erinnert, daß auch nach offizieller Ansicht der modernen Wissenschaft Elektrizität selbst Materie ist und in
Gestalt elektronischer oder protonischer Teilchen tatsächlich die materielle Grundlage des physischen Universums bildet. So kommt es, daß die Moleküle oder
Atome, die während der verschiedenen Prozesse der
Verdauung, der Assimilation und anderer physiologischer Tätigkeiten auf die eine oder andere Weise in
den Körper eintreten, gesammelt und sortiert oder zu
den verschiedenen Organen des Körpers geleitet werden, damit ein jedes für eine längere oder kürzere
Zeitdauer in seiner zeitweiligen Umgebung verweile.
Betrachten wir einen anderen Aspekt: Der reinkarnierende psycho-vital-magnetische Strahl nimmt zwar
zuerst Kontakt mit einer menschlichen Keimzelle auf
und dringt in dieselbe auf die schon dargestellte Art
und Weise ein, doch erst wenn das so erzeugte Kind
sich im Schoß seiner Mutter zu regen beginnt, treten
die charakteristischen, weil höheren Attribute und Eigenschaften des reinkarnierenden Egos sozusagen
wirklich und tatsächlich in das ungeborene Kind ein.
Diese höheren Qualitäten und Attribute sind aber natürlich nicht die höchsten Teile der Konstitution des
werdenden Menschen. Bisher äußerte sich im Embryo
oder Fetus nur das Wachsen des vegetativen Teiles
des inkarnierenden Wesens, mit anderen Worten, seines vital-astralen Teiles, der bis dahin das Wachstum
des menschlichen Embryos in Richtung auf die
schließliche Geburt als Kind hin verursacht und geleitet hat. Doch vom Augenblick der ersten Bewegung
des ungeborenen Kindes an bis zur Geburt, ja im gan-

zen späteren Leben, während das Kind durch die Alterstufen - Kleinkindalter, Kindheit, Jugend, Erwachsenen- und Greisenalter - hindurchgeht, werden die Lebensatome der vielen und verschiedenartigen Klassen auf den verschiedenen Ebenen, die früher zu demselben Ego in seinem und seinen vergangenen Leben gehörten, durch unwiderstehliche psycho-magnetische Anziehung von neuem in die Konstitution hineingezogen, wobei jedes einzelne Lebensatom und jede Gruppe von Lebensatomen ihre eigene Ebene in der Konstitution des inneren Menschen aufsucht, die physische oder eine andere. Der Aufbau der inneren Konstitution durch den Eintritt der verschiedenen Klassen von Lebensatomen wird auf diese Weise ununterbrochen bis zum Tode fortgeführt, und zwar bei allen Männern und Frauen in den verschiedenen Alters- und Entwicklungsstufen menschlicher Existenz.

Das Mysterium der menschlichen Geburt ist keineswegs nur ein physiologisches Phänomen, sondern tatsächlich etwas sehr Erhabenes. Wenn Männer und Frauen nur etwas davon spüren würden, dann würden sie eine Geburt schon ihres eigenen Schutzes wegen - ganz abgesehen vom Anstandsgefühl und vom Gefühl gegenseitiger Achtung, das jeder normale Mensch im Grunde seines Herzens besitzt - stets nur im Geiste wahrhaft tiefer Ehrfurcht ins Auge fassen. Dann würde auch die Ehe zu dem werden, was sie immer sein sollte: ein außerordentlich schöner, weil äußerst erhabener Zustand, und die Handlungen, die zur "Zeugung" und Geburt eines Kindes führen, würden wie eine wahrhaft verantwortungsvolle Funktion vorgenommen werden. Männer und Frauen, die die Bedeutung dieser Funktionen kennen, würden sich ihrer gegenseitigen Verantwortung in hohem Grad bewußt sein und auch des wirklich erhabenen Charakters der Handlungen, die die Zeugungsfunktion und die Ehe in sich schließen.

Nun läge wohl die folgende Frage durchaus nahe: Was ist denn die vitale Keimzelle des Mannes oder der Frau? Ursprünglich ist sie ein integraler Teil der astralen Substanz des astralen Menschen, der in der Esoterischen Philosophie sein ätherischer oder astraler 'Modellkörper' genannt wird. Dieser könnte auch gut - in moderner Terminologie - ein elektro-magnetischer Körper aus astraler Substanz genannt werden. Somit gehört er also hinsichtlich der Ätherhaftigkeit zu der Ebene, die direkt oberhalb der physischen liegt. Um diesen astralen Modellkörper ist der physische Körper Atom um Atom, Molekül um Molekül, Zelle um Zelle aufgebaut und daher auch Knochen um Knochen, Glied um Glied und Merkmal um Merkmal. Alles, was am physischen Körper sichtbar ist, ist nur eine genaue, exakte Widerspiegelung dessen, was der ätherische Modellkörper in all seinen einzelnen Besonderheiten in unserer materiellen Welt darstellt.

Das oben besprochene bestimmte Lebensatom, das tatsächlich in der soeben festgestellten Weise zur astralen oder ätherischen Welt gehört, wird belebt durch den Einstrom der herabkommenden Energien des reinkarnierenden Strahles, der es als sein Strahlenende erwählt hat. Danach tritt es aufgrund psychomagnetischer Anziehung in den Astral- oder Modellkörper des Vaters des zukünftigen Kindes ein und wird zu gegebener Zeit - den normalen physiologischen Vorgängen des männlichen Körpers folgend - als astraler Niederschlag oder Präzipitat vom Astralen nach außen hin ins Physische in das entsprechende physische Gefäß oder Organ des Vaters hineingelegt oder -gedrängt. So wird es zur Keimzelle verstofflicht. Entsprechend ist auch bei der Mutter dieser Prozeß astraler Präzipitation oder Verstofflichung im allgemeinen derselbe, und zwar geht die Präzipitation in beiden Fällen von demselben Strahl aus - wenn es auch paradox klingen mag für jemanden, der mit diesem Teil der Lehre nicht vertraut ist. Tatsächlich enthält jedes Elter in seinem oder ihrem entsprechenden Organ eine ziemlich große Anzahl von Lebensatomen, die zum reinkarnierenden oder sich wiederverkörpernden Ego des Menschen gehören, der diese Lebensatome in einem oder mehreren vergangenen Erdenleben benutzte.

Der Verfasser ist sich der Schwierigkeiten bewußt, die der durchschnittliche oder mit der Esoterischen Philosophie nicht vertraute Leser vielleicht haben könnte, um diese Angaben zu verstehen, die vielen seltsam und wenn nicht gerade unfaßbar, so doch zumindest außerordentlich merkwürdig erscheinen müssen. So ist es tatsächlich, doch ist der Verfasser nicht verantwortlich für die Art und Weise, in der die Natur ihre Arbeitsprozesse ausübt. Vielleicht hilft es dem Durchschnittsleser, die Vorgänge etwas besser zu verstehen, wenn er sich freundlicherweise überlegt, daß die meisten Fälle physischer Vereinigung durch psycho-magnetische Anziehung zustande kommen, ja möglicherweise alle Fälle. Denn es ist äußerst unwahrscheinlich, daß Männer und Frauen aufgrund übermäßiger gegenseitiger persönlicher Abneigung oder Abstoßung zueinander hingezogen werden - die beiden Ideen schließen einander aus. Ferner ist zu bedenken, daß diese herabkommenden Strahlen immer auf geeignete und passende Gelegenheiten für eine Wiederverkörperung warten und daß ihre Zahl zu allen Zeiten eine ziemlich große ist. Ob sich die Fälle physiologischer Vereinigung zwischen den Geschlechtern nun in der engen und langen Vertraulichkeit des Ehelebens vollziehen oder im Rahmen einer kurzen Bekanntschaft, die wachgerufene heftige Gemütserregung wirkt in beiden Fällen fast mit gleicher Stärke auf einen solchen wartenden Strahl ein.

Es sollte auch nicht vergessen werden, daß hier nicht die langsamen Vorgänge des gewöhnlichen menschlichen Lebens behandelt werden, die manchmal Tage, Monate oder gar Jahre in Anspruch nehmen, sondern eine äußerst schnelle Tätigkeit oder Aktivität von psycho-magnetischem und elektrischem Charakter. Die Bewegung des elektrischen Stromes ist blitzschnell, und auch die Lebensdauer irgendeines einzelnen vitalen

Atoms oder Lebensatoms ist gleicherweise eine Augenblickssa-
che. Der allem zugrundeliegende vitale elektrische Kontakt erfolgt nahezu mit Lichtgeschwindigkeit.

Dies ist aber noch nicht die ganze Wahrheit. In Wirklichkeit
enthält jeder Mensch nach Beendigung der Pubertät in dem
entsprechenden Organ jederzeit eine bestimmte Anzahl vergänglicher Keimzellen, die tatsächlich die verstofflichten astralen
'Niederschläge' von verschiedenen inkarnierenden Strahlen sind.
Die Frau ist in jedem Fall der Empfänger oder Bewahrer des
negativen Teiles eines wartenden Strahles, und entsprechend
ist der erwachsene Mann der Bewahrer des positiven Aspek-
tes eines solchen wartenden Strahles. Wie schon gesagt, verbleiben diese astralen 'Niederschläge' natürlich nicht für eine
bestimmte Zeitdauer in einem menschlichen Körper. Wenn sie
nicht sozusagen im Fluge eingefangen werden, scheidet sie der
menschliche Körper entweder auf normale physiologische Weise aus, oder er benutzt sie bei den automatischen physiologischen Vorgängen des Körpers zu dessen Aufbau und Kräftigung.

Es ist leicht einzusehen, daß ein Elternteil dabei
genauso wichtig ist wie der andere. Keiner von beiden
kann in dem gegenwärtigen Stadium menschlicher Entwicklung, in dem das Geschlecht ausschlaggebend ist,
allein ein anderes menschliches Wesen hervorbringen,
sondern gemäß unseren gegenwärtig gültigen Naturgesetzen müssen sich in diesem erhabenen Mysterium
beide vereinigen. Wenn sich nun die beiden menschlichen Keimzellen zu einem zusammengesetzten Stückchen lebenden Protoplasmas vereinigen, dann sehen
wir, wie sich aus dieser mikroskopisch kleinen vitalen
Einheit, der befruchteten Zelle, ein Etwas hervorevolviert und all seine Kräfte und Möglichkeiten zum Ausdruck bringt. Aber wessen Kräfte sind das nun? Stammen sie allein vom Vater oder allein von der Mutter?
Nein. Vielmehr entwickelt sich ein Bündel oder Aggregat von Attributen, Eigenschaften und charakteristischen Merkmalen, das zumindest in gewisser Hinsicht
beiden Elternteilen ähnelt, aber doch anders ist als

beide und eine ausgesprochene eigene Individualität besitzt.

Hat auf diese Weise das Wachstum begonnen und sind die verschiedenen Stufen embryonaler oder fetaler Entwicklung und schließlich die der Geburt durchlaufen, dann kann jeder verständige Beobachter den sich entwickelnden Charakter des wachsenden Kindes ziemlich deutlich erkennen, während letzteres im Laufe der Jahre zu einem immer geeigneteren Vehikel wird, um den charakteristischen Antrieb seines monadischen Strahles oder reinkarnierenden Egos zum Ausdruck zu bringen. Wir sehen also, wie die ehemalige mikroskopisch kleine menschliche Keimzelle durch verschiedene Stufen hindurch zu einem vollständig erwachsenen Menschen heranwächst, der die Fähigkeit besitzt, den gesamten inneren spirituellen Glanz und die intellektuelle Kraft und Herrlichkeit des monadischen Strahles zumindest bis zu einem gewissen Grad zum Ausdruck zu bringen. Diese strömen in die entsprechenden organischen Gefäße ein und fließen durch sie hindurch, nachdem sie durch das unsichtbare Gewebe des psycho-magnetischen ätherischen oder astralen Modellkörpers hindurchgegangen sind.

Nun liegt vielleicht die Frage nahe, ob die vielen Scharen und Arten von Lebensatomen, die zu dem Ego in seinem früheren Erdenleben gehörten, zahlreich genug sind, so daß das sich wiederverkörpernde Ego nach einer unbestimmten Zeitspanne, die in Jahrhunderten, ja in Jahrtausenden berechnet wird, eine ausreichende Anzahl dieser seiner eigenen früheren Lebensatome vorfinden kann, die direkt verfügbar und verwendbar sind und nur auf das Ego warten. Die Frage ist ganz natürlich, könnte jedoch nur von einem Suchenden gestellt werden, der die Lehren der Esoterischen Philosophie noch nicht studiert hat. Wer aber bedenkt, daß auch nach modernen wissenschaftlichen Schätzungen allein die Anzahl physiologischer Zellen im durchschnittlichen physischen Körper etwa 26 Billionen beträgt, daß ferner diese Zellen selbst in bezug auf Größe und Zusammensetzung - verglichen auch nur mit dem physischen Atom - gigantisch sind, mit anderen Worten, daß jede Zelle ungezählte Milliarden oder Billionen von Lebensatomen enthalten muß, wer das alles bedenkt, kann leicht einsehen und verstehen, daß die Lebensatome im durchschnittlichen menschlichen Körper so unvorstellbar zahlreich sind, daß das ungeheure Ausmaß ihrer Scharen nur geschätzt werden kann. Wahrscheinlich bewegt sich ihre Zahl im Bereich von Sextillionen oder gar in noch gigantischeren Größenordnungen. Da nun die gesamte Erdbevölkerung auf etwas weniger als fünf Milliarden Menschen geschätzt wird, ist es - um den Gedankengang etwas weiter zu spinnen - nicht nur mehr als wahrscheinlich, sondern fast eine positive Gewißheit, daß eine große Anzahl der unvorstellbar riesigen Scharen von Lebensatomen, die in einem früheren Erdenleben zu irgendeinem Menschen gehörten, gegenwärtig im Körper eines jeden Mannes und einer jeden Frau auf Erden existiert.

Es erscheint ratsam, hier ebenfalls noch folgendes zu erwähnen: Der inkarnierende monadische Strahl wird mit der größten Kraft psycho-magnetisch zu dem Punkt hingezogen, an dem die Anziehung am stärksten ist, mit anderen Worten, zu jenen bereits inkarnierten Menschen, die ihm im vergangenen Leben oder in seinen früheren Erdenleben am nächsten gestanden haben. Im Vergleich zur Erdbevölkerung gibt es nur verhältnismäßig wenige dieser "ganz vertrauten" Personen. Wie viele es deren gibt, kann niemand genau sagen, ohne verwegen zu erscheinen; aber aus dem Stegreif könnten sie vielleicht ziemlich richtig auf ein Dutzend, zwanzig oder fünfzig "engvertraute" Gefährten geschätzt werden. Wahrscheinlich jedoch ist die

Anzahl gewöhnlich noch viel kleiner - vielleicht beträgt sie zwei oder drei. Die "vertrautesten" Beziehungen im menschlichen Leben sind die der Ehe oder die
tiefe sympathische Vertrautheit, die Familienbande
und Verwandtschaft mit sich bringen. Die in den vorangehenden Zeilen dieses Abschnittes gegebene Andeutung weist offensichtlich direkt darauf hin, daß der
inkarnierende Strahl äußerst stark zu denjenigen hingezogen wird, mit denen er in einem früheren Erdenleben in sehr "vertrauter" Gemeinschaft gelebt hat.
Verbum sapienti!

Natürlich gibt es noch vieles mehr über das Thema
des vorliegenden Kapitels zu schreiben, was einen
höchst passenden Platz hierin finden würde. Doch aufgrund der Tatsache, daß dies auf eine Erläuterung tie-
ferer, ausgesprochen esoterischer Lehren hinauslaufen
würde, die ohne eine sehr ausführliche vorausgegangene Schulung einfach nicht verstanden werden könnten,
wäre es nutzlos und unweise, sie hier darzulegen.

Verlag Esoterische Philosophie GmbH

HANNOVER

Nur echt mit dem Tor! »

Im selben Verlag erschienen:

ISBN	Verfasser	Einb.	Titel
3-924849-28-5	Purucker, G. von	geb.	Grundlagen der Esoterischen Philosophie 2 Bde.
3-924849-24-2		geb.	Studien zur Esoterischen Philosophie 2 Bde.
3-924849-23-4		geb.	Goldene Regeln der Esoterik
3-924849-03-X		kart.	Die Meister und der Pfad des Okkultismus
			Esoterische Philosophie — DIE TRADITION:
3-924849-33-1		geb.	Sichtbare und unsichtbare Welten
3-924849-34-X		geb.	Der Mensch in der Unendlichkeit
3-924849-35-8		geb.	Mit der Wissenschaft hinter die Schleier der Natur
3-924849-36-6		geb.	Geburt und Wiedergeburt
3-924849-37-4		geb.	Tod — was kommt danach?
3-924849-38-2		geb.	Esoterische Lehren und Schulen
3-924849-25-0	Judge, W.Q.	geb.	Die Bhagavad-Gita
3-924849-26-9		geb.	Studien über die Bhagavad-Gita
3-924849-01-3		kart.	Das Meer der Theosophie
3-924849-32-3	Blavatsky, H.P.	geb.	Unheimliche Geschichten
3-924849-27-7	Tingley, K.	geb.	Der Pfad des Mystikers
3-924849-06-4	Amneus, N.	kart.	Regiert Zufall oder Gerechtigkeit unser Leben?
3-924849-39-0	Handbuch	kart.	Esoterische Philosophie — Einführung
ISSN 0179-5317	Zeitschrift	brosch.	ESOTERISCHE PHILOSOPHIE — Weisheit der Zeitalter — D A S F O R U M (1/4jährlich)

Weitere lieferbare Bücher:

	Blavatsky, H.P.	geb.	Die Geheimlehre ungekürzte Ausgabe, 4 Bde.
		geb.	Isis Entschleiert, 2 Bde.